U0925939

经济“青椒”课程思政十讲

中国人民大学应用经济学院党委　编
谢伦裕　主编

人民出版社

前　言

课程思政筑牢应用经济学人才培养体系根基

2022年4月25日，习近平总书记来到中国人民大学考察调研并发表重要讲话。习近平总书记强调，落实立德树人根本任务，传承红色基因，扎根中国大地办大学，走出一条建设中国特色、世界一流大学的新路。思政课的本质是讲道理，要注重方式方法，把道理讲深、讲透、讲活，老师要用心教，学生要用心悟，达到沟通心灵、启智润心、激扬斗志的目的。希望人民大学绵绵用力，久久为功，止于至善，为全国大中小学思政课教学提供更多"金课"。

2022年10月召开的党的二十大报告明确指出，建设具有强大凝聚力和引领力的社会主义意识形态。深入实施马克思主义理论研究和建设工程，加快构建中国特色哲学社会科学学科体系、学术体系、话语体系，培育壮大哲学社会科学人才队伍。

课程思政是扎实推进习近平新时代中国特色社会主义思想"三进"工作的重要体现，也是落实立德树人根本任务的重要手段。课程思政通过系统专业的知识体系和实际技能的教育教学，坚持寓价值观引导于知识传授和能力培养之中，帮助学生塑造正确的世界观、人生观、价值观。基于上述要求，需要进一步发掘应用经济学各科课程的育人功能，促进课程思政建设，进而实现"课程思政"与"思政课程"的协同育人，筑牢应用经济学人才培养体系根基。

中国人民大学应用经济学院积极落实习近平总书记的要求，加快构建中国特色哲学社会科学，努力探索建构中国自主的知识体系，以高度的紧迫感、责任感和使命感，坚持立德树人，落实“三全育人”，在充分把握国内外新格局、新世情基础上，坚持问题导向，理论联系实际，结合院情，建立多学科协同、德育教育与专业教育并重、现代方法与重大问题融合、时代要求与学科体系呼应的综合学科发展模式。统筹思政课程与课程思政资源，“立德”与“立学”相互依托、相互促进。以课程思政为思政工作的重要手段，培养一批把握新形势、掌握新理论、具备新技能，有品格觉悟、有专业本领、有健康身心的“三有人才”。《经济名家课程思政七讲》《经济“青椒”课程思政十讲》两本教材即是应用经济学院课程思政建设的初步探索。

《经济名家课程思政七讲》由经济学知名专家和教授编写，主要从宏观角度研究阐释中国经济发展；《经济“青椒”课程思政十讲》则由青年教师，特别是“海归”教师编写，从年轻研究者的视角认识解读中国经济发展。两本教材各有侧重，又交相呼应、互为补充。总体来看，两本教材有如下特色：

（一）扎实推进习近平新时代中国特色社会主义思想“三进”，将思政教育与专业教育相结合

应用经济学院注重对习近平经济思想的理论研究，用理论的彻底性和科学性回应学生、引导学生。以“传统学科现代化，新兴知识学科化”为总体定位，打破思政教育“单打独斗”和“孤岛效应”的现象，将思政课程与具有应用经济学科特点的课程思政有机结合。

坚持理论性、实践性、创新性和专题性相结合，整合教学资源，以更多丰富生动的实践案例完整地阐释习近平经济思想。用中国话语表达中国理论，用中国理论阐释中国经验，用中国经验引导中国实践，用中国实践深化

理论认同，形成协同发力、相互支撑、互为补充的体制机制，是发掘思政育人最优化的必要选择和实现路径。在尊重教育教学规律和人才培养规律的基础上，坚持专业教育与思政教育紧密结合，形成协同效应，培养共和国的建设者。

（二）用生动的中国案例落实习近平新时代中国特色社会主义思想“三进”

应用经济学院就“如何利用生动的中国案例落实习近平新时代中国特色社会主义思想进教材、进课堂、进头脑”开展了从“0”到“1”的研究与实践，采取了一系列行之有效的做法。结合不同课程特点、思维方法和价值理念，深入挖掘“中国实践”宝贵经验、中国发展伟大历程中的思政元素，将思政教育内容落实到课程目标设计、教学大纲修订、教材编审选用各方面，深入梳理专业课教学内容，并及时提炼总结。真正实现思政课程和课程思政育人功能从应然到实然的转变，实现课程育人本质的回归，真正落实课程思政是隐性思想政治教育的有效形式、契合高校思想政治工作“三大规律”的育人方式。

（三）结合应用经济学院学科特点，以习近平新时代中国特色社会主义思想进教材的形式实现“三进”的体系化

应用经济学院坚持扎根中国大地，研究新时代“重大问题”。面对世界百年未有之大变局，着眼于新科技、新业态发展对经济学理论和应用的影响，顺应中国城市化、服务化、数字化、全球化的趋势，推进新兴知识体系学科化。通过构建“中国重大、现代方法、数据驱动”科研体系，聚焦中国重大问题，围绕国家重大战略，推动课堂教学与课外实践融合互促，充分提升课程思政效力和学生国情认识水平。

在上述思想指导下，应用经济学名师大家和青年教师结合学科特点，充分汲取“中国实践”的有机养分，大量发掘思政育人的生动素材，编撰成册，以飨读者。

《经济名家课程思政七讲》抓住当前经济社会发展“不平衡、不充分”的主要矛盾，研究阐释新发展理念、区域协调发展、消费发展、国家发展计划/规划、文化经济发展、经济运行、开发区建设等新中国成立70多年来，特别是改革开放40多年来的伟大创举。《经济“青椒”课程思政十讲》亦着重提炼总结当代中国经济社会变革和探索实践的伟大成就。涵盖全球视角的中国经济发展、区域经济发展、城市发展、教育发展、医疗卫生资源发展、减贫实践、产业结构演变与发展、能源发展、跨境直接投资、对外贸易发展等重大现实问题。两本教材将中国经济的伟大实践融入课堂内外教学中，引导学生主动深入社会实践、关注现实问题、坚定理想信念，提升课程思政效果。实践表明，该做法为如何将中国特色社会主义的经济发展、制度实践、文化创造等融入课程思政和专业课程提供了良好借鉴。

目录

第一讲　全球背景下的中国经济发展

安子栋

中国人民大学应用经济学院副教授

新中国成立以来，在中国共产党的领导下全体中华儿女书写了一个中国奇迹，使中国从一个一穷二白、百废待兴的农业国，迅速成长为如今的世界第二大经济体，世界第一大工业国、农业国和贸易国。回顾历史，70 多年来中国始终坚持社会主义道路，立足本国国情，坚持深化改革，在世界的激荡中迎难而上，中国的经济实践历程不同于世界上的大多数国家，却取得了举世瞩目的成就，也正因如此，中国经济发展的成功已成为值得发展中国家借鉴的中国经验。步入新时代，中国经济又进入一个新的发展阶段，在此背景下，我们有必要梳理和总结新中国成立以来的经济发展历程，继往开来，向更高处奋进。

一、新中国成立以来我国经济发展历程

新中国成立以来，我国经济增长速度持续领先于世界水平（除个别年份外），经济增长的波动性不断减小，经济总量的世界占比不断提高。

1949 年，在中国共产党的领导下中华人民共和国成立了，标志着中国人民结束了半殖民地半封建社会的历史，但与此同时摆在中国人民面前的一个新问题是如何快速地将中国从一个积贫积弱的农业国发展成先进的工业国，实现强国富民。新中国成立后短短三年，就实现了政治、经济、社会的稳定。1959 年之前，得益于“一化三改”的推进，我国实现了较为迅速的经济增长，经济总量占世界的比重维持在 8%左右。1959—1961 年，受农业危机的影响，我国经济出现衰退，1961 年经济增速接近-30%，经济总量占世界的比重大幅萎缩。此后至 1978 年间，我国继续实行优先发展重工业的赶超战略，虽然这一时期经济增速有所下降，经济总量占世界比重也停留在较低的水平，但是我国工业化程度迅速提高，并完成了“两弹一星”等具有重大意义的科技和重工业工程，在相关领域接近了发达国家水平，显著提高了我国的国际影响力。1978 年 12 月，中国共产党第十一届三中全会召开，以邓小平为核心的党和国家领导人决定将全党的工作重点和全国人民的注意力转移到社会主义现代化建设上，提出了改革开放的任务。1978—1999 年的 20 多年间，随着对内改革、对外开放，我国经济稳定且迅速发展。一方面，在世界经济增速下滑的背景下，我国保持着较为快速的经济增长，经济总量世界占比也在逐渐增加。另一方面，我国的经济稳定性也在提高，对国内外冲击保持着较强的韧性。

1979 年我国开启了国有企业改革的大幕，通过提升国企自主性，使国有经济活力增强。此后国企改革不断深化，推动国有企业在逆周期调节、平抑经济波动中发挥了更大的作用，使我国经济的波动性明显缩小。与此同时，市场化改革推进了资源配置效率的提高，对经济增长做出了不可忽视的贡献。面对外来冲击，我国也表现出了强于其他国家的抗压能力。1997—1998 年的亚洲金融危机打破了近 30 年的"亚洲奇迹"。韩国、泰国等东南亚、南亚国家的经济从 1997 年之前 7%以上的高速增长转变为负增长。相比之下，我国实施积极的财政政策，扩大投资规模(尤其是基础设施建设)以拉动内需。在这样的情况下，即使没有像其他东南亚、南亚国家那样通过本币贬值来刺激出口，我国仍保持了 7%以上的经济增长，占世界经济总量的比重进一步提高。

中国自改革开放以来，经济发展水平迅速提高，特别是自 1992 年提出建立社会主义市场经济体制以来，我国事实上已符合加入世界贸易体系的标准，经过艰苦卓绝的谈判，终于在 2001 年成功加入世界贸易组织。加入世界贸易组织后，我国成为"世界工厂"，这推动我国经济迎来了更高速的发展，超过 10 年的增速维持在 10%左右，经济总量占世界的比重也快速上升。2005 年我国经济总量超越法国，居全球第 5 位;2006 年超越英国，居第 4 位;2008 年和 2010 年则分别超过德国和日本，成为世界第二大经济体。与此同时，虽然出口这驾"马车"的重要性与日俱增，我国经济防范国外冲击的能力依旧较强。依靠 4 万亿元的刺激和积极的财政政策等因素，2008—2009 年全球金融危机并未给我国带来太大的冲击，金融危机之后我国 GDP 的世界占比反而上升。2014 年，习近平总书记首次对我国经济发展提出"新常态"这一重大论断，在这一时期，我国经济发展已由高速增长转为中高速增长，注重经济的高质量发展，重视产业结构优化升级，动力从要素驱动和投资驱动转向创新驱动。2014 年以来，我国 GDP 增速稳定在

7%左右。与此同时,就经济波动程度来看,随着内需重要性的提高和房地产、基建两大逆周期政策发力抓手的合理运用,我国经济增长趋于平稳。

二、我国经济发展过程中的通货膨胀及其影响

如图 1-1 所示,我国经历过 6 次较为严重的通货膨胀,在 21 世纪后价格波动趋于平缓,其中 2 次发生在改革开放以前。1949—1950 年,面对恢复国民经济的需要,以及巨大的财政赤字,央行不得不大量超发货币,通货膨胀率高达 10%。第二次波峰出现在 1960—1962 年,这个时期受农业危机影响,消费品供不应求,物价飞涨。

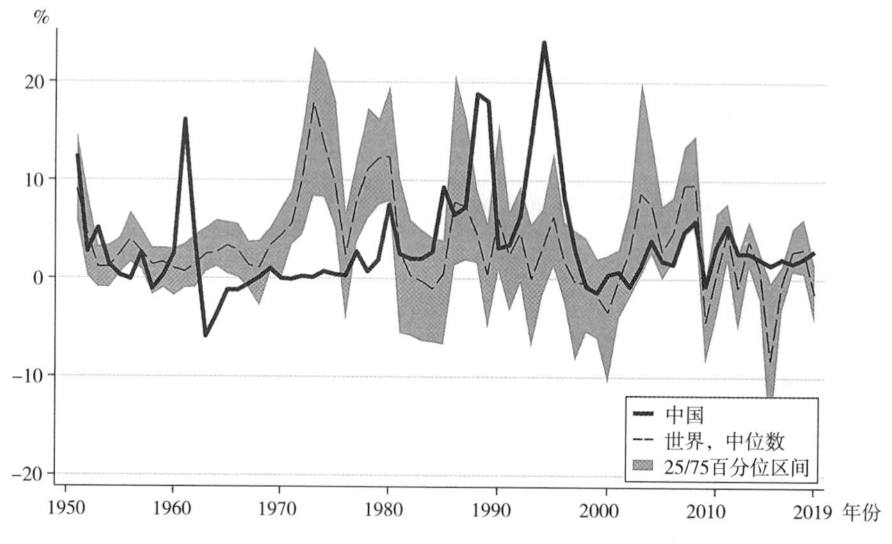

图 1-1　中国和世界通货膨胀情况(1953—2019 年)

数据来源:《新中国六十年统计资料汇编》,国家统计局、Penn World Table v9.1。

改革开放之后，我国的通货膨胀出现了4次波峰。①

1978—1980年，我国进入改革开放初期，党的工作重心转移到社会主义现代化建设上来，对内需要扩大财政支出、加大投资规模进行经济建设，对外则需要进口国外商品和机器进行学习和生产。在这样的情况下，我国出现了财政和外贸双赤字。为了平衡赤字，央行增发了130亿元货币，到1980年年底，全国市场货币流通量比1978年增长63.3%；与此同时，工农业生产总值、社会商品零售仅分别增长16.6%和37.3%。巨大差异引起物价水平快速上升，1980年通货膨胀率达到了7.5%。随后，通过压缩基建规模、收缩银根、平抑物价等方式，到1981年通货膨胀率有所回落。

第二次波峰则出现在1985—1987年。1985年，国家推行工资制改革，将工资与绩效挂钩，力图打破平均主义，人们工资增加，持币待购，消费能力和消费意愿提高。在消费需求增长的同时，投资需求受宽松的信贷政策影响也出现了上升，因此综合起来表现为社会总需求上升。与此同时，国家放松价格管制，生产资料实行双轨制，计划外的部分价格由市场决定，部分农产品、工业消费品也放开了价格。因而在供给仍然短缺、社会需求旺盛的情况下，价格的放开带来了物价较大幅度的上涨。此外，货币超发也是此轮通货膨胀的原因之一：受基建规模扩大、乡镇企业借贷需求旺盛等因素的影响，货币需求增长，为了满足社会的货币需求，国家发行第四套人民币，推行大额面值货币，到1987年年底货币供应量达到了1454亿元，比1983年增长了174%，这一轮货币超发加剧了通货膨胀。

1988—1989年出现了新中国最严重的一次通货膨胀，顶峰超过20%。1988年上半年，中央决定继续深化价格体制改革，推动“价格闯关”，为价格并轨做铺垫，于是调整商品定价，将生产端的补贴转为消费端工资的补贴，

① 钟辉：《改革开放以来我国历次通货膨胀异同点评述》，《现代财经》（天津财经大学学报）2011年第11期。

允许商品价格浮动。然而,与上一阶段相似,价格放开与供不应求造成物价飞涨。1988 年 8 月中旬,中共中央政治局讨论并原则通过了《关于价格、工资改革的初步方案》,人们形成了进一步通货膨胀的预期,在预期的驱动下,人们纷纷抢购商品甚至挤兑银行,进一步加剧了通货膨胀。面对严重的通货膨胀,1988 年 8 月 30 日,国务院通过了《关于做好当前物价工作和稳定市场的紧急通知》,明确推行双紧缩政策的同时传递中央稳定物价、储蓄保值的决心。1989 年通货膨胀率明显回落。

改革开放后的第四次通货膨胀出现在 1993—1995 年。此轮通货膨胀仍然是由于供不应求、叠加货币超发引起的。进一步推行价格体制改革,允许市场自由定价,货币供应量增幅达到 35%。此后,两次金融危机都对我国的通货膨胀产生了一定的冲击,但影响并不大,总的来说通货膨胀率维持 3%左右的水平。

经历过新中国成立初期和改革开放初期的 6 次通货膨胀,进入 21 世纪后我国物价波动趋于平稳,虽然在 2008 年前后受全球性金融危机影响分别出现过通胀和通缩,但均小于世界平均水平,这也从侧面反映了我国社会主义市场经济制度的优势。

三、新中国成立以来我国城镇失业率变化

新中国成立时,百废待兴,全国城镇就业人员有 1533 万人,而城镇失业者高达 474. 2 万人,失业率高达 23. 6%。① 1952 年,国民经济恢复基本完

① 蔡昉:《中国就业格局变化与挑战》,《全球化》2013 年第 5 期。

成，城镇就业人员迅速增加到2486万人，城镇失业人员减少到376.6万人，城镇失业率下降到13.2%。1955年以后随着知识青年上山下乡，城镇失业率进一步降低。

改革开放初期，社会经济活力提升，失业率明显下降。随着改革的深入，国有企业作为当时我国经济中最重要的成分也面临着革新。20世纪90年代，大量国有企业效率低下，三角债频发，在这样的情况下，国企改革、国企重组成为必然的选择。而重组则带来了我国历史上第一次“下岗潮”，“下岗潮”叠加我国第二波婴儿潮（1962—1973年）涌进劳动力市场的影响，致使城镇失业率上升。1997—1998年间，受国企改革、1993—1996年“软着陆”带来的内需疲软、亚洲金融危机等因素的叠加影响，失业率相对来说略有上升。1999年，考虑到就业形势严峻和我国大学生数量较少，中央决定大学扩招且放开大学报考年龄限制，当年招生总数达159.68万人，增长速度达到史无前例的47.4%（在此之前，高校扩招年增速在8.5%左右），大学扩招在延缓年轻人进入劳动力市场的同时还能吸纳部分失业人群，因而1999—2000年失业率明显下降。根据2000年全国人口普查资料，中国15岁以上人口失业率为3.58%，但城乡之间存在着巨大差异：城镇失业率为8.27%，其中城市为9.43%，镇为6.24%，而农村失业率只有1.15%。① 21世纪以来，我国城镇失业率大致维持在4%左右。

四、改革开放以来我国国际贸易形势

改革开放之后，我国国际贸易量总体上升，外贸依存度在2001年入世

① 张车伟：《失业率定义的国际比较及中国城镇失业率》，《世界经济》2003年第5期。

后快速提高，在2008年金融危机前达到顶端，此后外贸依存度总体持续下降。改革开放后我国不断融入全球市场，进出口持续增长，一方面扩大进口，引进国外的商品、技术，便于我国进行学习和社会主义现代化建设；另一方面向世界市场提供物美价廉的产品，不断扩大出口。在这期间，外贸对我国经济越来越重要，进出口占GDP的比重总体上升，2000年进出口占GDP比重均达到了20%。2001年对我国来说则是一个重要的转折点，我国抓住了全球化的战略发展机遇，成功加入世界贸易组织，从而能够更好地分享全球化潮流带来的发展红利。入世后，我国的对外贸易总额、贸易顺差持续高速增长，中国在世界贸易中的比重从2002年的4.0%提升到2008年的7.8%；贸易总额从2002年的6207.7亿美元剧升为2008年的25610亿美元，同期贸易顺差也由304.3亿美元增长至2950亿美元，金融危机前出口占GDP比重已经达到了30%。①

2008—2009年的世界金融危机给我国进出口带来了很大冲击。2008年前我国的贸易伙伴主要是发达国家，发达资本主义国家的金融体系首先受到了金融危机的影响，2009年金融危机全面传导至其实体经济，造成国际市场的萎缩。同时，受金融危机影响，美元不断贬值，人民币有增值的压力，对我国的出口企业更是雪上加霜。此外，在全球金融危机中，为了保持经济的稳定增长，我国采取了刺激内需、扩大投资规模的战略。因而在这个阶段，出口对GDP的贡献率从顶峰的30%左右下降了约10个百分点。②

2010年后，随着世界经济的恢复，外贸在我国经济中的贡献率有所反弹，但是近年来外贸的重要性总体呈现下降的趋势，这是国际大环境和我国

① 薛荣久：《新中国外贸60年发展辉煌轨迹》，《国际贸易》2009年第9期。

② 姜荣春、华晓红：《金融危机下中国外贸形势分析：未来趋势与主要挑战》，《国际贸易问题》2009年第5期。

自身因素共同影响的结果。一方面，从整体环境来看，金融危机后，除了美国经济恢复较快，其他发达国家增长乏力，需求疲弱，世界总体市场有限；不仅如此，金融危机后出现了逆全球化的潮流，在有限的市场中外贸所分得的部分更是有萎缩趋势。另一方面，2001 年入世后我国持续实现贸易顺差，积累了大量外汇，顶峰时期达到了 4 万亿美元，然而我国的贸易顺差即是他国的贸易逆差，我国具有国际竞争力的商品抢占的便是他国民族产业的利益。在这样的情况下，他国控诉我国存在倾销（商品价格低于正常成本）和政府补贴等行为，对我国的出口造成了一定的影响，尤其是 2016 年后，我国企业在国际市场上遇到的贸易摩擦显著增多，直至 2018 年与美国的贸易摩擦演变为中美贸易战，给我国的出口又蒙上了一层阴影。此外，随着我国人口红利的减弱，劳动密集型商品出口优势也相对减弱。在内外各因素的叠加影响之下，我国出口对经济的贡献率不断下降，我国逐渐转向依靠内需拉动经济增长。

我国商品出口占世界总量的比重稳定上升。改革开放前，我国的出口份额微乎其微，改革开放后出口份额有所提高，但份额增速仍然较慢。直到 2001 年入世后，我国的出口份额出现了快速的增长，在 2009 年超过美国成为第一大出口国，虽然在 2016 年受贸易摩擦等因素影响，出口出现了负增长，出口份额也有所下降，但至今仍为世界第一大出口国。

五、新冠肺炎疫情影响下的我国经济形势

相比于 2008 年全球金融危机，2020 年新冠疫情直接对实体经济带来了冲击。2008 年金融危机爆发之时通货膨胀率明显偏高，而经济增长水平

却没有受到太大的影响。一年后，经济增长水平受到了严重的冲击，通货膨胀率则恢复正常。本次疫情则有所不同：2020 年通货膨胀率并不会像 2008 年金融危机时那样出现明显的异常，但经济增长却会直接受到严重的冲击。这是因为两次危机的起因不同，因此其对经济的冲击方式也不同。2008 年危机始于金融市场。由于次级贷款的发放、次贷衍生品的创新和监管漏洞等原因，房地产及次贷相关衍生品价格泡沫膨胀，因而 2008 年异常情况首先表现为通货膨胀率高企。房地产泡沫破碎导致房价大跌后，大量贷款者选择违约，引发银行破产，而同业间次贷衍生品的交叉持有则引发了整个金融体系的崩溃。到 2009 年金融危机传导到实体经济，引发经济衰退，而通货膨胀率则随着泡沫的破裂恢复正常。然而本次疫情则有所不同，疫情直接影响了生产供应，直接冲击了国内外投资消费需求，对实体经济产生了直接的影响，因而会表现出通货膨胀率较为稳定而经济增长直接受到冲击的现象。

疫情拖累全球经济发展，我国 2020 年实现 GDP 增长 2. 3%。世界主要国家与地区中，美国 2020 年上半年 GDP 同比下滑 4. 4%，欧洲上半年受到严重冲击，英国、德国、法国和意大利上半年 GDP 同比分别下降 12. 6%、6. 3%、12. 3%、12. 0%，日本和韩国上半年同比分别下滑 5. 8%、0. 7%，新兴国家中，印度和巴西上半年 GDP 增速分别为-10. 1%、-5. 9%。与世界相比，我国在控制疫情、恢复经济上较快取得明显成效。2020 年上半年，我国 GDP 同比下降仅 1. 6%，其中，一季度同比下降 6. 8%，二季度经济快速复苏，GDP 同比增长 3. 2%，环比增长 11. 5%。

疫情冲击下，我国消费品保持温和通胀，工业品价格面临通缩。2020 年，受非洲猪瘟、疫情等因素影响，猪肉价格大涨，1—2 月 CPI 同比分别提高 5. 4%、5. 2%，随着储备冷冻猪肉投放等措施的实施，3 月后，CPI 明显降低，8 月同比增长回落到 2. 4%。PPI 方面，疫情影响下，国内外工业品需求萎靡，4—6 月 PPI 同比下滑 3%以上；7—8 月通缩略有缓和，PPI 同比分别下降 2.4%、2.0%。①

疫情对我国就业情况并未产生太大影响。2020 年上半年，受疫情影响，我国城镇调查失业率平均为 5.8%，相比上年同期小幅上升 0.7%，8 月调查失业率降低到 5.6%。相比之下，美国 4 月就业状况急剧恶化，失业率从 3 月的 4.4%提高到 4 月的 14.7%，4—7 月失业率维持在 10%以上，8—9 月，失业率虽然有较大改善，但仍保持在 8%左右的水平。另外，欧盟失业率在 4—8 月也有小幅上升。

我国进出口恢复快，贸易顺差大幅逆势增长。2020 年在新冠疫情影响下，各国人员和货物往来受阻，国际贸易受到较大影响。美国 4—5 月进出口货物金额同比分别下滑 24.1%、29.9%，8 月同比下滑 9.2%。欧盟方面，8 月进出口金额为 3111.2 亿欧元，同比下滑 13.5%。与美欧相比，我国进出口恢复较快，贸易顺差进一步扩大。8 月进出口总额为 4115.90 亿美元，同比增长 4.2%；贸易顺差为 589.30 亿美元，同比增长 69.2%。出口方面，8 月我国出口总额为 2352.59 亿美元，同比增长 9.5%，较上月增幅扩大 2.3 个百分点，实现连续 3 个月出口总额同比增长。进口方面，8 月进口额为 1763.34 亿美元，同比小幅下降 2.1%，维持 6 月以来进口总额环比增长的趋势。

六、结　语

本文从经济增长、通货膨胀、失业率、国际贸易以及新冠疫情影响五

① 刘伟、苏剑：《疫情与国际形势变动下的中国宏观经济走势、风险和政策——2021 年中国经济分析与展望》，《开发性金融研究》2020 年第 6 期。

个视角阐述全球背景下尤其是新中国成立以来的中国经济发展脉络。在社会主义革命和建设时期，面对工业基础薄弱的格局，我们主要采取以发展重工业为主的赶超战略，为新中国成立后的经济腾飞奠定了坚实基础。改革开放以来我国经济飞速发展，虽然历经数次较严重的通货膨胀和失业冲击，但均在中国特色社会主义的宏观调控下成功化解，并自 21 世纪以来稳定优于世界平均水平。加入世界贸易组织以后，外贸的快速增长为中国经济发展注入新的重要动力，这一趋势直至 2008 年金融危机前达到顶峰。

进入新时代，面对社会主要矛盾的转变，相比于总量增速我们更注重经济结构稳定增长，更注重经济高质量发展和可持续发展。我们力求推动经济由投资拉动转向消费拉动和创新驱动，力求宏观调控推进供给侧结构性改革。面对新冠肺炎疫情和逆全球化潮流，我们选择推动构建以国内大循环为主体，国内国际双循环相互促进发展的格局。“中国经济是一片大海，历经无数次狂风暴雨，大海依旧在那。”未来我们将继续坚持贯彻习近平新时代中国特色社会主义思想，坚持深化改革、与时俱进，推动实现更高质量、更有效率、更加公平、更可持续的发展，奋进建设社会主义现代化强国。

（中国人民大学应用经济学院研究生李海博、王妍也参与了本文撰写）

第二讲　中国区域经济发展

席强敏

中国人民大学应用经济学院副教授，博士，区域与城市经济研究所副所长

卢昂荻

中国人民大学应用经济学助理教授

中国地域辽阔，不同的区域不仅在自然资源、地理环境、文化习俗方面存在较大差距，而且在经济发展方面同样存在巨大差距。新中国成立以来，随着国内外经济发展环境的变化，中国区域经济呈现出不同的空间格局和特征。本文将对中国区域经济发展的历程进行阶段划分，并从经济空间分布、经济空间变动、经济重心的轨迹变动和区域经济发展差距四个方面，梳

理和总结新中国成立 70 多年来，尤其是改革开放 40 多年来区域经济发展的特征事实与关键问题。

作为纵向分析的补充，从全球视野入手，以新中国成立 70 多年来尤其是改革开放 40 多年来的区域经济发展中的主要政策及建设成就为背景，比较分析中国与国际其他主要经济体（俄罗斯、美国、德国、日本、韩国、印度和巴西）的区域经济发展过程中的异同点，并从交通基础设施建设、城镇化率等可以直观反映区域经济建设成就的主要指标入手，剖析中国区域经济发展的成功原因。

一、中国区域经济发展的阶段划分与基本事实

（一）阶段划分

中国的区域经济发展可分为以下四大阶段。

1. 1949—1977 年区域平衡发展时期

在新中国成立以后，以毛泽东同志为核心的党中央领导集体，为改变旧中国生产力布局很不平衡的弊端进行了积极的探索，在这一实践过程中逐渐形成了中国特色的生产力布局理论。1950 年 6 月，在中央人民政府政务院财政经济委员会第二次会议上，工业区域布局的问题正式提上了议事日程。当时考虑工业布局最重要的原则有六项：第一，从培植千百万人民的生产技术，尤其是培植落后地区人民的技术，发挥他们最高度的创造性着眼，尽可能使生产力均等地配置于全国，使全国的天然资源与劳动技术有普遍、平衡的发展。第二，为了改变工业的制造地与市场脱节，商品运费超过其生产成本甚远的状况，工业生产地应接近原料地与消费地，减少不合理的远距

离运输。第三，中国广大的西北与西南有丰富的矿藏和原料，从可以发展工业着眼，努力提高边疆地区的生产力。第四，利用经济地域发展综合工业。第五，消灭都市和农村间的对立与矛盾。第六，工业布局不能完全依照经济的观点，必须考虑国防的因素。① 1956 年，毛泽东在《论十大关系》一文中提出："我国的工业过去集中在沿海。所谓沿海，是指辽宁、河北、北京、天津、河南东部、山东、安徽、江苏、上海、浙江、福建、广东、广西。我国全部轻工业和重工业，都有约 70%在沿海，只有 30%在内地。这是历史上形成的一种不合理的状况。沿海的工业基地必须充分利用，但是，为了平衡工业发展的布局，内地工业必须大力发展。在这两者的关系问题上，我们也没有犯大的错误，只是最近几年，对于沿海工业有些估计不足，对它的发展不那么十分注重了。这要改变一下。好好地利用和发展沿海的工业老底子，可以使我们更有力量来发展和支持内地工业。如果采取消极态度，就会妨碍内地工业的迅速发展。所以这也是一个对于发展内地工业是真想还是假想的问题。如果是真想，不是假想，就必须更多地利用和发展沿海工业，特别是轻工业。"②

由此可见，中国生产力均衡布局理论强调了以内地为中心的生产力布局，有计划地在全国范围内均衡地布局生产力；将地区专业化与综合化发展结合起来；工业应尽可能接近原料地、燃料地和消费地；合理集中与适当分散相结合；有利于提高国家的战略防御能力和国防的巩固。

2. 1978—1998 年"第一个大局"时期

沿海和内地是事关我国经济发展的两个大局。改革开放之后，邓小平同志提出了"两个大局"的思想，指出要实施"两步走"的发展战略。面对改

① 吴承明、董志凯：《中华人民共和国经济史(1949—1952 年)》，社会科学文献出版社 2010 年版，第 436—437 页。

② 毛泽东：《论十大关系》，人民出版社 1976 年版，第 4—6 页。

革开放之后沿海地区高速度发展、承接国际产业转移的现实,邓小平同志指出,要加快发展沿海地区,将其建设成为中国的现代化制造业基地,赶上世界先进水平。邓小平强调:"沿海地区要加快对外开放,使这个拥有两亿人口的广大地带较快地先发展起来,从而带动内地更好地发展,这是一个事关大局的问题。内地要顾全这个大局。"

我国改革开放之后设立的经济特区、14 个沿海开放城市,以及后来设立的自由贸易区等,都是这个改革开放思想的延续。实施优先发展东部沿海地区的非均衡战略,推动了东部地区的产业集聚和经济增长,也使得中西部地区在经济总量、人均收入、结构提升等方面都明显滞后于东部地区。1988 年,邓小平指出:"发展到一定的时候又要求沿海拿出更多力量来帮助内地发展,这也是一个大局,那时沿海也要服从这个大局。"①该思想是邓小平对中国区域经济发展在不同的历史阶段战略选择所作的全面而深刻的阐述。

3. 1999—2012 年"第二个大局"时期

1992 年南方谈话中,邓小平就"第二个大局"的时间安排作了进一步论述,他指出:"可以设想,在本世纪末达到小康水平的时候,就要突出地提出和解决这个问题。"1999 年之后,党中央提出了以西部大开发、振兴东北等老工业基地、促进中部崛起、东部地区率先发展为主要内容的区域发展总体战略。结合张可云的研究成果②,根据区域协调发展战略的差异,将"第二个大局"时期分成以下几个阶段:

1999—2003 年主要针对的是西部地区的落后问题与东北地区的萧条问题。1999 年实施的西部大开发战略与 2003 年实施的东北地区等老工业基地振兴战略都是区域协调发展战略的子战略。这一阶段的区域发展战略

---

① 《邓小平文选》第 3 卷,人民出版社 1993 年版,第 277—278 页。

② 张可云:《新时代的中国区域经济新常态与区域协调发展》,《国家行政学院学报》2018 年第 3 期。

只是分别针对突出的区域问题提出了单个解决方案，并没有提出“一揽子”解决不同类型区域问题的办法，而且区域发展战略没有照顾到中国所有地区，带有明显的“头痛医头、脚痛医脚”色彩。

2004—2006年明确了区域发展总体战略。在提出西部大开发和振兴东北地区等老工业基地战略措施之后，中国政府于2004年提出了包括推进西部大开发、振兴东北地区等老工业基地、促进中部地区崛起和鼓励东部地区率先发展的区域发展总体战略。在2004年之前，中国的区域协调战略忽视了中部地区，因而是一个不覆盖全部国土的谋划。在分析和总结过去区域战略的基础上，2004年明确的区域协调发展总体战略可以概括为16个字，即“西部开发、东北振兴、中部崛起、东部率先”，这是第一次将全国不同地区纳入了协调发展的战略框架之中。

2007—2012年在以前的基础上进一步强调生态文明。2007年，中共十七大首次提出生态文明建设，要求在区域协调发展过程中坚持以生态文明为前提，生态效益和经济效益并重，这标志着区域协调发展战略在内涵上有了重大调整。为了实现生态文明，中央政府在区域发展总体战略的基础上提出了主体功能区战略。

4. 自2013年以来以人民为中心的区域协调发展时期

党的十八大以来，特别是党的十九大之后，以习近平同志为核心的党中央又提出了长江经济带建设、京津冀协同发展、粤港澳大湾区建设、长三角一体化以及黄河流域生态保护和高质量发展“五大战略”，形成了东西互动、优势互补、协同发展的新格局。

当前我国经济社会发展中的主要矛盾，是人民日益增长的美好生活需要和不平衡不充分的发展之间的矛盾。坚持以人民为中心的发展思想，中国区域经济发展的不平衡包括东西部发展不平衡、南北方发展不平衡、城乡发展不平衡、发达地区与欠发达地区不平衡，等等。根据以人民为中心的区域发展理论,解决区域发展不平衡问题关键是要从中国的国情出发,注重城乡协调、区域协调、经济社会与资源环境之间的协调;解决发展不充分问题的关键是要大力发展社会生产力,转变发展方式、优化经济结构、转换增长动力,建设现代化经济体系,实现区域高质量发展。以人民为中心的区域发展思想,要更加注重缩小区域发展差距,把缩小区域发展差距作为衡量区域发展效果的重要衡量指标。

(二)各阶段发展特征

1. 经济空间变动

从经济空间的变动情况来看,区域平衡发展时期的经济空间变动主要体现在“三线”地区经济份额的普遍上升方面(见图 2-1),其中四川省 1952—1978 年占全国的经济份额上升了 1.44 个百分点,而所有地区中经济份额上升幅度较大的则是上海市和北京市,这两个中心城市 GDP 占全国的份额分别上升了 2.08 个和 1.83 个百分点。

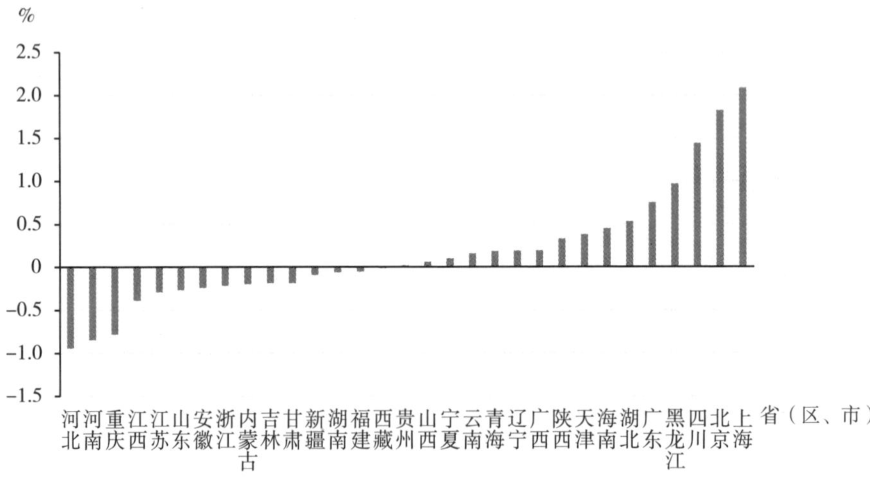

图 2-1　各省(区、市)占全国经济份额的变动情况(1952—1978 年)

改革开放实施以后，沿海地区和边境地区经济份额上升明显，1978—1992年广东省、山东省和浙江省经济发展相对较快（见图2-2）；1992—1999年，沿海地区经济集聚能力不断提升（见图2-3）。

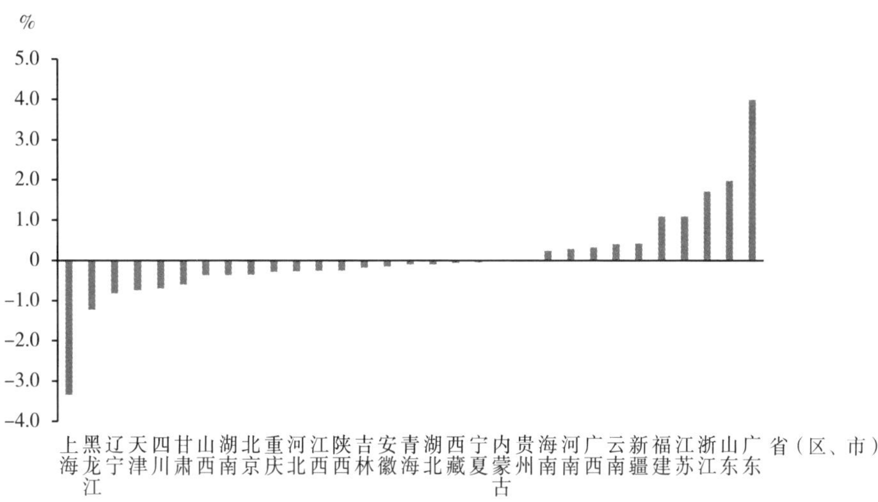

图2-2 各省（区、市）占全国经济份额的变动情况（1978—1992年）

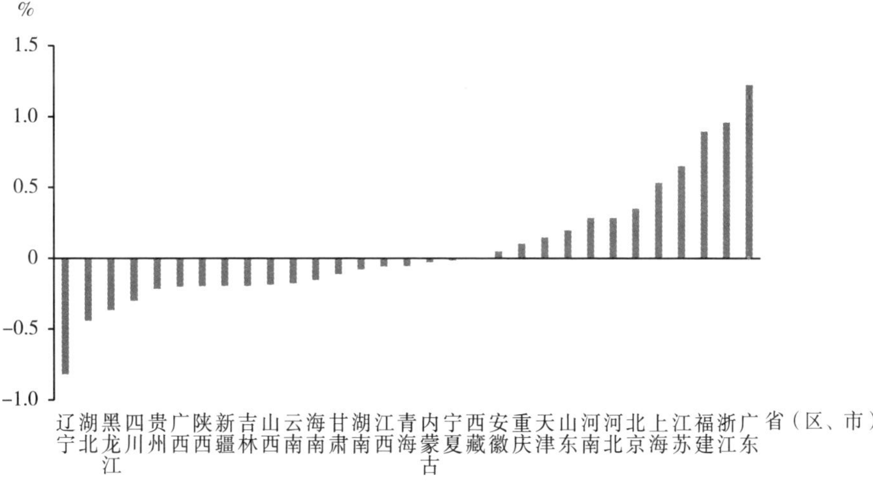

图2-3 各省（区、市）占全国经济份额的变动情况（1992—1999年）

区域协调发展战略实施以后，中国区域经济的集聚程度开始下降，区域经济格局呈现由集聚向扩散的转变，区域协调发展程度明显提升。中部、西部和东北地区大多数省份占全国的经济份额在1999—2012年均有不同程度的提升，与此同时江苏省、内蒙古自治区和山东省的经济地位仍在上升（见图2-4）。2012—2020年，北方地区经济增长乏力，除北京市以外，北部地区的经济份额均在下降，南北分化特征显著（见图2-5）。

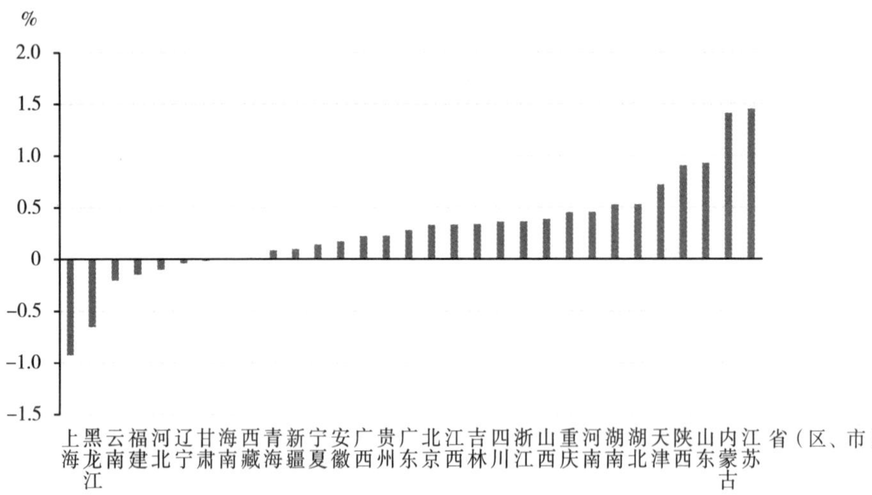

图2-4　各省（区、市）占全国经济份额的变动情况（1999—2012年）

2. 经济重心的轨迹变动

经济重心的轨迹变动可以反映出中国不同时期区域经济发展的空间格局及变动趋势，是区域发展差异的集中体现。如图2-6所示的中国区域经济重心的变动轨迹可以看出，改革开放之前的区域平衡发展时期，区域经济重心变动不大，1952—1978年仅微弱地向南移动。

改革开放以来，中国区域经济重心整体上呈现向西南方向移动的趋势，

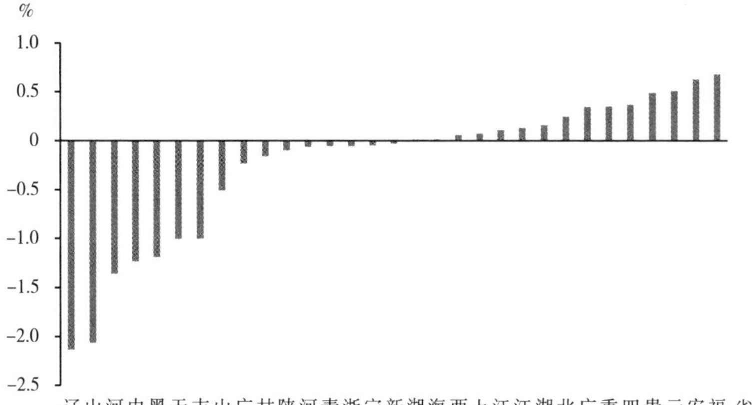

图 2-5　各省(区、市)占全国经济份额的变动情况(2012—2020 年)

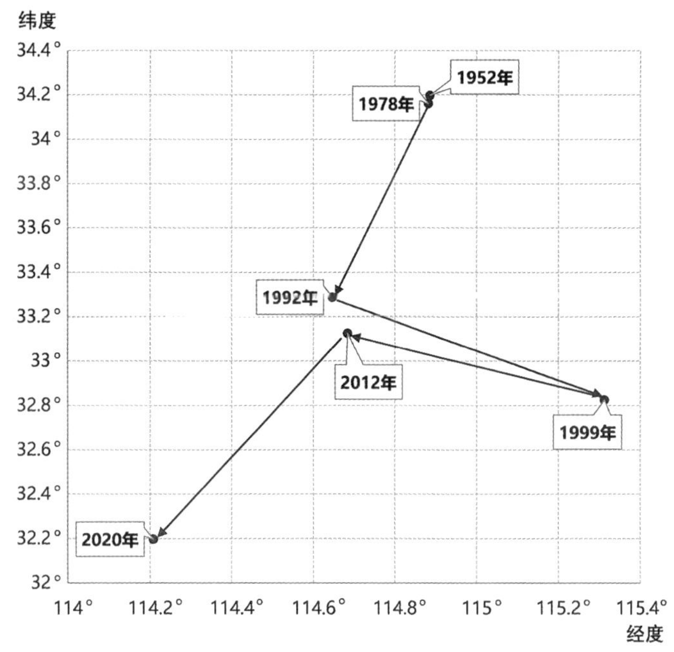

图 2-6　中国经济重心的变化(1952—2020 年)

反映出中国区域经济东西差距逐渐缩小，但南北差距呈扩大趋势的特征，其中1978—1992年主要受南方沿海城市的影响，经济重心南移特征更显著，而党的十八大以来经济重心向西移动的幅度相对较大。在经济重心向西南移动的大趋势中，1992—2012年出现了一轮波动：随着“第一个大局”战略的深入推进，东部沿海地区快速发展，经济重心在1992—1999年快速向东南移动，其中东移幅度更大；而随着西部大开发、振兴东北等老工业基地、促进中部崛起等“第二个大局”阶段的区域发展战略的实施，经济重心在2001—2012年又快速地向西北回归，反映出中国区域经济发展的东西差距得以缓解。2012—2020年，中国经济重心的变动轨迹除了继续向西移动以外，呈现明显的向南移动的特征，这与经济空间布局呈现的南北经济分化特征一致。

3. 区域经济发展差距

经济集聚会带来生产效率的提升，进而促进地区的经济增长，因此区域经济的集聚与分散会导致地区经济的不平衡增长，从而促使区域经济发展差距发生变化。

从省级层面经济总量的不平等程度来看，中国区域经济总量的差距整体呈现上升趋势。从新中国成立以后到改革开放之前，经济发展差距处于波动状态，不平等程度未明显提升；改革开放之后，经济总量的省际差距明显拉大，直到1999年之后随着区域协调发展战略的实施，区域经济发展差距的变动趋于平缓，到2006年之后开始下降，区域发展差距有所缓解，直至2013年降到最小值，随后受北方经济增长动能不足的影响，省区经济发展差距逐步扩大，2017年之后趋于平缓。不同于总量差距整体呈现上升趋势的特征，中国各省份人均GDP差距的变化处于波动状态，在2004年之后呈现较明显的下降，存在微弱的收敛趋势。

二、中国区域经济发展的国际比较

第一章梳理了中国的区域发展阶段，描述了中国的经济活动空间分布基本格局，并讨论了不同阶段的区域不平衡发展问题。一言概之，中国区域间经济不平衡由来已久。但纵观世界各国发展历史，区域不平衡问题并非我国独有。在本节，首先将详细梳理和比较各国区域发展政策、发展的基本事实。其次结合能直观反映区域经济建设的各项指标，如交通基础设施建设、城镇化水平等，对比呈现中国区域经济发展成就。

（一）各国区域发展政策及基本事实

经济发展往往伴随着经济活动在空间范围内的集聚。而地区间生活水平的差距则呈现出一个倒"U"形的关系，在发展前期，随着工业结构由农业化为主向工业化为主转变，大量人口涌入少数较发达地区，地区间生产效率以及居民收入差距逐渐扩大。从发达国家的发展历程可见，这一情况将会持续数十年。随着经济进一步发展，成功的区域政策需能做到重视增加密度（density）、缩短联系距离（distance）和减少地区间分割（division），从而缩小地区间生活水平的差距，实现国家总体均衡发展。①

而区域政策一方面应重视经济密度和经济规律，减少和清除不利于地区间要素自由流动的限制因素，提高资源在空间的配置效率，鼓励地区发挥自身比较优势，提高经济密度，实现在"集聚中走向平衡"。另一方面，政策

① Harvey, D.,"Reshaping economic geography: the world development report 2009", *Development and Change*, 2009, 40(6): 1269-1277.

制定者希望借助区域政策实现落后地区经济增长,缩小区域间经济社会差距,推进区域协调发展。因此,如何设计区域政策以兼顾经济效益和区域协调发展,在效率与公平中达到平衡,对一个国家长期的进步和崛起意义深远。

中国区域间经济不平衡问题由来已久,而这也并非我国特有国情,许多国家同样面临着区域间差异巨大、经济发展水平不同的问题。

1. 中国区域政策变迁及特征事实

中国国土面积约 960 万平方公里,幅员辽阔,区域间在地理地貌、资源禀赋及自然气候等方面存在较大差异,人口分布和经济活动也在空间上高度不平衡。自 20 世纪 50 年代以来,中国人口在空间上的相对分布并未发生重大变化,总体呈现为以"胡焕庸线"划分的"东南多,西北少"的空间不平衡格局。人口密度与经济活动密度高度相关,经济活动在空间上走向集聚的同时,区域发展不平衡的问题也随之凸显,并长期存在。

党中央、国务院自新中国成立以来高度重视区域政策的制定。区域政策、区域发展理念在不断摸索和实践中走向完善。1949 年以来,中国区域经济发展大致历经了四个主要阶段:区域均衡发展阶段(1949—1977 年)、优先发展东部地区阶段(1978—1998 年)、促进东西部协调发展阶段(1999—2012 年)以及新时期区域协调发展阶段(2013 年至今)。党的十八大以来,我国区域经济发展理念逐渐形成了四大区域板块、三大国家级城市群、若干中心城市的多层次和多中心格局。①

我国的区域政策主要表现为促进区域协调发展和加强区域分工两方面。在不同阶段,区域发展侧重有所不同,但总体来说,这两方面是持续推进的。在促进区域协调发展方面,自新中国成立以来,国家投资建设了诸如

---

① 陈伟伟、王喆:《中国区域发展七十年暨"十四五"区域发展展望》,《中国经贸导刊》2019 年第 10 期。

铁路、高速铁路、公路、高速公路、内河航道及港口等一系列关乎国计民生的大型交通基础设施，极大地促进了区域间商贸、劳动力、资本的交流，提高落后地区就业率，降低失业率和贫困率，缩小了地区间人民生活水平差距。中央于2004年提出了“西部开发、东北振兴、中部崛起、东部率先”的16字区域协调发展总体战略，既考虑了不同区域比较优势的发挥，又兼顾区域间协调发展。此外，在2017年，党的十九大报告指出，实施区域协调发展战略是贯彻新发展理念，建设现代化经济体系的重大战略部署之一。

在加强区域分工方面，改革开放初期，对外开放政策强调“引进来，走出去”。受益于得天独厚的区位优势，东部沿海地区利用政策倾斜及财政支持率先发展。一大批沿海开放城市如广州、珠海、东莞、深圳和厦门等积极鼓励对外开放，引进外资，发展外向型经济。东部沿海地区在这一时期的生产要素得到了充分释放，市场经济得到了充分发展，发展走上了快车道。与此同时，大量人口从中西部涌入东部沿海地区，从农村欠发达地区涌入乡镇和城市，从第一产业涌入第二产业和第三产业。2000年后“农民工”这一群体的崛起更是中国城市化、工业化发展的一个缩影。以上各方面原因都导致中国东部沿海地区和中西部内陆地区的经济发展差距进一步拉大。

改革开放以来，党中央、国务院在原有的四大区域发展战略基础上，陆续提出了京津冀协同发展、粤港澳大湾区建设、长三角一体化等发展战略。此外，对都市圈、城市群的推动建设也有效促进了区域内部规模经济实现、发展成就共享和均衡发展。

总体来说，中国的区域政策是卓有成效的。中央能高瞻远瞩地下“全国一盘棋”，一方面主导了内陆地区工业基础体系建设，重点关注中西部、东北落后地区，积极促进区域协调发展；另一方面不忘“因地制宜”，充分发挥各地区禀赋优势和生产潜能。

2. 美国区域政策变迁及特征事实

美国与中国领土面积相当,人口却不到中国的四分之一,其经济活动也呈现空间分布不均衡的态势。在20世纪初,美国的经济活动密度较高的地方主要是东北部和五大湖地区,而广袤的中西部和南部地区则人烟稀少。这种经济活动空间分布不均衡也与美国的发展史有着分不开的关系。在17世纪初,英国资本主义首先登陆北美洲大陆东海岸,陆续建立了13个殖民地。资本主义在美国东北部生根发芽和蓬勃发展,也奠定了东北部经济发展领先的基础。制度上,19世纪在美国爆发的南北战争中,代表新兴资产阶级的北方军队的胜利和之后奴隶制的废除极大促进了北方制造业的迅猛发展。东北部地区经济与中西部、南部地区经济的差距进一步拉大。

虽然也存在区域发展不平衡的问题,但与中国不同,美国在第二次世界大战以后迎来了黄金时期,一跃成为世界领先的发达国家。因此,美国政府的区域发展政策的目标主要是大力开发相对落后地区,而不需要同时兼顾经济发达地区的经济建设。美国的政体是联邦制,州政府自主权较大,要想实现区域协调发展需联邦政府居中主导。首先,联邦政府通过建立直属总统府的中央联邦开发机构——经济开发署(Economic Development Administration)和颁布专项法案①,从制度和法律层面保障落后地区享受政策倾斜,鼓励人民往中西部迁移。其次,联邦政府通过财政支付转移手段对落后地区进行财政补贴,并提供优惠税率。再次,政府十分重视交通基础设施和大型基础工程的建设。自20世纪30年代以来,美国政府兴建了如促进内河航运的田纳西水域工程、发展铁路运输网络的阿巴拉契亚开发工程等一系列大

① 20世纪30年代以来,美国政府颁发了一系列促进区域综合开发的法案,包括《田纳西河流域开发法》(*Tennessee Valley Authority Act*,1931年),《再开发法》(*The Area Redevelopment Act*,1961年),《公共工程与经济发展法案》(*Public Work and Economic Development Act*,1965年)和《阿巴拉契亚区域开发法案》(*Appalachian Regional Development Act*,1965年)。

型基础设施工程。在20世纪后半期,美国还大力发展航空运输、州际高速公路和通信网络,从各个方面降低区域间人口、资本、生产要素的流动成本。

总体来说,美国的区域政策是成功的。在1965年,西海岸的加利福尼亚州取代纽约州成为美国人口和经济总量排名第一的州。以微软和谷歌为代表的一系列高新企业在西海岸硅谷等地迅速崛起。到20世纪90年代,经济较差的阿肯色州、密西西比州和缅因州人均GDP也达至2万美元。东北部和中部、西南部发展差距进一步缩小,美国基本实现了区域间的协调发展。

3. 德国区域政策变迁及特征事实

得益于第二次工业革命,德国在20世纪前基本实现工业化,区域间经济发展较为均衡。第二次世界大战后德国分裂,区域经济发展协调的局面也被打破,呈现出南部新兴机械工业发展迅猛、东北部地区发展缓慢的局面。

德国的区域政策目标集中在区域平衡和总体发展。为确保区域政策的顺利实施,德国出台了一系列法律①,在制度上确保对落后地区进行政策倾斜和财政补贴。此外,德国区域政策尤其强调通过财政补贴对后进地区中小企业给予扶持和优惠,具体实现途径包括投资补贴、特定资助和低息贷款等。

德国的区域经济发展政策同样取得了较好的成果。在20世纪末期,德国区域间发展差距显著缩小,东西德统一后历经5年左右,国家便进入了较为均衡统一的发展阶段。此外,德国成功的区域发展政策为其成为世界制造业强国奠定了坚实基础。实现了国内和国外的双赢。

4. 巴西区域政策变迁及特征事实

巴西坐落于南美洲中部,同样也是一个地域广阔、人口分布不均的发展中大国。而区域发展不平衡的问题同样存在。北部是亚马孙平原,森林密

---

① 包括《德意志联邦共和国基本法》(宪法,1949年),《改善区域经济结构共同任务法》(1969年),《空间规划法》(1965年)以及《联邦财政平衡法》(1970年)。

布，而南部的巴西高原多平地和丘陵，天然易于人口聚集和农业、经济活动的发展。因此，巴西一直以来东部和南部较中部和北部相对发达，东南部聚集了全国近一半的人口及国民收入。①

为了缓解区域间发展严重不平衡的问题，从20世纪50年代起，巴西政府出台了一系列区域政策以促进区域均衡发展。首先，巴西政府大力兴建覆盖全国的公路网络，以连接内陆和巴西利亚及沿海城市。其次，亚马孙丛林面积占巴西国土面积的四分之一，巴西政府实行了包括交通基础设施投资，组织移民开荒，发展旅游业及建立马瑙斯自贸区（1957年）在内的一系列措施。最后，为促进内陆发展，巴西政府创造性地在1956年提出迁都巴西利亚，这是一个成功的举措。截至2019年，巴西利亚人口多达300万人，是巴西第三大城市，人均国民生产总值居拉美城市第一位。

巴西的区域政策总体是取得显著成就的。密集的陆、海、空交通网络极大地加强了内地和沿海的经济往来。在2009年，巴西的公路长度达到了170万公里，铁路网络里程近3万公里；全国机场超2000个，年客运量超3300万人次；全国港口有44个，内河航线有4.8万公里。② 虽然东南部人口在1970—2000年仍然十分密集，但中西部地区的人口在1990年之后显著增加。③

然而，巴西在区域发展和城镇化过程中也存在问题，最严重的问题就是亚马孙森林破坏、环境污染和湿地退化等一系列生态环境的破坏。巴西政府过度追求经济发展和区域开发而忽视了生态环境保护，令国民健康和可持续性发展面临着重大挑战。

5. 俄罗斯区域政策变迁及特征事实

俄罗斯横跨亚欧，资源丰富，地区间存在发展失衡、基础设施分布失衡的问

① Reis Eustáquio, “Spatial Income Inequality in Brazil, 1872-2000”, *Economia*, Vol.15, No.2 (2014), pp.119-140.

② 数据来源：《巴西的基础概况》，中国驻巴西共和国大使馆经济商务处，2009年。

③ 数据来源：巴西各州历史人口数量，http://www.statoids.com/ubr.html。

题。俄罗斯的前身是实行计划经济体制的苏联。1917 年十月革命胜利后，帝国主义对苏维埃“红色政权”实行封锁，苏联政府开始重视发展位于亚洲的东部地区，使用行政干预加强老工业区的发展，实行区域平衡政策。第二次世界大战后，为进行经济建设，苏联强调重点发展优势产业，重点建设苏联的西部地区。这一“重西轻东”的经济建设理念持续到现在的俄罗斯仍然存在。直至今日，俄罗斯的西伯利亚地区虽自然资源丰富，但人口密度极低，仅为 3 人/平方公里。

苏联在 20 世纪的区域政策带有浓厚的计划经济主义色彩，生产要素和人口的区域间流动受到行政层级的配置和限制，严重阻碍了区域经济活动往来和经济活力释放。总体来看，区域经济政策效果不佳，既没有实现均衡发展，也没有改善整个国家工业结构不合理、资源空间错配、经济活力不足的问题。

6. 日本区域政策变迁及特征事实

日本区域政策的一大成就是建设了覆盖全国的交通、通信及电力基础设施的网络。在 20 世纪 80 年代，日本建成了世界一流的高速铁路交通网络——“新干线”。作为最早一批建成的高速铁路，新干线贯穿整个日本，极大地减少了地理上人口流动的成本，使不同地区紧密联系，从根本上促进了区域协调发展和平衡。基础设施的发展也为日本战后几十年的高速发展贡献力量，使日本进入发达国家行列。

（二）区域经济发展关键指标的国际对比

1. 交通基础设施建设

交通基础设施是加强区域联系，促进区域间生产要素流动、经济活动往来，实现国内市场一体化的重要途径。改革开放以前，中央政府主导的基础建设主要有煤矿、油田、铁路、水电站及港口。进入改革开放时期，尤其是 20 世纪 90 年代以来，中央大力发展基础产业和基础设施，主导了一系列关系人民切身利益的交通基础设施工程,包括以“五纵七横”为目标的覆盖全国的高速公路网络,以及 2010 年以来迅猛发展的高速铁路。此外,内河航道和机场的修建也让空运及海运得到了长足发展。

在铁路方面,相比于各国铁路营运总里程,铁路货运量的逐年增速更能准确地反映各国铁路运输的发展。将中国、俄罗斯和印度在 1996—2018 年间铁路货运量增速进行对比可见,俄罗斯和印度的铁路货运量增速在多数年份都为正,说明铁路货运量基本在稳步增长。而相对于俄罗斯和印度,中国的铁路货运量增速呈现“先上升,后下降”趋势,在 1995—2008 年期间,整体呈上升态势,一度接近 15%。2008 年之后,铁路货运量增速逐年下降直至-8%。中国铁路货运量下降一方面是由于美国发酵的全球性金融危机导致工业产品海外订单大幅减少。另一方面是来自其他交通网络的冲击,比如高速公路运输。中国的高速公路网络于 2006 年基本建成,为中短途运输价高、量小、体积小的货物提供了更灵活和更便捷的选择。同时淘宝及京东等一系列 B2C 电商平台的兴起极大促进了公路运输蓬勃发展,因而分流了部分铁路货运量。

同时间段中国与世界各发达经济体的铁路货运量增速。中国铁路货运量在 2012 年之前基本保持逐年增加,德国和日本的铁路货运量则基本为负,韩国则在正负之间徘徊,而美国的铁路货运量则基本维持在一个低于 5%的增速。与发达经济体相比,中国的铁路货运量增速较为显著,说明国内各地区之间的贸易活动极为频繁。

此外,建设高速铁路是新时期为促进区域协调发展的重大举措。图 2-7 显示了中国高铁在 2011—2019 年间的营业里程。图 2-8 示了 2011—2019 年中国高铁运营里程占世界高铁总里程的比例。在短短 9 年间,中国高铁营业里程从 5 千公里左右增长到 3.5 万公里左右,占世界高铁总里程比例从 0.44 增加到 0.68,侧面反映了中国区域一体化的快速发展。

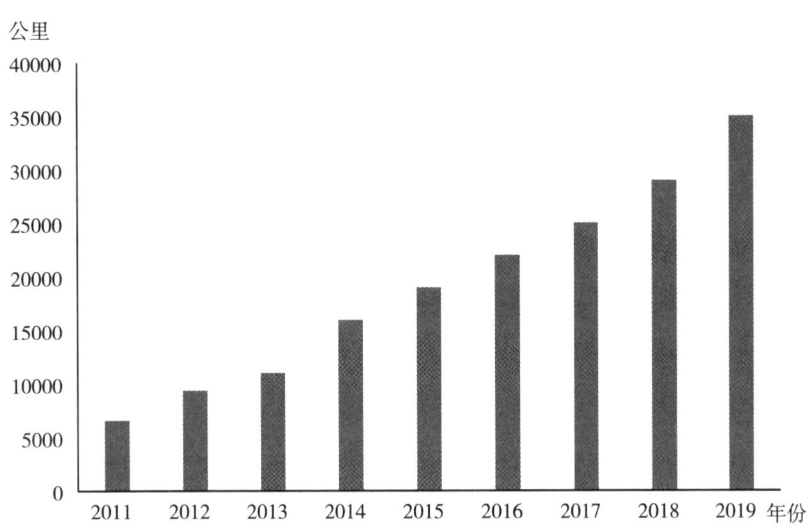

图 2-7　中国高铁营业里程(2011—2019 年)

数据来源:中国政府网。

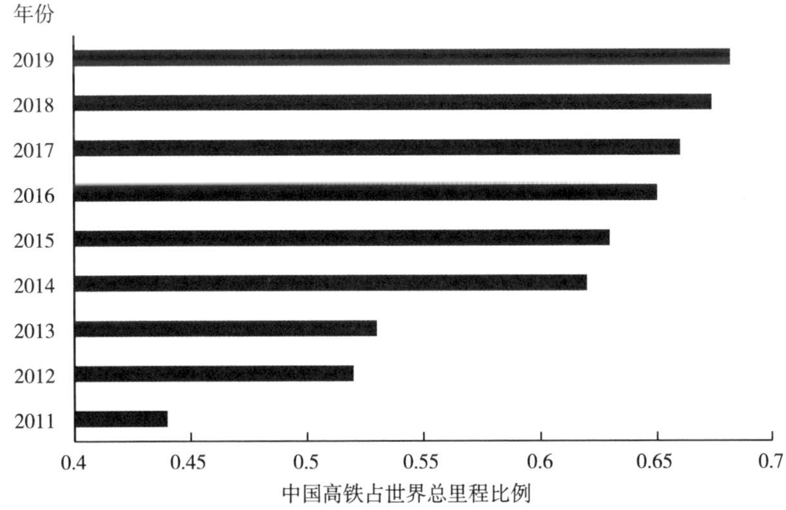

图 2-8　中国高铁运营里程占世界高铁总里程的比例(2011—2019 年)

数据来源:国际铁路联盟。

改革开放以来，在经济全球化浪潮下，中国人民生活水平不断提高，互联网和电子商务的普及更对便捷、空间跨度大的航空货运有日益增加的需求。虽然中国的航空货运起步较晚，但在20世纪90年代中后期，航空货运迎来了持续的迅猛发展。图2-9显示，中国民用航空运输机场数量从1990年的94个增加到2018年的233个。中国航空货运量从2009年开始居世界第二位，仅次于美国。

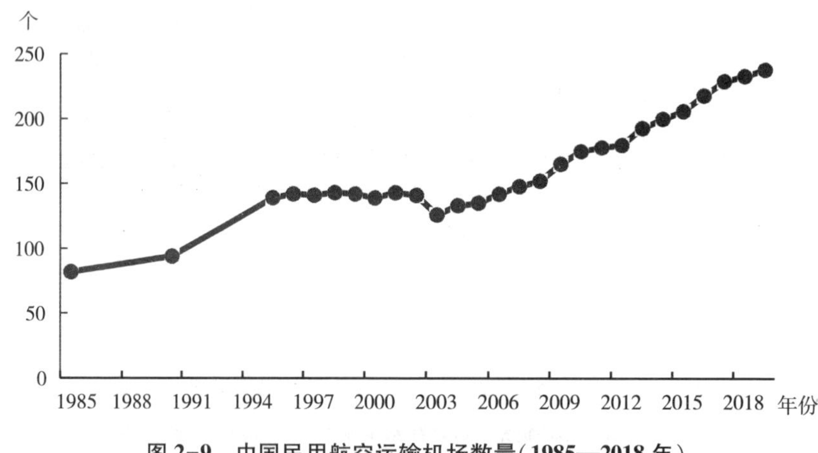

图2-9　中国民用航空运输机场数量（1985—2018年）

数据来源：CEIC经济数据库。

2. 城镇化

城镇人口占国内总人口比例是衡量城镇化水平的关键指标，也是反映区域一体化的重要度量。新中国成立以来，随着工业化、制造业的蓬勃发展，大量人口由农村拥入城镇工作和定居，城镇化率迅猛增长。从1961年到2019年，美国、德国、日本，甚至俄罗斯和巴西都在这一阶段维持较高的城镇化水平，而韩国和中国则经历了城镇人口比例的大幅上升。中国的城镇化增速在改革开放初期急速上升，之后相较于其他国家一直维持在4%左右的较高增速。

中国的区域经济发展总体而言是成绩卓著的,其成功原因是多方面的。首先,中国能吸取国外经济体在区域经济发展中的教训及得失,在政策制定时能做到长远规划,不片面追求短期效益,竭泽而渔。其次,政府能从具体国情出发,考虑地区特色和发展要求,具体问题具体分析,不做“一刀切”。最后,政府能在追求经济效益和地区间经济社会发展协调这两个彼此制约的战略目标间实现平衡。

三、中国区域政策启示与中国区域新常态问题

前两节回顾和总结了中国区域发展的阶段和关键问题,梳理了各国的区域发展政策变迁及特征事实。横向对比区域经济发展的关键指标,中国在改革开放后,关键区域发展指标,例如交通基础设施建设水平,货运量和城镇化水平都取得了卓著的成绩,中国区域发展政策总体成功。本节中,将总结中国区域发展战略的成功原因,并结合当前区域发展现状概述中国区域新常态问题。

1. 中国区域政策启示

通过梳理新常态下中国区域经济发展存在的空间差异及国际上其他主要经济体20世纪以来的区域政策及发展事实,可以总结出中国区域发展战略成功有以下几项原因:

第一,社会主义制度在区域经济发展中发挥了巨大优势。社会主义制度决定了全国人民的根本利益是高度一致的。中国共产党是人民的选择,它代表人民的根本利益。习近平总书记强调:“我们最大的优势是我国社会主义制度能够集中力量办大事。这是我们成就事业的重要法宝。”新中

国成立70多年以来，党中央居中指挥，坚持全国一盘棋，调动各层资源，发动广大人民群众，成功落实了一系列支援落后地区的工作，包括基础工程建设、精准扶贫、荒地开发等，在短时间内建设发展中西部落后地区，提升了人民生活水平。

第二，中国在区域经济建设中强调可持续发展。在意识到20世纪八九十年代片面追求经济效益而忽视环境保护后，中央于2003年提出“科学发展观”，并在党的十七大上进一步提出建设生态文明，强调区域发展中生态效益与经济效益并重。在党的十八届五中全会上，以习近平为核心的党中央第五代领导集体更是在总结国内外发展经验和得失的基础上提出了创新、协调、绿色、开放、共享的发展理念。“协调”发展注重的是解决发展中的不平衡问题，而“绿色”发展则注重的是解决人与自然和谐问题。中国对可持续发展的重视，避免了重蹈巴西在开发原始森林中忽视生态环境保护的覆辙，也为下一阶段的高质量发展打下基础。

第三，中国的区域经济政策坚持科学性、持续性。区域经济政策是实现国家区域发展战略和社会发展的具体手段，其涵盖具有区域特色的经济政策、产业结构政策和工业政策等。而与俄罗斯第二次世界大战以来对落后地区的建设相比，中国对中西部落后地区的建设是讲究科学性和持续性的。一方面，中央和地方政府从当地自然条件和资源禀赋出发，因地制宜地制定适合本地区发展的区域政策。另一方面，国家的区域发展战略虽在不同阶段侧重不同，但对西部地区的建设是一以贯之的，这也有利于当地产业和经济的稳步发展。

2. 新常态下中国区域新问题

通过世界其他国家区域发展特征事实也可以明显看出，区域发展差异普遍存在，但是不同区域处于不同发展阶段，具有不同的资源要素禀赋，面临不同区域发展问题，区域政策的提出不能“一刀切”，准确识别区域发展的空间差异，是针对性施策的重要前提。区域经济问题分为区域内和区域间两方面。区域间关系与格局通常体现为公平与效率的权衡，只有合适的区域间格局才可能实现高质量发展；区域内发展表现为多地多样，即不同区域的资源禀赋、发展阶段、模式等存在一定差异。中国最突出的区域间问题是区域分化，而区域内问题则与区域的发展阶段相关，概括而言是“穷、堵、老”①。

第一，新中国成立以来，中国区域间发展差距先后经历了缩小和扩大两个阶段。20 世纪 80 年代，邓小平同志提出“两个大局”的战略思想，“一个大局”是沿海地区加快对外开放，较快地先发展起来，内地要顾全这个大局。另“一个大局”是沿海地区发展到一定时期，拿出更多的力量帮助内地发展，沿海地区也要顾全这个大局。“两个大局”的战略思想，有效推动了东部沿海地区的经济发展，很好地促进了我国经济的高速增长，尔后，我国的区域发展战略任务转变为促进中西部地区发展，先后提出了“西部大开发”、“中部崛起”和“东北老工业基地振兴”战略任务，一定程度上缩小了区域间的相对差距，2000 年中国各省份的 GDP 比例最高达 1.1075，到 2014 年这一数值下降到 1.0398，但是仍应意识到中国区域间的绝对差距存在并将长期存在。从分区域的经济增长速度来看，东北地区的增长速度最慢，中部和西部地区的经济增长速度虽然一直高于东部地区，但是总量上仍然与东部地区存在很大差距，2019 年东部地区的经济总量超过其他三个地区的总和。随着经济发展进入新常态，平均而言，中国经济增长速度有所放缓，缺少明显经济增长极点的北方地区逐渐落后于南方地区，南北分化问题逐渐显现。因此在新阶段，中国的区域分化不仅表现为东西分化，更存在南北分化问题。不仅如此，四大板块内部的区域差距也在发生着变化，最为明显

---

① 张可云：《区域协调发展应聚焦“穷、堵、老”》，《环球时报》2020 年 12 月 21 日。

的是西部地区内部经济分化呈现扩大化趋势，而东北地区内部经济分化呈收敛趋势，说明区域经济政策需要进一步提高精准度。

第二，区域内问题主要源于各区域发展阶段差异，其中我们常说的“城市病”也属于区域内问题的一种，另外两种则是发展水平低下和经济萧条。发展水平低下主要是指还没有开始现代化的区域，这类区域多以农业为主要产业，工业化水平低下，交通等基础设施建设不完善，面临工作机会少、劳动力流出等种种困境。我国西部地区有较大部分区域属于这一类，但是其他三大地区也存在部分山区发展水平低下。在习近平总书记的带领下，在2020年我国完成了脱贫攻坚战，消除了绝对贫困，但是这些发展水平低下的地区相比其他地区仍存在明显的相对贫困。“城市病”则是区域发展到成熟阶段产生的新问题，其主要特征是基础设施完善，工业化水平较高，但是经济活动和人口集聚度过高，拥堵、负外部性明显，这类城市可能还面临着环境污染严重、生活成本高的问题，其所处的发展阶段也迫切需要明确发展方向，实现产业结构转型，避免成为萧条区。得益于改革开放，东部地区发展早于并快于其他地区，也就意味着更多的城市已经完成工业化进程，具有较强的人力资本和物质资本吸引力，拥挤效应明显，此外中部地区也有较多城市进入成熟阶段，西部和东北地区的发达城市属于这一发展阶段。萧条区域则主要分布在我国东北，主要是指城市发展停滞不前，以落后产业为主，技术与产业过时，出现大量企业与人口外流，社会经济发展甚至出现倒退，一般而言，萧条区域经济发展动力明显不足，其经济增长速度显著低于其他区域，值得注意的是中部地区的资源型城市，因为资源约束，产业结构迫切需要实现转型，经济增长动力不足，正在成为或者已经成为新的萧条地区。

从上述两个角度分析不难看出，新常态中国面临的区域问题存在明显的区域差异，西部地区的主要问题是发展水平低下，贫困问题亟须解决，东部地区的主要问题是城市病，而东北地区和中部部分城市存在明显的衰退和萧条问题。同时，区域间存在东西分化和南北分化并存，相对差距与绝对差距并存的问题。结合第一部分的分析，世界上各国特别是国土面积比较大的国家，都面临类似的区域差距和区域差异的问题，但在地理条件、历史背景、经济基础乃至意识形态方面都有巨大不同，更特殊的是在“碳中和”“碳达峰”政策背景下，中国的区域发展更需要兼顾污染减排和高质量发展的双目标如何合理设计区域政策以促进区域经济发展，还需实事求是，考虑中国当下具体国情。

四、结　语

新中国成立以来，随着国内外经济发展内外部环境的变化，中国区域经济呈现出不同的空间格局和特征。新中国成立初期，中国的生产力布局不均衡，经济活动主要集中在华北平原，随着“三线”建设影响，内陆地区经济份额上升明显，成为中国区域经济发展的第二梯队。改革开放以后，长三角和珠三角两大增长极开始孕育，东部沿海地区逐渐成为经济发展的主阵地。在区域协调发展战略的作用下，四大板块间发展差距有所缓解，区域发展格局从东部沿海化的非均衡发展逐步向东、中、西部相对均衡发展转变，中西部地区占全国的经济份额在近些年来都保持增长态势，与东部沿海地区的差距逐渐缩小。与此同时，受北方地区经济发展动能不足的影响，中国区域经济格局呈现明显的南北分化特征。

回顾中国的区域发展，地区间不平衡长期存在，但这并非中国独有的区域问题。综观全球，俄罗斯、美国、德国、日本、韩国、印度和巴西都曾经历区域发展不平衡。从政策视角考察,美国、德国和日本的区域发展政策不仅实现了区域协调发展,而且也为经济的高速增长贡献了力量,其原因在于其区域发展政策有效地减少了地理上人口和要素流动的成本,释放了经济活力。反之,巴西和俄罗斯的区域发展政策则存在一定问题,巴西区域发展政策只追求经济增长,忽略了生态环境的代价,难以实现经济的可持续发展。俄罗斯的问题则主要来自计划经济遗留的要素流动限制,不仅阻碍了区域一体化形成,而且抑制了经济活力的释放。而中国的区域发展政策是不同发展阶段,在加强区域分工和推进区域协调两个方面侧重不同。随发展阶段特点与发展环境变化而调整的区域发展政策极大地提高了中国区域发展效率。从关键发展指标考察,中国区域发展一直维持着较高的增速,高铁里程世界排名第一;“七普”数据显示,2021 年城镇人口占比达 63.89%,整体上,中国的区域发展政策是成功的。

基于我国发展历史的纵向比较和全球视野的横向比较,可以总结出中国区域经济发展成功的原因在于:坚持社会主义制度在区域经济发展中的巨大优势;坚持可持续发展理念;坚持区域经济政策的科学性和持续性。但是,新时期区域发展不平衡仍然普遍存在。从区域间考察,中国区域经济新常态是中国的区域差距长期存在且中西部地区将成长为中国发展的中坚;从区域内考察,中国区域经济新常态是落后区域治“穷”,膨胀区域治“堵”,萧条区域治“老”。“以史为鉴、开创未来;埋头苦干、勇毅前行”,总结新中国成立以来,区域经济发展的重大成就和历史经验,能够“从历史经验中赢得主动”;总结新常态下中国区域发展的新问题,能够为区域协调发展找好发力点。

第三讲　中国城市发展的成就与未来走向

孙三百

中国人民大学应用经济学院副教授

美国现代哲学家路易斯·芒福德说过:“城市是一种特殊的构造,这种构造致密而紧凑,专门用来流传人类文明的成果。”西方诸多文字中的“文明”一词,都源自拉丁文的“Civitas”(“城市”)。城市史学者认为,城市的崛起是人类历史上,也是这个星球历史上,最壮观的景象之一,人类最伟大的成就,始终是她所缔造的城市。“城市,让生活更美好”(“Better City,Better Life”)是中国2010年上海世界博览会的主题。世界人口正源源不断地“用脚投票”,拥向城市。中国城市自1949年以来,同样经历了快速发展的历程。

2015年的中央城市工作会议指出,城市工作任务艰巨、前景光明,我们要开拓创新、扎实工作,不断开创城市发展新局面,为实现全面建成小康社会奋斗目标、实现中华民族伟大复兴的中国梦作出新的更大贡献，这也是城市建设进入一个新阶段的标志。会议明确了当前和今后一个时期全国城市工作的指导思想，即全面贯彻党的十八大和十八届三中、四中、五中全会精神，以邓小平理论、“三个代表”重要思想、科学发展观为指导，贯彻创新、协调、绿色、开放、共享的发展理念，坚持以人为本、科学发展、改革创新、依法治市，转变城市发展方式，完善城市治理体系，提高城市治理能力，着力解决“城市病”等突出问题，不断提升城市环境质量、人民生活质量、城市竞争力，建设和谐宜居、富有活力、各具特色的现代化城市，提高新型城镇化水平，走出一条中国特色城市发展道路。①

一、中国城市扩张速度快吗

世界人口源源不断“用脚投票”，拥向城市，成为“城市，让生活更美好”的有力支撑。习近平总书记一直高度重视我国城市建设与发展，多次发表重要讲话。2019 年 11 月，习近平总书记在考察上海时提出“城市是人民的城市，人民城市为人民”的重要论断。中国也不例外，劳动力“用脚投票”带来城市的规模化扩张，重点体现在城市化率快速提升、城市数量大幅增加，同时世界级大城市快速发展。

（一）中国城镇化：一项伟大成就

在 1800 年，全球仅有 2%的人口居住在城市；到了 1950 年，这个数字迅

① 王黎锋：《中国共产党历史上召开的历次城市工作会议》，《党史博采》2016 年第 7 期。

速攀升到了29%；而到了2000年，世界上大约有一半的人口迁入了城市。①21世纪的前20年过去了，世界城市化进程仍在快速推进，对比全球各国60年城市率的变化，发现仅12个国家的城市化率略有下降，242个国家或地区的城市化率在上升，其中81个国家或地区城市化率的增长幅度在30%以上，其中中国城市化率60年间增长了44.11%，位居城市化率增幅的第一集团。改革开放以来，中国经历了世界历史上规模最大、速度最快的城镇化进程，城市发展波澜壮阔，取得了举世瞩目的成就。② 即使是美国、日本、德国、英国的城市化率也仅分别增长12.46%、28.43%、5.6%和5.21%，而马来西亚、多米尼加、沙特阿拉伯、利比亚、韩国、安哥拉、圣多美和普林西比、博茨瓦纳、阿曼和加蓬的城市化率增长幅度均在50%以上。

对世界上绝大部分人口总量保持相对稳定的国家而言，城市化率的提升意味着城市人口总量的不断增长，这给城市发展带来前所未有的机遇与挑战。中国作为发展中国家的代表，其城市化率和城市化水平不断提升，也显现出诸多典型性的特征。本文将在全球化背景下，立足新中国成立以来城市解决发展问题的特征事实，分析中国城市经济发展的历程与未来趋势。

1949年3月5—13日，中国共产党的七届二中全会在西柏坡召开。全会着重讨论了党的工作重心的战略转移，即工作重心由乡村转移到城市的问题。毛泽东在报告中指出："二中全会是城市工作会议，是历史转变点。"全会指出："党着重在乡村聚集力量，用乡村包围城市这样一种时期已经完结，从现在起，开始了由城市到乡村并由城市领导乡村的时期。当然城乡必须兼顾，绝不可以丢掉乡村，仅顾城市。但是工作重心必须放在城市，必须

① 周其仁：《城市的能耐》，2012年3月2日，http://www.eeo.com.cn/2012/0302/221868.shtml。

② 中国政府网：《中央城市工作会议在北京举行　习近平李克强作重要讲话》，2015年12月22日，http://www.gov.cn/xinwen/2015-12/22/content_5026592.htm。

用极大的努力去学会管理城市和建设城市。”

1949 年以来，中国城市化率总体上在不断提升，意味着城市人口在不断增长（全国总人口基本保持稳定增长态势）（如图 3-1 所示）。当然，其间经历了一些曲折，始于 1953 年的大规模工业化建设使大批农民流入城市，1957—1960 年，全国城镇人口从 9950 万人增长至 13070 万人，城市化率由 15. 39%增长至 19. 75%，一定程度上出现了“过度城市化”现象。为减轻城市供给负担，国家于 1960 年至 1963 年实施了压缩城镇人口的调整方针。① 改革开放以后，情况发生明显变化，绝大多数年份城市化率增幅高于历年城市化率增幅的均值（0. 71%）。1992 年邓小平南方谈话，成为城镇化快速发展的号角，他认为“农业和工业，农村和城市，就是这样互相影响，互相促进”。20 世纪 90 年代中期，拥进城镇的农民工规模急剧扩张，每年增加约 2000 万人。其中 1996 年之后城市化进程保持较快的推进速度，2011 年城市化率的增长幅度达到 3. 77%，如果以当年的总人口计算，当年城市人口

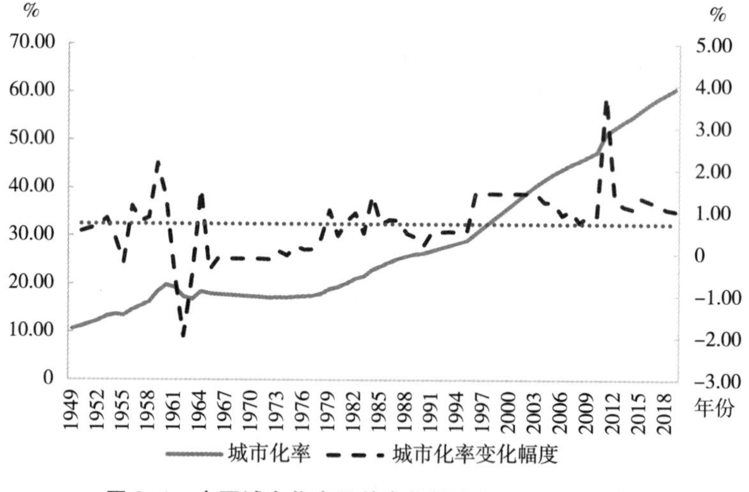

图 3-1　中国城市化率及其变化幅度（1949—2018 年）

① 王黎锋:《中国共产党历史上召开的历次城市工作会议》,《党史博采》2016 年第 7 期。

较 2010 年增加 5000 多万人。①

（二）城市数量稳步上升

中国城市的数量从 1949 年以来不断增长，充分反映了城市经济发展的需求。在改革开放之前，地级城市数量基本保持增长态势（见图 3-2），但是相对较为稳定，改革开放后城市数量增速加快，尤其是 1983 年城市数量增加 32 个，增幅达到 28%；县级城市数量增长虽然与地级城市增长有所不同，但是总体呈现出明显的扩张趋势，尤其是 20 世纪 90 年代初期，增长较快。

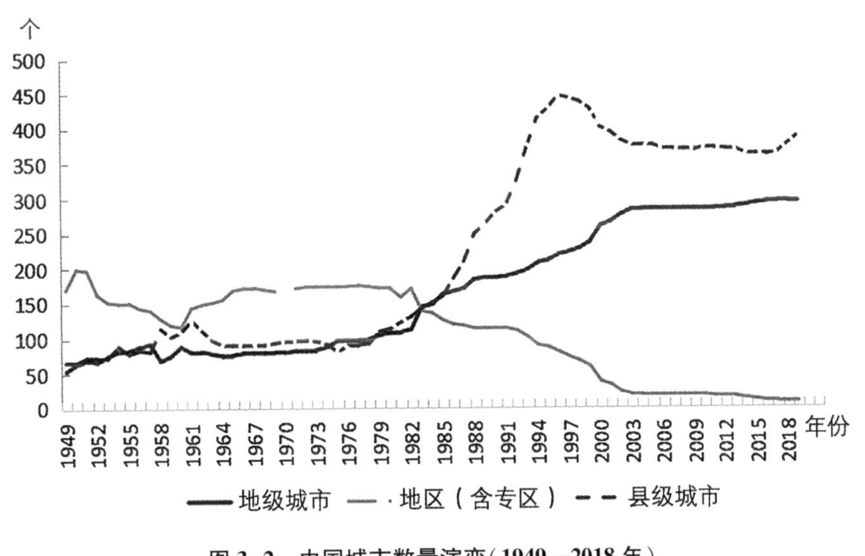

图 3-2　中国城市数量演变（1949—2018 年）

从各个省（区、市）地级行政区划的数量变化趋势来看，大部分省（区、市）的地级行政区划从 1949 年开始不断增长，基本上都是在 1994 年左右有

① 王苹：《邓小平城镇化改革思想发展与实践探析》，2014 年 8 月 20 日，http://dangshi.people.com.cn/n/2014/0820/c85037-25504728-2.html。

大幅增长（安徽、甘肃、广西、贵州、河南、黑龙江、湖北、湖南、吉林、江西、辽宁、内蒙古、宁夏、青海、山西、陕西、西藏、新疆、云南），到 2017 年则略有增加。一些发达省份，如广东、江苏、山东、浙江的城市数量较 1949 年也有大幅度增加，但是在 1994 年左右城市数量接近峰值，2017 年的城市数量相较于 1994 年有所下降。

（三）世界级大城市发展成效初显

从全球范围来看，中国大城市发展呈现出非常鲜明的特征。1950 年，中国城市人口总量排名位居世界前 30 的城市仅有 3 个（不含港澳台），即上海、天津和沈阳，分别位列第 10、第 21 和第 26，纽约、东京和伦敦则位列前三。中国的世界级大城市总量与日本和英国相同，远少于美国。2010 年开始，中国城市人口总量排名进入前 30 的城市数量开始增加并稳定在 6 个，2020 年为上海、北京、重庆、天津、广州和深圳，分别位列第 3、第 8、第 13、第 20、第 22 和第 26，而前两位为东京和德里。值得注意的是，随着中国和印度大城市的不断发展，美国、日本和英国此类城市的数量开始下降，与中国大城市发展趋势类似的是另一个发展中的人口大国印度。可见，中国和印度这两个人口大国大城市的数量在不断增加，人口日益向大城市集聚。

二、城市发展能否走向一体化

城市自其诞生起，便与空间差异共生共存。地理环境（如河流、港口）、交通技术进步（如火车、高速）与政治因素等，几千年来随着城市的兴衰不断改变着城市的空间格局。对此，《中华人民共和国国民经济和社会发展第十四个五年规划和2035年远景目标纲要》指出：建立健全城市群一体化协调发展机制和成本共担、利益共享机制，统筹推进基础设施协调布局、产业分工协作、公共服务共享、生态共建环境共治。那么，新中国成立以来，历经几十年的经济快速发展，中国城市空间差异如何变化，是否开始走向一体化呢？为进一步考察中国各区域城市经济增长的空间差异，以下将分析全国地级以上城市经济发展水平在空间上的分布及其变化，以识别各板块和省份内部城市增长核心的演变。

（一）城市经济总量的空间演变趋势

从带动地区经济发展的城市增长极10年变迁来看，2007年和2019年中国城市GDP的空间分布，除天津市、苏州市和重庆市外，城市经济发展的空间格局变化并不明显。2007年处于第一集团的城市为“北上广深”，2019年处于第一集团的城市有北京市、天津市、上海市、广州市、深圳市和重庆市。值得注意的是，作为西部成渝经济区的代表性城市，2007年重庆市GDP总量在城市层面处于第二集团（与成都市相同），2019年则进入第一集团。

（二）新兴发达城市为何多在沿海

由于人均GDP能更好地反映城市经济发展水平，因此进一步考察城市人均GDP的空间分布变化，发现2007年克拉玛依市、苏州市、东营市、无锡市、深圳市、鄂尔多斯市、广州市、上海市、宁波市、大庆市和威海市处于第一集团，2019年深圳市、克拉玛依市、无锡市、苏州市、珠海市、鄂尔多斯市、南京市、北京市、上海市、广州市、常州市、杭州市、武汉市、宁波市、厦门市、长沙市、东营市处于第一集团。

由此可见，2007—2019年间威海市和大庆市人均GDP掉出第一集团，而珠海市、南京市、常州市、杭州市、长沙市、北京市、武汉市和厦门市步入第一集团的行列，这些城市除长沙市和武汉市外都属于沿海发达地区都市圈中的城市，即新兴发达城市更多出现在沿海地带。东南沿海发达城市经济在改革开放后得到快速发展，但是其辐射带动作用主要体现在其邻近城市。

（三）城市经济空间一体化有待提升

从城市GDP和人均GDP层面分析发现，在经济总量上2007—2019年仅西部的重庆市经济总量达到全国领先水平，但是其人均GDP仍然不高，在人均GDP上，2007—2019年间出现快速增长的城市主要集中在沿海发达地区，中西部仅长沙市和武汉市在人均GDP上有明显的提升。由此可见，作为传统增长极（上海、广州和深圳等）较为集中的东南沿海地区确实涌现出一些经济发展水平较高的城市，如常州市等，但是其带动作用也主要集中在这些城市的周边，而中西部地区则更多地需要依靠自身的发展挖掘出新的增长极。

通过城市层面空间统计分析发现，城市GDP的空间集聚形态在2007年出现高高集聚的区域主要是以北京市和天津市为代表的环渤海经济圈，以上海市、苏州市和杭州市为代表的长三角经济圈和以广州市和深圳市为代表的珠三角经济圈，即这些城市自身GDP水平较高，且周边城市GDP水平也较高。重庆市和成都市则属于高低集聚的类型，即自身GDP水平较高，但是周边城市GDP水平较低。此外，舟山市为低高集聚，即自身GDP水平较低，周边城市GDP水平较高；定西市属于低低集聚区域，即自身与周边城市GDP都处于较低水平。

相比于2007年，2019年城市GDP在空间上的聚集形态总体上并没有发生根本性变化，只是长三角经济圈中的盐城市进入高高集聚的俱乐部，即长三角经济圈的辐射作用得到进一步体现，但辐射范围仍然集中在各自经济圈内部，台州市和温州市则掉出高高集聚区。同样，2019 年环渤海经济圈和珠三角经济圈呈现高高集聚特征的城市相比于 2007 年有所缩小，天津市、大连市、威海市、济南市和东莞市掉出高高集聚区，表明这些仍然处于高高集聚形态的城市与周边掉出高高集聚集团的城市的 GDP 差距在扩大。此外，中部地区城市出现一些新的变化，武汉市呈现出高低集聚的特征，表明其在武汉城市群得到进一步凸显。定西市则不再呈现低低集聚形态。总体而言，环渤海经济圈、长三角经济圈和珠三角经济圈的辐射带动作用范围仍较为有限，相反有进一步极化的迹象。

三、城市的未来走向何在

2015 年 12 月 22 日，在北京召开的中央城市工作会议强调中国城市工作的指导思想是：全面贯彻党的十八大和十八届三中、四中、五中全会精神，以邓小平理论、“三个代表”重要思想、科学发展观为指导，贯彻创新、协调、绿色、开放、共享的发展理念，坚持以人为本、科学发展、改革创新、依法治市，转变城市发展方式，完善城市治理体系，提高城市治理能力，着力解决“城市病”等突出问题，不断提升城市环境质量、人民生活质量、城市竞争力，建设和谐宜居、富有活力、各具特色的现代化城市，提高新型城镇化水平，走出一条中国特色城市发展道路。党的十九大报告指出，以城市群为主体构建大中小城市和小城镇协调发展的城镇格局。当前中国城市化率超过 60%，且超大城市在城市人口规模与经济规模上的优势明显，优化城市体系日益受到关注，城市群在城市化进程中的作用将日益突出。习近平总书记指出:"增强中心城市和城市群等经济发展优势区域的经济和人口承载能力,这是符合客观规律的。"城市群与都市圈建设,将成为中国未来城市发展的重要趋势。

(一)城市规模分布与城市体系

1949年乔治·齐普夫(George K. Zipf)提出,在发达国家一体化的城市体系中,城市规模分布可用公式表示:$Pr = P1/r$。式中,Pr 为第 r 位城市的人口;$P1$ 为最大的城市人口;r 为城市的位序$(1,2,3,\cdots,n)$。齐普夫定律在"城市规模服从Pareto分布"的基础上提出,并认为帕累托指数接近1,城市规模与位序(等级)的乘积为常数。吉布拉定律由吉布拉(1931)提出,他将"等比例增长"理念运用于城市规模研究中,并指出城市规模服从对数正态分布,如果吉布拉定律成立,则不同规模城市的增长率不会出现显著差别。① 贝伦斯等运用美国2010年普查数据的81631个居民点人口数据,发现美国居民点的分布非常接近对数正态分布,大城市的规模分布服从齐普夫法则,即服从一个形状参数为1的帕累托分布。

基于2010年中国人口普查数据,考察中国地级市城市常住人口规模分布,检验齐普夫定律,发现中国城市实际常住人口与齐普夫定律测算的人口之间存在非常明显的缺口,可见这一定律难以刻画中国城市体系。如魏守华等运用646个县级以上城市发现规模较大和规模较小的城市与齐普夫拟合线存在明显偏离,即齐普夫定律在实际中的适用性可能存在一定的局限性。相对于对数正态分布或单一的帕累托分布,中国城市人口规模分布更符合双帕累托对数正态分布,即拥有对数正态分布的中间主体及上下尾部

① 魏守华等:《Zipf定律与Gibrat定律在中国城市规模分布中的适用性》,《世界经济》2018年第9期。

接近帕累托分布的组合分布。[①] 基于2010年和2020年人口普查数据参照Behrens等(2014)的思路考察中国城市规模分布,发现中国城市规模分布与美国不同,更多城市分布于右侧,且2010年和2020年并无大的变动。进一步考察城市人口规模与人口规模排序的关系,同样与美国城市规模分布不同,无论是2010年还是2020年仅常住人口在100万以上的城市规模分布接近于帕累托分布。

(二)中国城市的规模过大吗?

中国城市的数量从1949年开始不断增加,而且从城市人口规模分布来看,新中国成立50年来,城市规模体系基本上稳定为金字塔形的结构,即各个层级城市的数量都在增加(见图3-3)。

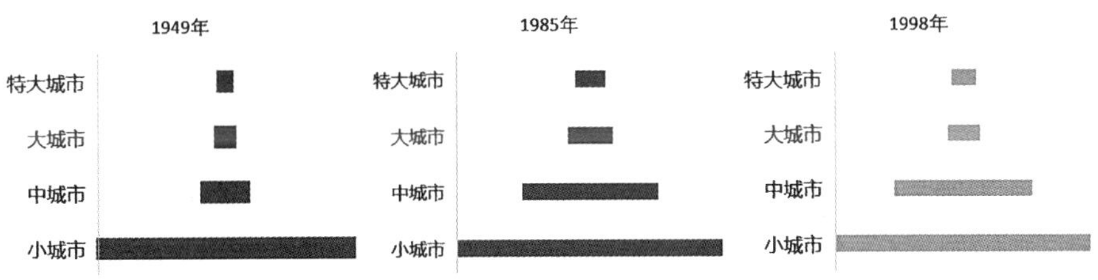

图3-3　城市规模分布(1949—1998年)

21世纪以来,中国城市规模等级体系发生变化。2014年中国城市等级划分标准开始调整,以城区常住人口为统计口径,将城市划分为五类七档。[②] 基于这一新的分类标准,分析2020年人口普查的城市常住人口数据发现,中国城市层级体系分布呈现"十字形"的分布(见图3-4),即特大城

① 魏守华等:《Zipf定律与Gibrat定律在中国城市规模分布中的适用性》,《世界经济》2018年第9期。

② 中国政府网:《国务院关于调整城市规模划分标准的通知》,2014年11月20日。

市和超大城市与中等城市和小城市的数量较少;而大城市(人口规模在100万—500万人)的城市数量较多,占所有城市的60%左右;中小城市的数量最少,仅为超大和特大城市的60%。因此,从中国城市规模分布体系的变化,可以看出大城市尤其是超大城市的数量在不断增加,而中小城市的数量偏少。然而,中国城市规模是否过大并不能一概而论,现有研究普遍认为并不存在统一的最优城市规模,每个城市的最优规模具有异质性,因其经济社会发展和自然特征而异。

城市层级	城区人口规模(万人)
超大城市	1000以上
特大城市	500—1000
大城市	100—500
中等城市	50—100
小城市	50以下

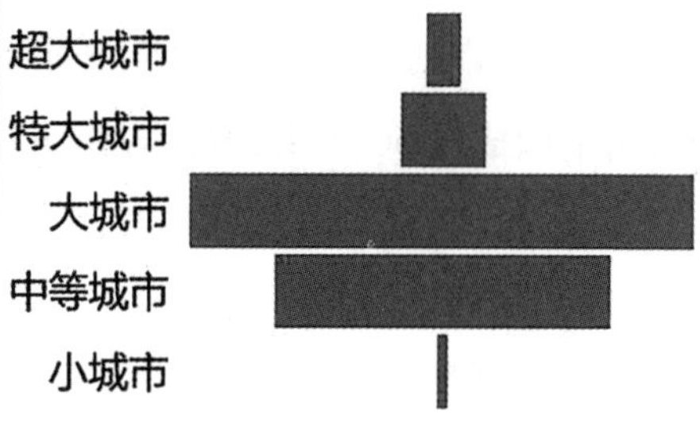

超大城市
特大城市
大城市
中等城市
小城市

图3-4 城市规模划分标准及其分布(2020年)

从不同规模城市的空间分布来看,2020年城区常住人口①超过1000万人的超大城市包括上海市、北京市、天津市、广州市、成都市、杭州市、武汉市、深圳市、苏州市、郑州市、重庆市和青岛市,这些城市与特大城市一起主要分布在胡焕庸线以南。总体而言,中国超大城市和特大城市周围的城市多为大城市,而中等城市和小城市较少。2020年相比于2010年,更多城市步入超大城市行列(杭州市、武汉市、郑州市和青岛市),即城市人口规模呈现进一步向顶端集中的趋势,而小城市数量减少,大城市仍然占据绝大部分,成为中国城市的主体。与此同时,大城市数量减少13个,中等城市数量减少6个。

---

① 由于2020年人口普查数据尚未公布城市常住人口数据,本文使用各地区公布的常住人口进行分析,部分数据缺失。在估算2020年城区常住人口时,使用2010年城区人口和2020年城市人口增长率进行估算。

（三）城市发展的走向：城市群

在世界范围内，中国大城市发展较快，依据衡量城市现状的《全球城市综合排名》（*Global Cities Index Ranking*，GCI），稳居全球前 4 位的城市有纽约、伦敦、巴黎和东京。虽然中国城市与其他全球城市相比，数量相对较少，仍存在一定差距，但是 2020 年中国有 3 个大城市跻身全球前列，中国香港 2015—2019 年稳居全球第 5 位；北京市 2020 年替代中国香港位居世界第 5，排名上升 4 位；上海 2020 年排名上升 7 位，位居全球第 12。从 2020 年全球排名的变化趋势来看，北京市和上海市呈现出强劲的发展势头（如表 3-1 所示）。依据中国社会科学院的《全球城市竞争力报告（2020—2021 年）》，中国城市经济竞争力全球排名总体有所上升，综合经济竞争力前 10 强城市分别是深圳（9）、中国香港（11）、上海（12）、北京（21）、广州（42）、苏州（71）、中国台北（74）、南京（83）、武汉（87）和无锡（91）。

表 3-1　2015—2020 年全球城市指数排名及其变化

城市	2020 年	2019 年	2018 年	2017 年	2016 年	2015 年	2019—2020 年变化
纽约	1	1	1	1	2	1	—
伦敦	2	2	2	2	1	2	—
巴黎	3	3	3	3	3	3	—
东京	4	4	4	4	4	4	—
北京	5	9	9	9	9	9	+4
中国香港	6	5	5	5	5	5	-1
洛杉矶	7	7	6	8	6	6	—
芝加哥	8	8	8	7	7	7	—
新加坡	9	6	7	6	8	8	-3
华盛顿	10	10	11	10	10	10	—
悉尼	11	11	15	17	14	15	—

续表

城市	2020 年	2019 年	2018 年	2017 年	2016 年	2015 年	2019—2020 年变化
上海	12	19	19	19	20	21	+7
旧金山	13	22	20	23	23	22	+9
布鲁塞尔	14	12	10	11	12	12	−2
柏林	15	14	16	14	16	17	−1

数据来源：https://www.kearney.com/global-cities/2020。

（四）城市群引领未来发展

随着超大城市的不断发展，以超大城市为核心的城市群成为世界城市的重要发展趋势。从世界范围来看，生活在城市群的人口比重自 1960 年以来不断提升，生活在 100 万人口以上城市群的人口占比自 1960 年的 14.13%增长到 2019 年的 24.22%。

美国、英国和日本等发达国家城市群人口占比高于世界平均水平，尤其是日本城市群人口占比从 1960 年的 40.56%提升到 2019 年的 64.72%，占城镇人口的 2/3（日本 2019 年城市化率为 91.698%）。美国城市群人口占比自 1960 年以来保持稳步的缓慢增长态势，而英国的城市群人口占比在不断下降。中国与印度城市群人口占比保持明显的增长态势，尤其是中国的增长趋势最为明显。中国城市群人口占比自 1992 年超过印度后，呈现快速增长的趋势，2019 年城市群人口占比已经达到 28.54%，而这一占比在 1960 年仅为 8.12%。具体而言，长三角城市群人口总量远超其他城市群，2015 年人口总量达到 2.35 亿人。从人口增长的趋势来看，2010—2015 年长三角城市群人口总量增加额同样位居榜首，其他城市群人口总量增加额较多的是天山北坡城市群、滇中城市群和粤港澳大湾区城市群（如表 3-2 所示）。

表 3-2　1950—2015 年城市群人口变化趋势　　单位:万人

城市群	1950 年	1990 年	2000 年	2010 年	2015 年	2010—2015 年增加额
长三角	4288	8606	14247	20314	23482	3168
珠三角	92	552	3633	7118	7325	207
粤港澳大湾区	103	1008	3831	6653	7027	374
滇中	337	1128	2654	3470	3927	457
天山北坡	102	1241	1807	2811	3511	700
呼包鄂榆	104	1044	1406	1757	1962	205
京津冀	174	560	1070	1571	1766	195
山东半岛	22	407	706	954	1104	150
辽中南	133	543	679	773	823	50
成渝	71	313	454	670	814	144
长江中游	23	282	527	698	799	101
关中平原	13	188	368	563	696	133
中原	16	163	292	467	590	123
黔中	7	189	303	428	507	79
北部湾	73	230	432	463	474	11
海峡西岸	32	184	285	327	349	22

数据来源:联合国人口署,部分城市群数据缺失。

随着中国大城市的不断发展,其辐射带动作用将不断增强,同时受限于其资源承载能力,超大城市和特大城市周边大城市将不断融入以中心城市为核心的城市群中,城市群将是中国城市发展的重要载体。当前,中国已经推动 19 个城市群经济建设,预计在双循环背景下,城市群发展将成为中国未来城市发展的主要方向和经济增长的原动力。2004—2017 年间,中国 19 个城市群 GDP 占全国的比重虽然有所波动,但是稳定在 90%左右,其中 2012 年占比最高,达到 93. 75%;2007 年为低值,占比为 88. 81%。

从“十四五”时期到2035年基本实现社会主义现代化的发展阶段，城市群将是中国推动城镇化的主体形态①，是我国经济发展最具活力和潜力的核心增长极②。当前，城市群等级较大的为长三角城市群、粤港澳大湾区城市群和京津冀城市群，其他城市群的等级结构则相对较低。2017年，长三角城市群经济总量占全国比重高达19.85%（见表3-3），位居所有城市群榜首，超过排名第二的京津冀城市群约10个百分点。2007—2017年，GDP占全国比重增幅较大的为长江中游城市群、成渝城市群，而辽中南城市群、山东半岛城市群GDP占比下降较为明显。鉴于当前特大城市群集中在东南沿海地区，而且城市群中特大城市也主要集中在东南沿海地带，中西部城市群在中心城市的发展大有可为。可以优先发展京津冀、粤港澳大湾区、长三角、成渝4个国家级城市群，可以重点发展长江中游、中原、山东半岛、辽中南、关中平原、海峡西岸、北部湾7个区域级城市群。③

表3-3　2007年及2017年城市群GDP及其占比情况

城市群	2007年GDP（亿元）	2017年GDP（亿元）	2007年占比（%）	2017年占比（%）	占比变化（%）
长三角	53947.02	165153.20	19.97	19.85	-0.12
京津冀	28129.06	82035.75	10.41	9.86	-0.55
长江中游	19019.26	77644.31	7.04	9.33	2.29
山东半岛	26946.11	72933.15	9.98	8.77	-1.21
珠三角	19407.78	57664.22	7.19	6.93	-0.26

① 郭锐等：《“十四五”时期中国城市群分类治理的政策》，《中国科学院院刊》2020年第7期。

② 方创琳：《科学选择与分级培育适应新常态发展的中国城市群》，《中国科学院院刊》2015年第2期。

③ 方创琳：《科学选择与分级培育适应新常态发展的中国城市群》，《中国科学院院刊》2015年第2期。

续表

城市群	2007 年 GDP（亿元）	2017 年 GDP（亿元）	2007 年占比（%）	2017 年占比（%）	占比变化（%）
成渝	13480. 05	53552. 45	4. 99	6. 44	1. 45
海峡西岸	15403. 84	51047. 46	5. 7	6. 14	0. 44
中原	10980. 94	33427. 67	4. 07	4. 02	-0. 05
哈长	10075. 5	25661. 31	3. 73	3. 08	-0. 65
辽中南	11196. 2	21189	4. 15	2. 55	-1. 6
关中平原	5416. 753	19075. 06	2. 01	2. 29	0. 28
北部湾	5235. 407	18842. 66	1. 94	2. 26	0. 32
粤港澳大湾区	6198. 208	18145. 52	2. 29	2. 18	-0. 11
呼包鄂榆	4201. 548	12394. 95	1. 56	1. 49	-0. 07
黔中	1380. 034	8930. 62	0. 51	1. 07	0. 56
滇中	2551. 396	8213. 86	0. 94	0. 99	0. 05
山西中部	2763. 343	7523. 88	1. 02	0. 9	-0. 12
兰州—西宁	1382. 842	5041. 46	0. 51	0. 61	0. 1
天山北坡	1335. 41	3466. 22	0. 49	0. 42	-0. 07
宁夏沿黄	806. 399	3220. 39	0. 3	0. 39	0. 09

历年来，城市群 GDP 增长率同样处于较高水平。1991 年以来，大部分城市群均保持较高的增速，尤其是 2000 年以后各大城市群的 GDP 增长率基本上在 10%以上，且各城市群在 2010 年迎来普遍的增长趋势，GDP 增长率都在 20%左右。虽然在全国经济进入新常态以后，2018 年各城市群 GDP 增速放缓，但大部分城市群 GDP 增速优于全国平均水平，由此可见城市群长期以来成为中国经济增长的重要引擎。

四、结　语

从1949年以来中国城市发展历程来看，城市化率不断提高，城市发展在城市数量、城市规模、城市经济增长等诸多方面取得较大成就，在城市发展的众多方面位于世界领先水平，引领世界城市化和城市经济发展的浪潮。

首先，中国城市的数量从1949年以来不断增长，尤其是1983年城市数量增加32个，增幅达到28%。一些发达省份，如广东、江苏、山东、浙江的城市数量较1949年也有大幅度增加，但是1994年左右城市数量接近峰值，2017年的城市数量相较于1994年有所下降。

其次，城市人口规模不断扩张。1949年以来，除了20世纪60年代初城市化率出现下降，中国城市化率总体上在不断提升，其中1996年之后城市化进程保持较快的推进速度。而且，全球范围内，中国和印度这两个人口大国大城市的数量在不断增加，人口日益向大城市集聚。

最后，在经济增长领域，城市经济总量不断扩大。重庆市经济总量在西部崛起，但是更多新兴发达城市出现在沿海地区，而且目前各地区增长极城市的辐射带动作用不强，中西部地区有待构建自身的增长极，带动周边城市发展。然而，目前城市群中的中心城市仍然以沿海地区为主，而且从城市体系来看，大城市较多，中小城市较少，因此中西部地区亟待推动中心城市建设，同时形成合理的城市体系。

城市群正成为中国经济发展的重要引擎，未来构建新发展格局，离不开以新型城镇化带动投资和消费需求，需要城市群、都市圈发挥带动作用。因此，在国内双循环的发展背景下，城市群发展模式将成为未来城市发展的必然趋势。当然，城市和城市群治理也是未来城市政府、公众面临的重要问题。

第四讲　中国教育建设、发展与国际比较

陈佳莹

中国人民大学应用经济学院助理教授

韩奕

中国人民大学应用经济学院助理教授

与世界其他国家相比，中国是较早产生完整教育体系的国家。但直到清朝末期，我国才开始设立以现代教育方式为主的学校。自中华人民共和国成立以来，我国的教育事业取得了举世瞩目的成就。从纵向时间轴上来看，我国的教育事业经历了1949—1978年教育建设的恢复与发展阶段、1978—2020年教育建设的改革与发展阶段。我国的教育建设取得了举世瞩目的成就：九年义务教育全面普及；高等教育的规模自20世纪90年代以

来稳步、快速上升；教育经费占 GDP 的比例稳步升高；学生、老师比例稳步下降；女性受教育程度显著提升；研究生教育模式逐渐由“精英教育”转向“大众教育”。但是，从各地区的横向比较来看，我国的教育资源分布不均等的问题仍然比较突出。我国的优质教育资源多集中于东部沿海地区，中西部省份的教育条件、教育投入亟待改善。

虽然我国在近 40 年间取得了不凡的成就，但无论在教育的投入和产出上都同发达国家有相当大的差距。第一，虽然在 2008 年我国教育支出占 GDP 的比例达到 3%，但仍然低于发达国家 4%—6%的水平。第二，我国义务教育阶段（小学和初中）的师资力量已经达到发达国家的平均水平，但是高中教育的师资力量同发达国家相比仍然比较匮乏。第三，25 周岁以上人口的受教育程度显示，相比其他发展中国家，我国扫盲工作取得了前所未有的成功，九年义务教育完成率有显著提升，但是高中及以上学历的人口远远低于发达国家，甚至不及一些发展中国家。第四，我国小学和初中阶段的毛入学率接近 100%，达到和发达国家相仿的水平，但是非义务教育阶段的毛入学率和发达国家乃至新兴市场国家（巴西）相比都还有很大差距。第五，在人均 GDP 处于相似水平的时期，中国的人力资本存量，尤其是高学历人才比例都远远低于日本和韩国。

一、中国教育的建设与发展

本节将从新中国成立 70 多年的纵向视角和各省份（地区）的横向视角比较，对我国教育事业的政策及发展进行一个总结性的梳理，并客观指出期间产生的问题与不足，提供相应的政策建议。

（一）1949—1978 年教育建设的恢复与发展

新中国成立初期，我国经济社会各项事业百废待兴。当时，我国人口共 5.4 亿人，小学学龄儿童净入学率①仅为 49%；初中毕业生升学率②不到 40%；普通高等学校仅有 205 所；教育经费占 GDP 的比例仅为 1.7%。

为尽快建设我国的教育事业，中央人民政府教育部于 1949 年 11 月 1 日正式成立，并主要采取了如下措施：第一，以“村村有小学，乡乡有初中”为原则，兴建中小学校。小学数量在新中国成立初期 15 年内快速增加，从 1949 年的 34.7 万所增加至 1965 年的 168.2 万所，数量增加了近 4 倍。此后，小学数量又有所回落，并于 1978 年减少至 94.9 万所。普通中学（包括初中和高中）的数量增加了四倍，从新中国成立初期的 4000 多所增加至 1978 年的 16 万所。

第二，加大在高等教育方面的投入，政务院于 1951 年 10 月 1 日颁布了《关于改革学制的决定》，这是中华人民共和国的第一个学制，且一直沿用至今。普通高等学校从新中国成立初期的 205 所增加至 1960 年的 1289 所。受“文化大革命”的影响，全国所有学校停课，高考被取消，普通高等学校的数量曾一度锐减至 1971 年的 328 所，并于 1978 年恢复至 598 所。高等教育在校生人数也从新中国成立初的 11.7 万人，增加至 1978 年的 228 万人。

第三，在工人、农民群体中进行大规模的扫盲教育，并取得了显著的成效。新中国成立初期，我国的文盲率高达 80%，扫盲教育是一项艰巨而重要的任务。1952 年，我国成立了扫除文盲工作委员会，坚持“以民教民，能者为师”的原则，广泛动员社会基层的力量进行扫盲工作。文盲率从新中

① 学龄儿童净入学率是指调查范围内已入小学学习的学龄儿童占校内外学龄儿童总数（包括弱智儿童，不包括盲聋哑儿童）的比重。

② 升学率是指升学人数与该年级毕业生人数的百分比。

国成立初期的80%下降至1965年的38.1%。

（二）1978—2020年教育建设的改革与发展

自1978年改革开放以来，我国的教育建设进入了改革与快速发展时期。在高等教育方面，1977年，受"文化大革命"影响而中断10年的高考制度得以恢复。如图4-1所示，自恢复高考以来，高等院校招生规模逐年增长，至1998年年均增长率达到8.5%。自1999年开始，为了缓解就业和经济压力，普通高校本专科院校开始扩大招生人数。1999年当年，招生人数增加51.32万人，增长速度达到47%。从图4-1不难看出，自1999年之后，高等学校平均在校生数进入了快速增长期。自2002年后，高校扩招的增速有所放缓。

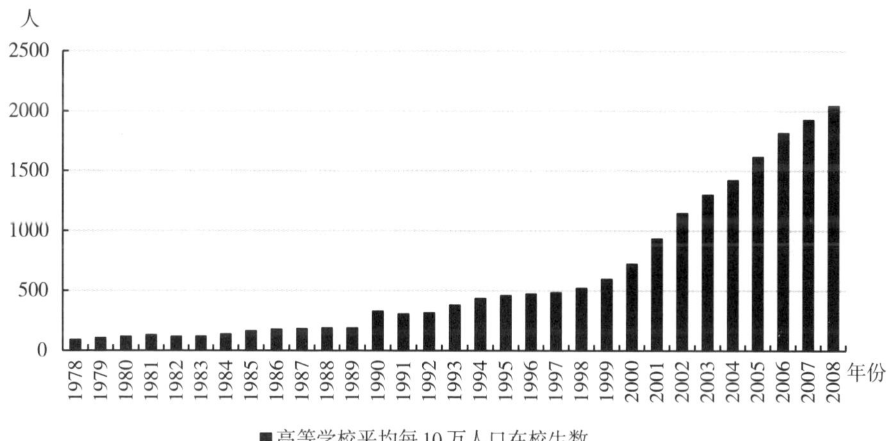

图4-1　1978—2008年高等学校平均每10万人口在校生数

数据来源：《新中国六十年统计资料汇编》。

在初等教育方面，1986年《中华人民共和国义务教育法》颁布，普及九年义务教育。该法规定，在中华人民共和国，所有6岁至15岁的儿童、青少年都依法享有接受义务教育的权利，并履行接受义务教育的义务。2006年国家对《义务教育法》进行了修订，在1986年不收学费的基础上，增加了不收杂费的内容，并在2年时间内免除了农村地区义务教育阶段的杂费。值得注意的另一项义务教育改革政策是在全国农村地区进行的“撤点并校”。1985年以前，中国农村学校基本以“村村有小学，乡乡有初中”为原则进行布局。为了方便学生就近上学，一般规定学校要在村庄2.5公里以内。受计划生育政策的影响，适龄儿童逐渐减少，农村小学的一些缺点逐渐凸显，如布局分散、班额小，等等。为了优化农村教育资源配置，整合农村教育资源，“撤点并校”政策自1990年开始施行，在2001年开始大规模实施。具体的政策是，大量关闭农村原有的小学中学，将适龄学生集中到城镇的中心小学（中心初中）就读。全国的小学数量已从1990年的766072所减少至2008年的300854所。

自改革开放以来，我国的教育建设取得了举世瞩目的成就。第一，九年义务教育全面普及。新中国成立初期，小学学龄儿童净入学率仅为49%，2008年达到99.5%；小升初的升学率在2008年达到99.7%。初中毕业生升学率自改革开放以来稳步上升，2008年达到83.4%。第二，高等教育的规模自20世纪90年代以来稳步、快速上升：每10万人口在校大学生数从1978年的89人增至2008年的2042人。第三，教育经费占GDP的比例翻一番，从新中国成立初期的1.7%增至2008年的3.2%。第四，小学的生师比稳步下降，由新中国成立初期的平均每1个老师负责36个学生到2008年的平均每1个老师负责18个学生。初高中的生师比在1993—2004年有所上升，随后也稳步下调至平均每1个老师负责18个学生。而大学的生师比在高校扩张后上升至较合理水平。

二、地区间教育资源分配存在不均等问题

近代以来,中国的教育资源在地区间的分布一直处于非均衡化的状态,并且处于不断发展和变化的过程中。中国的教育资源地区间分配不均衡问题可以从人力资源和财力资源两个方面进行分析,具体来看,人力资源中最重要的是师资规模,财力资源中最重要的是教育经费。

(一)师资规模在地区间分配不均衡

师资规模一般用"生师比"这一指标进行衡量。生师比在一定程度上反映了平均一个老师需要辅导的学生数,生师比越高,老师的教学压力越大。

从全国不同教育阶段的生师比数据来看,普通小学阶段的生师比大体呈下降趋势;中学阶段的生师比在 1993—2004 年有所上升,随后也稳步下调;普通高等教育的师生比自 1999 年高校扩招后呈现显著上升趋势。

具体来看,小学教育阶段生师比在地区间差异较大,并且呈现动态变化趋势。1980 年生师比较高的省份主要集中在东南沿海和中部人口大省,重庆生师比最高,达到 34. 45;上海市生师比最低,是 18. 19,差距接近 1 倍。此后全国生师比大体下降,但是生师比较高的省份逐渐移向中西部地区,并且地区间差距也更加明显,2008 年,生师比较高的省份是贵州,达到 23. 49;而较低的省份是吉林,为 11. 63,差距超过 1 倍(见表 4-1)。

表 4-1　1980—2008 年小学教育阶段生师比

省（区、市）＼年份	1980	1990	2000	2008
上海	18.19	18.74	17.80	14.40
江苏	29.92	22.72	24.86	16.02
天津	19.38	18.16	15.36	13.54
北京	21.73	18.57	12.81	13.54
辽宁	25.79	19.20	18.53	15.67
黑龙江	25.82	18.44	14.66	12.59
浙江	27.95	27.67	22.05	19.80
重庆	34.45	21.64	23.20	18.83
河北	27.10	26.14	24.70	15.02
山东	25.87	19.73	18.98	16.32
湖北	25.25	21.07	24.28	17.92
湖南	27.45	22.63	21.67	18.32
甘肃	24.60	19.41	25.28	19.03
河南	25.35	21.68	24.62	21.36
江西	25.96	20.10	18.95	21.41
山西	25.91	18.17	19.05	16.62
安徽	28.35	23.38	23.53	20.73
海南	24.55	24.73	20.58	17.24
吉林	26.63	18.92	16.07	11.63
云南	23.64	25.66	22.42	19.89
广西	24.88	27.39	26.98	20.40
福建	26.54	22.65	20.11	15.41
陕西	24.13	20.01	26.38	15.84
四川	33.34	21.41	24.21	21.09
贵州	25.96	26.10	28.61	23.49
内蒙古	22.64	15.23	15.59	13.48
新疆	23.09	19.54	18.87	15.15

续表

省(区、市) \ 年份	1980	1990	2000	2008
青海	22.84	18.50	18.23	19.69
宁夏	25.76	24.57	18.95	20.98
西藏	19.58	18.50	23.81	17.24
广东	26.61	26.95	25.54	22.96

数据来源:《新中国六十年统计资料汇编》。

从表4-2中学教育阶段的生师比来看,20世纪80年代,东部省份及中部省份的生师比都处于较高水平,地区间差异最高接近1倍(上海市生师比为12.32,重庆市生师比为21.71)。此后,东部省份生师比逐步下降,但中部省份的生师比一直处于较高水平,并且地区间差异也较为显著。

表4-2　1980—2008年中学教育阶段生师比

省(区、市) \ 年份	1980	1990	2000	2008
上海	12.32	11.70	15.88	12.28
江苏	21.08	16.35	17.31	14.94
天津	12.82	9.79	14.56	11.98
北京	14.85	10.15	14.14	10.91
辽宁	18.44	13.64	15.51	15.02
黑龙江	17.70	13.85	17.23	14.02
浙江	19.94	18.89	17.91	15.19
重庆	21.71	16.87	18.07	18.50
河北	17.03	13.32	18.99	14.92
山东	16.45	14.72	19.37	13.66
湖北	18.44	13.70	17.68	16.82
湖南	18.90	16.05	17.51	13.56

续表

省(区、市) \ 年份	1980	1990	2000	2008
甘肃	20.45	16.32	17.75	17.73
河南	16.17	14.66	20.68	18.25
江西	20.51	17.21	18.63	15.82
山西	17.25	13.34	15.66	15.13
安徽	21.00	17.17	22.66	20.19
海南	21.47	13.97	19.13	18.77
吉林	19.04	14.15	15.90	14.81
云南	18.39	17.90	17.61	17.46
广西	16.80	17.28	22.55	18.17
福建	19.15	14.83	19.35	17.60
陕西	18.52	13.50	18.85	17.08
四川	19.48	16.42	18.06	18.38
贵州	21.22	17.39	19.37	19.34
内蒙古	18.36	13.55	16.34	14.80
新疆	18.20	13.11	14.93	13.64
青海	18.48	13.57	13.50	13.37
宁夏	21.43	17.58	15.80	17.35
西藏	15.66	9.17	12.83	17.16
广东	18.68	17.37	20.15	18.98

数据来源:《新中国六十年统计资料汇编》。

从高等教育阶段生师比来看(见表4-3),1980年,生师比相对于小学教育、中学教育阶段处于较低水平,但是地区间差异较大,河南省生师比最高,为6.79;西藏自治区生师比最低,为2.37,地区间最大差异大于4。自1999年国家出台高校扩招政策后,高等教育阶段整体生师比大幅上涨,并且地区间差异绝对值增大。2000年,生师比最低的省份青海省是6.32;广东省达到最高，为14.66，地区间最大差距大于8。2008年，北京市生师比最低，是10.47；而河南省生师比最高，是19.27，地区间最大差距约为9，中部省份生师比处于较高水平。

表4-3　1980—2008年高等教育阶段生师比

省（区、市）＼年份	1980	1990	2000	2008
上海	4.12	4.70	11.07	13.63
江苏	5.29	5.32	13.65	16.34
天津	3.64	4.59	11.61	14.77
北京	3.30	3.88	8.08	10.47
辽宁	4.87	5.29	10.82	15.33
黑龙江	4.21	5.02	12.39	16.25
浙江	5.49	5.21	11.71	18.16
重庆	5.04	5.69	12.68	17.08
河北	4.88	5.59	12.56	18.06
山东	4.97	5.76	12.27	17.55
湖北	4.03	5.30	11.42	16.78
湖南	5.56	6.13	12.46	16.45
甘肃	4.71	5.78	11.34	17.86
河南	6.79	5.73	12.97	19.27
江西	6.72	6.22	13.90	16.08
山西	6.52	5.72	12.01	15.10
安徽	4.37	5.34	12.11	18.54
海南	3.87	6.34	11.78	18.82
吉林	4.49	4.92	10.03	15.49
云南	4.16	5.61	9.79	14.76
广西	5.12	5.53	12.64	17.58
福建	6.31	6.23	13.43	16.73
陕西	4.47	4.88	11.66	15.63

续表

年份 省(区、市)	1980	1990	2000	2008
四川	4. 59	5. 72	12. 78	16. 75
贵州	4. 69	4. 93	11. 03	14. 83
内蒙古	4. 59	4. 74	8. 13	15. 13
新疆	4. 54	4. 47	9. 35	15. 32
青海	4. 24	4. 23	6. 32	16. 57
宁夏	5. 28	5. 00	9. 06	14. 15
西藏	2. 37	2. 82	6. 73	15. 67
广东	4. 33	6. 10	14. 66	17. 57

数据来源:《新中国六十年统计资料汇编》。

(二)教育经费在地区间分配不均衡

教育经费是衡量一个省份教育资源财力部分的重要指标。从全国的数据来看,1949—2008 年期间,预算内教育经费呈现逐步上升趋势,教育经费在新中国成立初期占 GDP 的 1. 7%,2008 年增加至 3. 2%。具体从地区间的分布来看(见表 4-4),1980 年,西部省份的教育经费占地区生产总值比重较大,具有代表性的是宁夏、青海、新疆、内蒙古等;东部省份教育经费占比较低,并且地区间差异最大约为 8%。此后,教育经费占地区生产总值的比重整体上升,但是西部省份的教育经费依然占地区生产总值的比重较大,与东部省份差距较大。

表 4-4 1980—2008 年教育经费占地区生产总值比重的地区比较 单位:%

年份 省(区、市)	1980	1990	2000	2008
上海	1. 36	2. 36	4. 87	3. 60
江苏	2. 12	2. 09	3. 81	1. 95

续表

省(区、市) \ 年份	1980	1990	2000	2008
天津	2. 30	3. 13	4. 87	2. 23
北京	2. 32	3. 36	3. 81	3. 02
辽宁	2. 35	2. 55	3. 81	2. 28
黑龙江	2. 43	2. 74	2. 34	3. 09
浙江	2. 60	2. 43	10. 57	2. 11
重庆	2. 81	3. 16	10. 57	3. 01
河北	2. 90	2. 84	2. 14	2. 33
山东	3. 11	2. 35	4. 87	1. 77
湖北	3. 42	2. 41	2. 49	3. 77
湖南	3. 48	3. 01	2. 66	4. 04
甘肃	3. 59	4. 54	3. 60	5. 76
河南	3. 63	2. 63	2. 15	3. 59
江西	3. 66	3. 25	3. 81	3. 19
山西	3. 68	3. 63	4. 87	3. 33
安徽	3. 84	2. 64	2. 66	3. 23
海南	3. 93	4. 35	2. 14	4. 59
吉林	4. 38	3. 82	2. 72	2. 93
云南	4. 50	4. 72	10. 57	6. 88
广西	4. 50	4. 05	2. 14	—
福建	4. 51	3. 30	2. 42	3. 29
陕西	4. 56	3. 72	4. 87	3. 87
四川	5. 07	4. 51	4. 87	2. 95
贵州	5. 07	4. 51	2. 14	9. 84
内蒙古	5. 56	4. 70	3. 81	2. 66
新疆	6. 03	4. 82	10. 57	4. 74
青海	6. 18	5. 35	4. 43	5. 08
宁夏	6. 33	5. 66	4. 30	—
西藏	9. 11	10. 36	10. 57	11. 89
广东	—	2. 34	2. 14	1. 97

数据来源:《新中国六十年统计资料汇编》。

三、我国女性受教育水平显著提高

囿于中国古代传统文化的性别界限,新中国成立以前,中国的女子教育处于十分落后的水平。新中国成立初期,我国的文盲率高达 80%,女性更是占到其中的 70%。新中国成立后,一方面女性在政治经济文化教育上依法享有同等权利;另一方面,政府出台了一些政策,比如奖助学金制度,使家庭收入较低的孩子有平等入学机会等。

从小学教育来看,1949 年普通小学学生人数为 2439.1 万人,1965 年就增加到了 11620.9 万人,此后到 2008 年,小学学生人数保持在 10000 多万人以上。鉴于近年来,中国人口出生率分布中男性绝对数量较多且占比较大,所以小学教育女学生数及其占比在近年来呈现下降趋势(如图 4-2 所示)。但

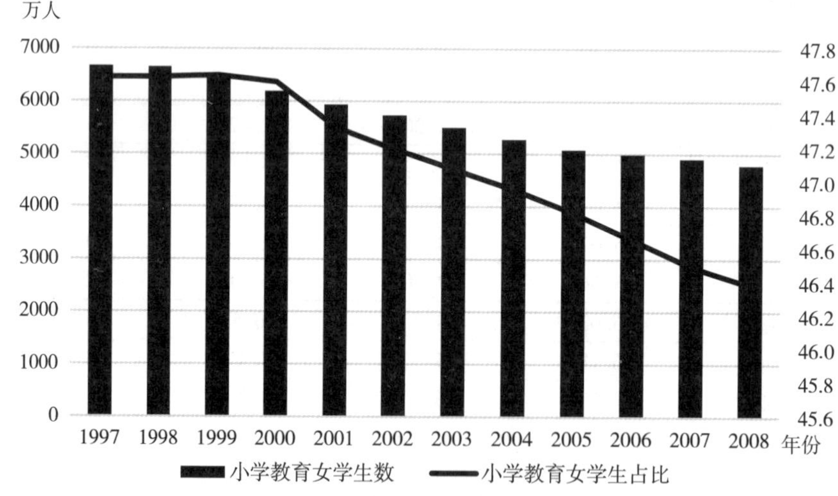

图 4-2　1997—2008 年小学教育女学生人数及占比

数据来源:中国教育部。

是整体来看，新中国成立以来，小学教育阶段女子受教育程度显著提高。

中等教育是指普通高中教育和普通初中教育。1949 年，中等教育人数为 103.9 万人，并且八成是普通初中人数，高中教育人数仅有 20 多万人。经过国家一系列教育改革政策后，高中就读人数大大增加，并且一些普通中专、职业高中和技工学校等中等职业教育也得到了很好的发展。2008 年，中等教育人数达到了 8050.43 万人，较新中国成立初期翻了 80 倍，其中普通高中人数达到 2476.28 万人。近年来，从图 4-3 可以看出，中等教育中女学生人数在绝对数量上呈现整体上升的趋势，1997 年，女学生人数为 2735.62 万人，2008 年增长至 3822.4 万人，增加了 1000 多万人。另外，女学生人数占比呈现逐年上升的趋势。整体来看，中等教育阶段，女子受教育程度大幅上涨。

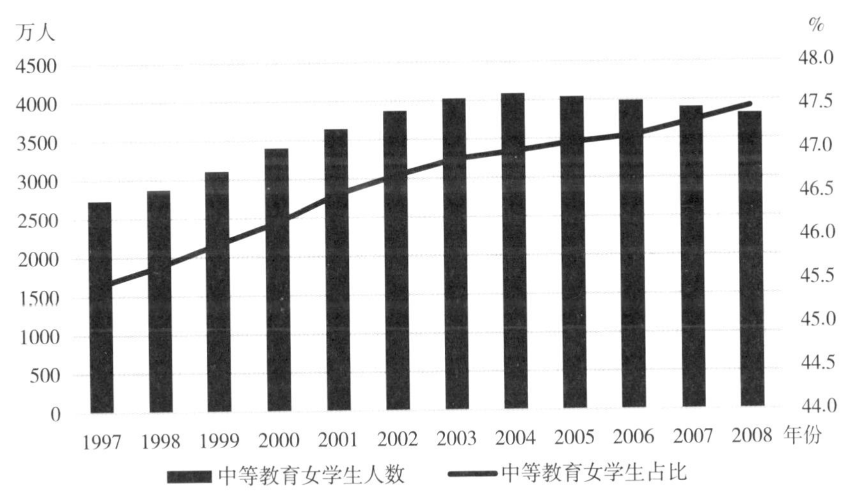

图 4-3　1997—2008 年中等教育女学生人数及占比

数据来源：中国教育部。

新中国成立后，政府为了鼓励女子上大学，一方面出台了很多措施，比如统一高考公平竞争入学、大学免费并且普遍发放助学金等；另一方面，在主流文化宣传方面，注重宣传男女平等意识。在这种背景下，女性高等教育发展迅速。新中国成立前高等教育女学生最多的年份是 1947 年,为 276 万人,经过 60 多年的发展,截至 2008 年,女大学生数量达到 1066. 26 万人。并且女大学生占比从 17. 8%增长至 49. 6%,女大学生数已近半数。近年来女大学生数量大体呈现稳步上升趋势。在 1999 年高校扩招后,女大学生数量大幅增加,在 2008 年已经突破 3500 万人,并且女大学生占比已经接近 50%。整体来看,女大学生接受高等教育的人数增加显著,女性受教育水平显著提高,并且男生女生呈现均衡态势。

四、研究生教育的发展与改革

相对于国外而言,我国的研究生教育制度发展较晚。新中国成立后起草了《高等学校培养研究生暂行办法》,1950 年,颁布了第一个研究生招生文件《关于高等学校一九五零年度暑期招考新生的规定》,部分高等学校开始招收研究生。这时的研究生教育目标更加明确,即培养高层次的研究型人才,学制规定两年到三年。在相应的制度中进一步强化了指导教师的作用。研究生经老师指导进行学习、研究,并且规定科研时间占到学制规定时间的一半以上,研究生的科研成果必须以学术论文的方式提交并进行论文答辩,各个步骤都做得很好才能准予毕业。整体来看,当时的研究生教育制度与现在的制度差距不大,主要是规模较小。

"文化大革命"结束后,研究生教育逐步进入健康发展阶段。1977 年 10 月,国务院批转教育部《关于高等学校招收研究生的意见》,标志着恢复了研究生教育。党的十一届三中全会以后,我国研究生教育发展迅速。1978 年 1 月,教育部颁布《关于高等学校 1978 年研究生招生工作安排意见》，该意见决定合并1977年、1978年的研究生招生计划，统称为1978年研究生。据全国不完全统计，首年研究生报考人数有63500多人，最终录取10708人，我国研究生招生规模首次破万。

1980年2月，全国人大常委会审议通过《中华人民共和国学位条例》，并于1981年1月1日起正式实施。这项法律是高等教育领域的重要立法，是新中国学位与研究生教育工作步入正轨的标志。1981年国务院批准《中华人民共和国学位条例暂行办法》，正式建立了我国的学位制度，研究生教育进入较快的发展时期。1981年至1998年间，硕士、博士学位授予数量大幅上升，研究生规模增长速度大大高于本科生，学位类型呈现多样化，学科专业结构也进行了不断的调整。

1999年实行高校扩招政策，高等教育规模迅速扩张，我国高等教育进入快速发展阶段。硕士研究生教育不断改革、发展和完善。研究生教育模式逐渐由“精英教育”转为“大众教育”。面对这些新变化，国家与高校自身在研究生领域进行了一些改革，比如，2013年教育部、国家发改委、财政部联合印发了《关于深化研究生教育改革的意见》，其总体要求是到2020年，基本建成规模结构适应需要、培养模式各具特色、整体质量不断提升、拔尖创新人才不断涌现的研究生教育体系。

2016年，教育部办公厅发文《关于统筹全日制和非全日制研究生管理工作的通知》，正式明确提出全日制研究生和非全日制研究生并轨招生培养管理的具体要求。原非全日制单证硕士研究生将完全与全日制双证硕士研究生并轨，从招生、培养到学位授予均提出了标准一致的要求。2017年研究生报名人数高达201万人，相对于2016年增长幅度为13.6%，其中非全日制硕士研究生考生约占总人数的10%，另外非全日制招生计划占硕士研究生招生计划的28.4%。此后，研究生教育继续不断落实“立德树人”根本任务的探索与优化。

五、中国教育发展与国际比较

为了更好地了解我国教育发展在国际上所处水平以及明确我国未来在教育方面的发展方向，在这一节中，我们将会对中国和世界上其他主要国家的教育发展作一个横向比较。我们尤其关注三类国家：第一类是欧美传统发达国家，例如美国、英国、德国等。这些国家爆发了历次工业革命，诞生了世界上大多数的诺贝尔奖得主。和这些国家的比较可以充分暴露我国的教育发展还有哪些不足，以及我国未来的努力方向。第二类是亚洲发达国家，例如日本和韩国。这些国家和中国同属于儒家文化圈，有重视教育的传统。第三类是新兴市场国家，例如印度、巴西等。这些国家和中国的共同点是拥有极富潜力的消费市场和需要进一步提升的人力资本市场。工业化使得这些国家对于高素质人才的需求与日俱增。

我们用以下 4 个变量来代表教育的发展水平，它们分别是：教育支出占国民收入总值的比例、各级教育的生师比、25 周岁以上人口教育水平和各级教育的毛入学率。前两个指标代表一个国家对于教育的投入水平，而后面两个指标则测量了教育的产出结果。

通过比较 1980 年到 2010 年我国和其他国家在各项教育指标上的发展水平和发展速度，本讲得到以下几个主要结论。

（一）我国教育支出仍低于发达国家

20 世纪 80 年代改革开放以来，我国经历了经济增长最迅速的时期。我国对教育的投入持续增长，人口受教育程度和各级教育毛入学率稳步上升。与此同时，大多数发达国家的教育投入与产出都处在一个比较稳定的状态，新兴发达国家和发展中国家也增大了教育投入，但是增加幅度没有中国大。

公共教育支出占 GDP 比例代表了一个国家对于公共教育的重视程度，直接决定了教育的数量和质量。自 1985 年到 2007 年，我国对公共教育的支出经历了一个先降后升的过程。我国公共教育支出占 GDP 比例首先从 1985 年的 2.5%下降到 1995 年的不足 1.8%。但是自 1995 年以来，我国对公共教育的支出持续上升，在 2007 年达到 GDP 的 3%，但这一水平仍然远低于发达国家的教育支出。在此期间，世界上大多数发达国家教育支出都稳定在一个较高的水平，只有英国和韩国也经历了一个较为明显的增长。截至 2007 年，世界上教育投入最高的 3 个国家分别为法国、英国、美国，这些国家的教育支出占 GDP 比重都在 5%—6%。德国、澳大利亚、加拿大和韩国略低于第一梯队，教育支出的比例也在 4%—5%。日本的教育支出比例和中国最为接近，约占 GDP 的 3.3%。但是考虑到中国的年龄结构比日本年轻很多，我国对公共教育的支出仍然低于日本。

（二）我国人均师资达到发达国家平均水平

生师比由在校学生总数除以在校老师总数得来。生师比可以直接解读为每个老师平均教多少个学生，是师资力量的一种直观体现。总体来讲，我国在义务教育阶段，即小学和初中的生师比已经接近发达国家，但是高中教育的师资力量相对匮乏。

在 1985—2008 年间，我国小学教育的生师比从 25∶1 稳步下降到 18∶1，代表每个老师要教的学生从 25 个下降到 18 个。仅就 2007 年和 2008 年的数据来看，我国小学教育的生师比已接近发达国家的平均水平，低于韩国（24∶1），和加拿大和法国相仿，但仍高于美国、澳大利亚和德国。发达国家中,德国的小学师资力量最佳,每位老师只需要教 13. 5 个学生。这 30 年间,我国初中教育的生师比一直稳定在 16∶1 到 19∶1 之间。这一数字意味着我国初中的师资力量优于印度、巴西和韩国,已经接近英国、美国、日本,但仍比不上法国(13∶1)和德国(12∶1)。

我国高中教育的生师比在 20 世纪 90 年代经历了一个小幅下降,但是自 90 年代中期开始逐步上升,在 2008 年稳定在 16∶1。在国际比较中,我国高中教育生师比只优于印度,说明我国高中教育的师资力量处于一个比较匮乏的阶段。巴西、韩国、美国、德国的高中生师比和我国接近,大约为 15∶1。加拿大、英国、日本、澳大利亚和法国则都处于 10∶1 到 13∶1 之间。

(三)我国高学历人才储备偏低

我们选取了 25 周岁以上人口各教育水平所占的受教育程度来代表我国教育发展的成果,因为大多数 25 周岁以上的人群受教育水平基本固定。我国的数据来源于人口普查,分为 4 个时间点,分别为 1982 年、1990 年、2000 年和 2010 年。其他国家的数据也都来源于联合国教科文组织统计研究所公布的相近年份的数据。

在这 30 年间,我国文盲率显著下降,义务教育普及率稳步上升,尤其在 2000 年以后,高中学历及以上人口比例也得到了上涨。与此同时,其他国家的教育水平也得到了很大的发展。截至 2010 年,我国的平均受教育水平仍然处于一个偏低的位置。和其他国家相比,我国的教育程度呈现出了以下特点。首先,我国的扫盲工作取得了前所未有的成功。30 年间,我国的文盲率从 44. 5%下降到 6. 6%,下降幅度高达 37. 9%。虽然也有几个国家极大地降低了文盲率,但无论从幅度还是最终水平上都很难跟中国匹敌。例如,韩国下降了 15%(19. 7%—4. 7%),印度下降了 31. 2%(72. 5%—

41. 3%)。文盲率的下降得益于我国义务教育的成功普及。

其次,我国九年义务教育完成率有显著提升,但仍处于一个较低水平。我国在 1986 年颁布了《义务教育法》,首次规定适龄学生必须接受小学和初中教育。完成初中及以上学历的人口在 1982 年只占 25 周岁以上人口的 22. 8%,而这一比例上升到 2010 年的 65. 3%。我国义务教育完成率的增长幅度高于印度(21. 3%)和韩国(37. 2%)。但是同发达国家相比,2010 年接受过义务教育的人口比例远远低于美国的 94. 7%、日本的 86. 5%以及韩国的 83%。

最后,我国受过非义务教育的人口比例仍然低于其他国家。是否接受过高中及以上教育代表一个国家高知识人才和熟练技术工人的比例。在 1982 年,高中学历人口和大学及以上学历人口分别仅占我国 25 周岁以上人口的 5. 6%和 1%。到 2010 年,高中学历人口和大学及以上学历人口分别增长到 13. 5%和 8. 8%。尽管我国在高学历人才方面已取得了重大进步,和发达国家相比,高学历人才储量仍然偏低。在 2010 年,美国分别有 48%和 39. 1%的人口完成了高中或大学及以上的教育,日本的数字分别为 39. 9%和 29. 9%,韩国的数字分别为 37. 4%和 35. 4%。值得一提的是,在 1980 年韩国分别有 18. 7%和 8. 9%的人口完成了高中和大学及以上教育,和我国 2010 年的水平接近。但是 1980 年韩国的人均 GDP 仅有 1715 美元,远低于我国 2010 年的水平(4550 美元)。即使和同为发展中国家的巴西和印度相比,我国的高学历人才储备也比较低。2011 年印度分别有 16. 8%和 10%的人口完成了高中和大学及以上教育,巴西在 2010 年的比例分别为 24. 6%和 11. 3%。

在教育水平普遍提高的时代,女性教育水平的变化对于促进社会公平和提高女性社会地位至关重要。我国女性受教育程度的提高和整体人口受教育程度的提高大致相符。在这 30 年间,我国女性的文盲率降低了

52.5%，远高于总人口的37.9%；受过义务教育的人数提高了44.6%，略高于总人口的42.5%；受过高中及以上教育的比例提高了15%，略低于总人口的15.7%。这意味着我国女性是教育改革，尤其是《义务教育法》货真价实的受益者，但是在高等教育领域，女性获得的资源略逊于男性。

其他国家也呈现出了和中国类似的模式。例如韩国、巴西和日本，女性受过义务教育和非义务教育的提高幅度都大于总人口。美国女性则和男性相仿，受过高中及以上教育的比例在30年间都降低了9.7%。而在印度，女性各级教育程度的比例涨幅都低于男性。

（四）义务教育成功普及，但我国高中及以上学历入学率低于发达国家

25周岁以上人口的受教育水平代表人力资本的存量，由过往的存量和近期的增量决定。而我们关注的第二个教育产出指标是各级教育的毛入学率，毛入学率由在校生人数除以适龄学生人数得来。毛入学率可以理解为人力资本未来的增量。

毛入学率有可能大于100%，这意味着有一些学生即使已经过了在校年龄，仍然在这级学校接受教育。在义务教育阶段，例如我国的小学和初中，毛入学率可以解读为当地政府的财政能力和执行力。如果毛入学率低于100%，这就意味着当地政府没有能力让所有的适龄学生接受义务教育。在非义务教育阶段，例如我国的学前教育和高中教育，毛入学率则由供给需求共同决定。低入学率可能由于教育资源不足导致，例如学校数量无法接纳所有的适龄学生入学。另一种可能性则是学前教育和高中教育的机会成本太高，例如学费贵、门槛高、非熟练技术工工资高，等等，所以学生和家长主动选择不去接受学前教育或高中教育。

在1990年到2008年间，我国学前教育的毛入学率一直稳定在

40%—50%，这一比例高于巴西和印度，但是和发达国家有相当大的差距。截至 2008 年，法国学前教育的毛入学率高达 110%，其次是澳大利亚、英国（80%）和韩国（65%）。

在义务教育阶段，我国的毛入学率已经达到了一个很高的水平。我国小学教育的毛入学率一直都保持在 100%以上。值得注意的是，它从 1990 年一个较高的水平（130%）降到 2008 年的 100%，这代表着我国小学生年龄正逐步年轻化。相比之下，世界上其他国家的小学毛入学率也都保持在 100%左右。但是巴西和印度的小学毛入学率在 2008 年分别是 130%和 110%，这代表着在这两个国家关于入学年龄的具体规定没有被严格的执行。

我国初中阶段毛入学率自 20 世纪 90 年代以来稳步上升，从 1990 年的 65%已逐步提升到 2008 年的 100%。这和我国 1986 年《义务教育法》的贯彻实施密不可分。除了印度，其他国家的初中毛入学率也都保持在 100%左右。印度也经历了一些增长，但是涨幅低于中国，在 2008 年只有 75%。

我国高中阶段毛入学率虽然自 2000 年以来总体呈上升趋势，但是仍远低于发达国家的水平。2000 年以前，我国高中毛入学率一直保持在 40%以下，自大学扩招以来，高中毛入学率有了较大的提升，在 2008 年达到 65%。我国高中毛入学率增长速度高于印度，1996 年我国和印度的毛入学率相仿，但是印度的高中毛入学率在 2008 年只有 47%。同时期，发达国家的高中毛入学率稳定在 100%左右，巴西的高中毛入学率也有 90%左右。

通过各阶段教育毛入学率的比较不难发现，我国义务教育阶段的毛入学率已达到和发达国家相仿的水平，但是非义务教育阶段的毛入学率和发达国家乃至新兴市场国家巴西相比都还有很大差距。

六、人力资本助中国摆脱中等收入陷阱

由于教育在经济发展中起到了至关重要的作用,我们特意选取日本和韩国在同 GDP 时期的数据与中国的近期数据作比较。在 2006 年,联合国曾提出中等收入国家陷阱的概念,即发展中国家人均国民收入水平达到中等收入国家水平,一方面在低端出口上竞争不过低收入低工资的国家,另一方面在科技创新上竞争不过发达国家,从而很难实现收入的持续发展。联合国还提出国民素质的提高和高学历人才的培养是实现这一重要蜕变的关键。习近平总书记也曾表示高等教育发展水平是一个国家发展水平和发展潜力的重要标志。日本和韩国都是近 30 年内的新晋发达国家,又和中国同属于儒家文化圈,有重视教育的传统。这些亚洲发达国家的发展经历对我国有极强的借鉴意义。同一经济发展时期的比较可以让我们更加清楚地了解我国和日韩发展模式的异同,给我国未来教育事业的发展提供借鉴。

1980—2010 年间,我国人均 GDP 从 195 美元增长到 4550 美元,从低收入国家跨入中低收入国家的行列。同我国人均 GDP 增长对应的是日本 20 世纪 50 年代到 70 年代间的发展,和韩国 20 世纪 60 年代到 80 年代的发展。① 我们比较中、日、韩三个国家在同等经济水平下教育事业的发展,因为人力资本是促进经济发展的重要因素。展示人力资本和经济发展的关系可以帮助我们更好地理解经济发展。表 4-5 比较了中、日、韩三国 25 周岁以上人口在人均 GDP 相似时期各教育水平所占比例。

---

① 日本人均 GDP 从 1953 年的 195 美元增长到 1975 年的 4659 美元,韩国人均 GDP 从 1968 年的 198 美元增长到 1988 年的 4748 美元,数据来源于世界银行。

表 4-5　1980—2010 年中、日、韩三国人均 GDP 相似时期 25 周岁以上人口各教育水平所占比例

	年份	人均 GDP（美元）	没上过学（%）	小学（%）	初中（%）	高中（%）	大学及以上（%）
中国	1982	195	44. 5	32. 7	16. 2	5. 6	1
	1990	317	29. 3	34. 3	34. 4	—	2
	2000	959	10. 8	36. 9	48	—	4. 3
	2010	4550	6. 6	28. 1	43	13. 5	8. 8
日本	1950	131	7. 2	35. 2	35. 5	15. 7	5. 6
	1960	479	2. 9	39. 2	—	30. 9	6. 3
	1970	2037	0. 9	34. 5	—	29. 1	9. 5
	1980	9465	0. 4	21. 7	—	39. 7	14. 3
韩国	1966	133	43. 6	35. 2	17. 5	—	3. 6
	1975	615	25. 2	59. 9	28. 7	—	6. 9
	1980	1704	19. 7	60. 5	18. 2	18. 7	8. 9
	1990	6516	11	45. 6	18. 9	35	13. 4

数据来源：The UNESCO Institute for Statistics（UIS）。

这 30 年间，在各级学历比例上，中国的发展轨迹都跟韩国类似。首先，我国的文盲率的降低幅度和韩国相似，略高于韩国。日本的文盲率一直都处于比较低的水平。大学及以上人口的比例，韩国和日本的增长速度都和中国类似，但由于它们的起点较高，所占总人口的比例一直高于中国。在人均 GDP 达到 4000 多美元时，中国只有 8. 8%的人口完成了大学及以上学历，而日本和韩国分别有 14. 3%和 13. 4%。中国高中学历的人口比例也低于同发展时期的日本和韩国。日本一直处于较高的水平，韩国在人均 GDP 只有 200 美元左右时，高中学历人口和中国类似，但是到人均 GDP 达 4000 美元以上时，韩国的高中学历人口远远高于中国。

我们可以从中、日、韩比较中得到两点启示。一方面,在人均GDP处于相似水平时期,中国的人力资本,尤其是高学历人才比例都远远低于日韩。这意味着我国的发展模式和日韩不同。在这一阶段,我国的经济发展更依赖于人口密集型产业,例如低端制造业、手工业等。我们也可以理解为经济发展并没有给中国教育带来和日韩一样多的红利,当然这一点需要各级教育的毛入学率来论证。另一方面,我国正处于经济转型、产业升级的重要时期。从低端制造业向高端制造业的转变离不开高学历人才的支持。我国偏低的人才储备值得我们警惕。

七、结　语

自新中国成立以来,伴随着经济的飞速增长,我国在国民受教育水平、教育投入和教育质量上都取得了不凡的成就。习近平总书记曾表示建设教育强国是中华民族伟大复兴的基础工程,必须把教育事业放在优先位置。但是同世界上的发达国家和新兴市场国家相比,我国的教育事业发展也有不足。一方面,义务教育在我国得到了很好的普及,极大提升了国民基本素质,女性的受教育权利得到了保障;另一方面,我国高级人才储备仍与发达国家存在较大差距。为了实现产业升级和经济的可持续发展,我国应加大对教育的投入,并促进区域间的协调发展。

(中国人民大学应用经济学院研究生刘瑞雪、张力也参与了本文的撰写)

第五讲　中国医疗卫生资源发展

黄滢

中国人民大学应用经济学院副教授

健康是人全面发展的必然要求、人民生活幸福的基石，是社会经济发展的基础条件。新中国成立以来，我国医疗行业的发展取得了巨大的进步，医疗条件得到大幅改善，人民健康水平显著提高。我国居民预期寿命从解放前的35岁提高至79岁，婴儿死亡率从解放前的200‰持续下降至6‰，全国甲、乙类法定传染病发病率从1949年的20000/100000下降到2008年的268.01/100000。党和政府高度重视人民健康，人民健康是全民小康的内涵，没有全民健康，就没有全面小康。2016年，中共中央、国务院印发实施《"健康中国2030"规划纲要》，将人民健康放在优先发展的战略地位。2017年，习近平在党的十九大报告中提出"健康中国"发展战略，指出人民健康是民族昌盛和国家富强的重要标志，要实施"健康中国"战略，完善国民健康政策,为人民群众提供全方位、全周期健康服务,以满足人民多层次、多元化的健康需求。

医疗卫生资源(Health Resource)是指在一定时间内,社会在提供卫生服务过程中占用或消耗的各种生产要素的总称,是人们开展医疗卫生活动的人力、物质和技术基础,是反映一定社会经济条件下国家、社会和个人对卫生部门综合投入的客观指标,主要包括财力资源、物力资源、人力资源等硬性资源和信息资源、卫生管理资源等软性资源。医疗卫生服务是事关全局的民生工程,医疗服务的可及性和公平性在经济学层面可大致分为4个方面:一是医疗资源的数量和质量是否能够满足公众的医疗服务需求(availability),二是医疗资源对于公众在时间和空间上是否具有可达性(accessibility),三是公众的支付能力是否能够承受社会医保及其他医疗服务相关费用(affordability),四是医疗资源的配置、组织和运行是否能被公众高效地利用(accommodation)。因此,作为供给有限的公共资源之一,医疗资源的合理供给和配置是实现医疗卫生服务对公众的可及性、公平性的关键环节,其目的是更好地满足公众就医的需求,提升人民健康水平。

新中国成立以来,我国建立了较完善的医疗卫生服务体系和医保体系,由各级医院、基层医疗卫生机构、专业公共卫生机构等医疗机构编织的医疗网络基本覆盖城乡,各类医疗资源的数量和质量都有一定提升。同时,覆盖城市、农村的医疗预防保健三级网络使全体人民人人享有基本医疗保健成为可能,截至2019年年底,我国基本医疗保险参保率稳定在95%以上。世界银行、世界卫生组织等多家国内外研究机构在2017年7月联合发布的中国医改调研报告评价称,我国"人民健康水平总体达到了中高收入国家平均水平,用较少投入取得了较高健康绩效",肯定了我国在全民健康覆盖方面的成就。然而,随着人口老龄化、疾病谱变化、环境污染等现象的加剧,我国医疗卫生资源配置城乡间和地区间差异较大、个人支出所占比例过大、医保覆盖不全、因病返贫等严重问题逐渐暴露出来。基于我国人口众多、医疗卫生资源稀缺的现实情况，解决好医疗资源配置的公平和效率问题将有助于提升大众对政府改革的信心、促进社会和谐和经济健康发展，为 2035 年基本实现社会主义现代化打下坚实基础。

一、新中国成立以来医疗卫生体系发展进程

新中国成立以来，我国通过建立和完善医疗卫生体系来解决医疗资源的供给问题。概括而言，我国医疗卫生体系主要经历了三个发展阶段，分别对应三种不同的模式：1949—1984 年是计划经济时期的“大卫生”模式；1985—2008 年是改革开放后的市场化模式；2009 年至今是当前政府主导、有效发挥市场机制的多元化模式。

（一）“大卫生”模式（1949—1984 年）

新中国成立初期，社会缺乏最基本的医疗卫生体系，公众健康水平低下。为了解决国民基本健康问题，政府提出了“面向工农兵、预防为主、团结中西医、与群众运动相结合”的大卫生运动。1951 年，原卫生部颁行的《农村卫生基层组织工作具体实施办法（草案）》具体指明了新中国成立初期的基本医疗卫生服务内容：以预防为主，注重改善环境卫生，致力于解决安全饮水、粪便处理问题，为妇女儿童提供基本保健服务，开展人群健康教育，实行广泛的社会动员，鼓励公私机构合作、收集和利用卫生信息，开展初级卫生人员训练等。

政府统筹规划了该阶段的医疗卫生制度变迁，凭借其掌握的公共权力

对医疗服务、医疗保障、食品药品、卫生防疫、卫生监督等统一管理、全额拨款，将卫生运动与公社大生产结合。在政府的主导下，我国在新中国成立后的短短10年内就将医疗卫生机构数量从3600余所提升至26万余所，战争中严重受损的人民健康也得到显著改善。我国在这一阶段建成了基本的医疗卫生体系，在城市地区形成了市、区、街道组成的三级医疗服务体系，在农村地区形成了以县医院为龙头、以乡（镇）卫生院为枢纽、以村卫生室为基础的三级医疗预防保健网，凸显了社会主义制度下政府迅速集聚并分配资源的巨大优势。

（二）市场化模式（1985—2008年）

随着改革开放后经济的逐渐发展和居民收入的不断提高，政府大包大揽的模式不仅无法适应大众日益增长且趋于多元化的医疗卫生服务需求，且导致政府财政压力较重、资源浪费现象明显。1985年4月，国务院批转卫生部《关于卫生工作改革若干政策问题的报告》，提出“当前的主要问题是，卫生事业发展缓慢，与我国经济建设和人民群众的医疗需要不相适应”，为了加快发展，“必须实行改革，放宽政策，简政放权，多方集资，开阔发展卫生事业的路子，把卫生工作搞活”。改革的核心内容是放权让利，扩大医院自主权，放开搞活，提高医院的效率和效益，改革的基本手段是“只给政策不给钱”，即所谓“建设靠国家、吃饭靠自己”。这一政策标志着中国的全面医改正式启动，1985年也因此被称为“中国医改元年”。

在这一阶段，基本医疗卫生服务体系从福利性和公益性转为趋利性，各类资本均可进入医疗服务领域，医院在业务活动和财务收支上实行“经济管理”。政府在医疗卫生领域引入社会统筹的概念，突出个人责任，强调家庭是社会保障的第一道防线。居民个人在医疗卫生支出上的比重增加，政府投入大量削减。改革开放初期，政府卫生支出、个人卫生支出分别占医疗卫生总费用的32.2%、20.4%，而到了2001年，该比例发生逆转，政府和个人的出资占比分别达到了15.9%和60.0%。

2002年，在中国预防医学科学院、卫生部工业卫生实验所、中国健康教育研究所、中国农村改水技术中心的基础上，中国疾病预防控制中心组建成立。国家卫生健康委明确中国疾病预防控制中心为其直属单位，同时明确了其开展疾病预防控制、突发公共卫生事件应急，进行环境与职业健康、营养健康、老龄健康、妇幼健康，放射卫生和学校卫生等公共卫生学监测工作等多项职责。

2003年暴发的"非典"疫情暴露了我国应急医疗机制缺失、常规医疗卫生体系脆弱、医疗卫生资源不平等诸多问题①，国务院发展研究中心课题组在2005年的医改研究报告中指出我国始于1985年的医疗卫生体制改革"基本不成功"。"非典"疫情过后，政府对公共卫生政策进行反思，我国制定公共卫生政策的指导理念发生了重大转变，由原来的重市场和经济性转变为以人为本、以生命为本，建立和谐社会的指导理念；在关于公共卫生政策的价值取向上更加重视公平，在财政支出及分配上加大对公共卫生的投入，更加重视对农民、妇幼等弱势群体的关怀。2003年国务院发布的《突发公共卫生事件条例》中规定，危机爆发后，卫生部门的权限将扩大，如果发生隐瞒、缓报、谎报的事件，相关责任人和政府主要领导人不但要给予行政处分，还有可能被依法追究刑事责任。同年，国务院批准《突发公共卫生事件医疗救治体系建设规划》，明确了地方疾控中心、紧急救援中心的建设等多项政策；《2003—2010年全国卫生信息化发展纲要》明确提出要使公共卫生信息化，为未来的网络信息化打下较好的基础。

---

① 来丽锋：《"非典"以来我国公共卫生政策的改善和发展》，《法制与社会》2009年第22期。

（三）多元化模式（2009 年至今）

始于 1985 年的医疗改革尽管在提升医疗机构内部效率、提高医疗人员积极性等方面产生了积极影响，然而医疗资源市场化后伴随的"看病难""看病贵"问题也逐渐被城乡居民视为最突出的社会问题。2009 年 3 月，中共中央、国务院启动了新一轮医药卫生体制改革（以下简称"新医改"），出台了《中共中央国务院关于深化医药卫生体制改革的意见》（以下简称《意见》）和《2009—2011 年深化医药卫生体制改革实施方案》，旨在解决"看病难、看病贵"问题。《意见》呈现如下 4 项重点内容：一是坚持以人为本，将人民的健康作为最重要的价值取向，把维护人民健康权益摆在首位；二是重申医疗卫生事业的公益性，明确提出"把基本医疗卫生制度作为公共产品向全民提供"；三是明确"人人享有基本医疗卫生服务"的目标，要求建立健全覆盖城乡居民的基本医疗卫生制度，为群众提供安全、有效、方便、价廉的医疗卫生服务；四是坚持公平与效率相统一，既突出强调政府在基本公共卫生服务中的主导地位，逐步推进基本公共卫生服务均等化，又强调要充分发挥市场机制的作用，努力提高医疗卫生的服务质量与效率。

分级诊疗是"新医改"的核心内容和抓手。2015 年 9 月，国务院办公厅发布《关于推进分级诊疗制度建设的指导意见》，计划于 2020 年形成基层首诊、双向转诊、急慢分治、上下联动的就医新秩序。分级诊疗制度是深化医疗医保医药联动改革、合理配置资源、使基层群众享受优质便利医疗服务的重要举措，有利于促进医疗资源的科学分配。《"十三五"深化医药卫生体制改革规划》提出，分级诊疗通过大医院解决疑难杂症、基层卫生院解决常见病和慢性病的就诊需要，避免诊疗需求的过度集中和优质医疗资源的浪费。

近年来，传统医疗健康服务与互联网融合，拓宽了医疗卫生服务的形式，为分级诊疗提供支撑。2018 年 4 月，国务院办公厅发布《关于促进"互联网+医疗健康”发展的指导意见》，提出要从服务体系、支撑体系和监管保障三个方面促进“互联网+医疗健康”新业态发展。2020年新冠疫情的暴发更促使互联网医疗的发展进入了加速模式。2020年3月，《关于推进新冠疫情防控期间开展“互联网+”医保服务的指导意见》中明确对符合要求的互联网医疗机构为参保人提供的常见病、慢性病线上复诊服务，各地可依规纳入医保基金支付范围；互联网医疗机构为参保人在线开具电子处方，线下采取多种方式灵活配药，参保人可享受医保支付待遇。我国目前已进行了互联网医疗的医保结算、药品网售、远程会诊、家庭医生等多项改革试点和实践探索，不断拓宽传统医疗卫生服务形式的边界。

二、新中国成立以来医保体系发展进程

医保体系是医疗卫生制度的重要组成部分，主要解决医疗资源的可负担性问题。自新中国成立以来，我国医保体系经历了数次建立、改革、扩张、整合，逐步实现了参保人数全覆盖，医保基金收支规模不断扩大，医疗保障能力显著提升，人民就医需求得到有效满足。以党的十九大为标志，中国医保改革发展目前已进入全面建成中国特色医疗保障体系阶段。[①] 具体来看，我国医保体系的发展进程可分为以下六个阶段。

（一）城镇职工医疗保障制度的建立（1949—1955年）

新中国成立以后，受苏联计划经济体制的影响，我国医疗保障制度

① 参见叶俊《我国基本医疗卫生制度改革研究》，苏州大学博士学位论文，2016年。

也是在高度集中的经济体制下建立起来的。1949 年出台的《中国人民政治协商会议共同纲领》首次提出“逐步实行劳动保险制度”，并于 1951 年和 1953 年分别颁布了《中华人民共和国劳动保险条例》（以下简称《劳保条例》）和《中华人民共和国劳动保险条例实施细则》，针对城市企业职工确立劳保医疗制度，以解决工人的医疗保健问题。1952 年，我国出台《关于全国各级人民政府、党派、团体及所属事业单位的国家工作人员实行公费医疗预防的指示》，规定“自 1952 年 7 月起，分期推广，使全国各级人民政府、党派、工青妇等团体、各种工作队以及文化、教育、卫生、经济建设等事业单位的国家工作人员和革命残废军人，享受公费医疗预防的待遇”。

劳保医疗制度和公费医疗的确立是新中国保证劳动者健康，促进经济发展的重要措施。从保障对象来看，以上两项制度的医疗保障对象主要是国家工作人员和企业职工。从制度类型来说，劳保医疗制度和公费医疗均属于“强制性的雇主责任制度”，其中“雇主责任制度”是指不管雇主是否有过错，都须依照法律法规对受伤害的雇员或死亡雇员的遗属承担赔偿责任。在筹资方面，受公有制的影响，且出于对职工的保护，《劳保条例》规定“劳动保险的各项费用，全部由实行劳动保险的企业行政方面或资方负担”；而公费医疗经费主要是“由国家财政按人头拨付给各级卫生行政部门，实行专款专用、统筹使用的原则，不足部分由地方财政补贴”。即个人在资金筹资方面的责任极小，且财政和企业基本承担了职工的医疗保障责任。

尽管在新中国成立初期，国家实施了公费医疗和劳保医疗制度，但此时中央政府尚没有能力开展农村医疗保险制度建设。因此这一时期，由于农村地区缺乏医疗保障机制，农民医疗主要依靠家庭个体救助、自我保障。

（二）农村医疗保险制度的自发探索（1956—1966年）

1956年至1966年是新中国全面建设社会主义时期，也是确立社会主义制度后对如何建设社会主义的探索时期。城市医疗保障制度也在此期间得到巩固。1957年9月，周恩来在党的八届三中全会上作了《关于劳动工资和劳保福利问题的报告》（以下简称《报告》），总结了“一五”期间我国工资和福利事业的成绩，并专门针对公费医疗等福利制度进行了论述。《报告》肯定了职工劳保福利为职工“办了许多好事”，但“某些方面走得快了，项目办得多了，某些规定不切合实际和不够合理”，同时指出在当时的城市医疗保障体系下，医药费用存在诸多浪费的现象。《报告》进一步提出，为改变医疗保障中存在的不合理状况和克服浪费现象，卫生医疗工作的方向是：为六亿人民服务，城乡兼顾。同时提出扩大门诊，举办简易病床；扩大预防，以医院为中心指导地方和工矿的卫生预防工作；降低医院和疗养院的设备标准，适当降低药品价格等举措。1965年10月，原卫生部、财政部发出了《关于改进公费医疗管理问题的通知》（以下简称《通知》），要求享受公费医疗待遇的人员治病的门诊挂号费和出诊费改由个人缴纳，不得在公费医疗经费中报销；同时实行营养滋补药品（包括可以药用的食品）自费。

新中国成立初期，在我国总体经济发展水平低、医疗卫生资源供给不足和计划经济的背景下，城乡医疗保障体系的分割是城乡二元社会结构发展的必然产物。1955年起，伴随新中国成立初期合作化运动的开展，我国早期的农村合作医疗制度主要依靠农民自身力量建立起来，形成了以合作社为统筹单位、社员共同集资、实行民主管理的微型社区互助医疗保险。1955年，位于山西省的米山联合保健站的建立拉开了我国农村地区开展“合作医疗”的序幕。为解决农民“看不上病”的问题、分散农民疾病带来的经济风险，米山合作社的农民群众联合建立了米山联合保健站。米山联合保健站的启动资金和运营经费主要来自于：（1）联合诊所资产中的公有部分；

(2)合作社的农民社员自愿缴纳的医疗保健费用;(3)合作社公益金;(4)医务人员外出诊疗获得的费用和药品供应获得的利润。米山创立的微型社区互助医疗保险制度,受到山西省政府和中央政府的充分肯定。中央卫生部门开始将米山创立微型社区互助医疗保险制度的经验在全国各地进行推广。在其影响下,河南正阳、江苏无锡、广东曲江等地相继建立起不同类型的农村医疗保险制度。

1958 年开始的人民公社化运动是中国农村生产关系发生的一次重大变革。农村医疗保险制度作为农村生产关系重要内容之一,在这一关键节点开始向强制性筹资、官僚化管理、提供集体医疗福利待遇的方向变迁。集体福利型医疗保险要求农民社员个人和集体补助共同筹集医疗保险费用、统一调剂使用医疗保险资金,社员在看病时仅需要支付挂号费和药费。在高度集中的计划经济管理体制下,农村医疗卫生工作得到迅速发展,除医疗资源不断丰富外,集体福利型医疗保险制度的覆盖范围也得到大幅拓展。1958 年,全国 10%的行政村建立起集体福利型医疗保险制度;1960 年这一比例上升至 32%;1962 年这一比例达到 46%。

然而,与同期城市实施的公费医疗和劳保医疗制度相比,这一时期的农村医疗保障制度缺乏统一的主管部门,且没有出台专门的指导性和规范性政策,导致农村地区卫生筹资困难,卫生资源分配不公平,城市卫生资源始终难于下沉至农村。此外,此时农村的合作医疗制度也存在违反农民意愿、集体医疗保险基金不可持续等弊端。

(三)我国医疗保障体系的发展停滞(1967—1977 年)

整体而言,受社会主义建设"左"的思想的影响,我国城乡医药卫生事业改革在 1967—1977 年并未取得实质性进展,在此期间国家出台了部分控制医疗费用的措施,但并未有效遏制医疗费用的上涨。

在农村开展社会主义教育运动时,毛泽东主席于 1965 年 1 月作出组织城市高级医务人员下农村和为农村培养医生的指示。同年 6 月 26 日,毛泽东又进一步作出“把医疗卫生工作的重点放到农村去”的指示(“六二六”指示),合作医疗制度进一步在全国推行。1968 年 12 月—1969 年 12 月,《人民日报》连续组织 23 期“关于农村医疗卫生制度的讨论”,赞扬合作医疗制度的优越性,交流巩固和发展合作医疗的经验。在此期间,全国出现了大办农村合作医疗的热潮。到 1977 年年底,全国有 85%的生产大队实行了合作医疗。①

然而,受“文化大革命”的影响,在这一时期推行合作医疗制度过程中,各地过多迎合现实政治的需要,存在着采用行政命令的办法和片面追求减免率、搞“一刀切”等问题,一些地区也出现形式主义的弊端,在一定程度上影响了农村医疗水平的提高。

(四)城镇职工医疗保险改革与农村医疗保险制度的探索(1978—1997 年)

1978 年党的十一届三中全会拉开了改革开放的序幕。中国开启了从计划经济向市场经济的转型,并推动政治社会发生一系列重大变革。随着城市全面展开经济体制改革,城镇职工的公费医疗、劳保医疗制度赖以生存的基础和体制结构发生了巨大变化。一方面在原有城镇职工医疗保障制度下,不同企业因职工年龄、岗位差异、工作环境和条件不同,负担的医疗费用差别很大。随着市场化改革的步伐不断加快,一些中小企业或亏损企业由于经济力量薄弱,无力承担职工医疗费用,职工医疗费用拖欠问题日益严重。另一方面,改革开放后,随着经济发展,物质供应水平提升,药品等医疗

① 颜昌武:《新中国成立 70 年来医疗卫生政策的变迁及其内在逻辑》,《行政论坛》2019 年第 5 期。

资源的供应也更加丰富，这也导致公费、劳保医疗的费用不断上涨，国家财政压力不断增加。

20 世纪 80 年代初，一些企业和地方率先自主开始了对原医疗保障制度的改革。改革的重点为改变职工医疗费用的负担方式，实行“医疗费用与职工个人利益挂钩”，从而有效缓解患者费用意识缺乏、医疗费用不断上涨的问题。卫生部、财政部于 1989 年 8 月发布了《公费医疗管理办法》，对“享受公费医疗待遇的范围”进行了规定，并对公费医疗的资金使用办法也作出了相应的管理约束。同年，国务院要求“加快社会保险制度的改革”，率先在丹东、四平、黄石和株洲 4 个城市开展医疗保险制度改革试点。

在改革开放的新形势下，基于医保改革试点的发展经验，劳动部于 1992 年 3 月拟定《关于企业职工医疗保险制度改革的设想（征求意见稿）》，明确了“逐步建立医疗保险基金，实行国家、企业、职工个人三方合理负担，职工少量缴费”的原则，将职工医疗费用的支付方式从由国家包揽变为由国家、企业和职工个人共同分担。同年 5 月，国务院办公厅发布《关于进一步做好职工医疗制度改革工作的通知》，首次提出医疗保险改革走社会化的道路，成立医疗体制改革小组，由卫生部和劳动部分别负责公费医疗和劳保医疗改革方案，抓紧医疗制度改革的各类试点工作。

1993 年 11 月，中国共产党第十四届中央委员会第三次全体会议通过了《中共中央关于建立社会主义市场经济体制若干问题的决定》，明确提出城镇职工养老和医疗保险金由单位和个人共同负担，实行社会统筹和个人账户相结合。1994 年，国家体改委、财政部、劳动部、卫生部联合制定了《关于职工医疗制度改革的试点意见》，在江苏镇江市和江西九江市进行试点（即“两江试点”），提出公费、劳保医疗改革同步，人人参加医保，用人单位缴费不超过 10%，个人 1%起步，个人账户和社会统筹相结合的改革办法；基金支付方式是先结算个人账户，后按费用分段按比例支付医疗费用。经过两年的探索,“两江试点”取得积极进展。以镇江为例,医改前全市医疗费用平均每年以 33.4%的幅度增长,医改后平均增幅控制在 12%左右。1996 年,国务院决定扩大试点范围,在全国 40 多个城市进行“扩大试点”,各试点纷纷对医保改革的路径开展有益探索,对医疗费用控制以及社会医疗保险制度改革起到了促进作用,也积累了改革经验,为制度定型奠定了基础,提供了实践依据。

改革开放后,随着计划经济向市场经济体制的转变,农村经济体系废除了不适应农村生产力发展的人民公社制度。人民公社是改革开放前农村医疗保障制度赖以存在的基础。因此,改革开放对农村医疗保障制度发展造成巨大冲击。为缓解经济体制转轨的冲击,1978 年《政府工作报告》要求“继续将医疗卫生工作重点放在农村,在办好县、社两级医院的基础上,提高医务人员水平,巩固农村医疗保险制度建设”。1979 年,卫生部、农业部、财政部、国家医药总局、全国供销合作总社联合发布《关于农村合作医疗章程(试行草案)的通知》。要求各地加强领导,不断总结经验,妥善解决存在的问题,使农村合作医疗制度进一步巩固、完善,更好地为实现农业现代化服务。鼓励“在自愿互助的基础上”建立农村合作医疗,并要求“对于经济困难的社队,国家给予必要的扶植”。《农村合作医疗章程(试行草案)》首次对 20 多年来农村合作医疗的经验进行了总结,对合作医疗制度作了全面、细致的政策性规定,也标志着合作医疗的制度化。但 20 世纪 80 年代后,在市场化改革的形势下,政府相关部门对于农村医疗保障制度的建设缺乏正确引导,同时对个体办医过分宣扬,导致大多数农村地区的合作医疗制度处于解体或停办状态。在“自愿原则”下,全国各省市举办合作医疗的行政村由 1976 年的 90%锐减到 1989 年的 4.8%,绝大多数地区的农民医疗负担显著上升。

随着农民医疗保障问题日益凸显,结合中国农村医疗卫生的落后条件,

1990年卫生部等五部门联合发布《我国农村实现“2000年人人享有卫生保健”的规划目标》。这是《农村合作医疗章程(试行草案)》制定以来中央发布的第一份关涉农村医疗保险制度的专门文件。该文件确定了2000年我国农村实现“人人享有卫生保健”目标的12项最低指标,在医疗保障方面,该目标要求各地“集资医疗保障覆盖率”达到50%或60%(依据各地区经济发展水平确定),促进农村医疗保险制度内部机制不断创新与完善。同年,卫生部联合农业部等五部门出台《关于改革和加强农村卫生工作的请示》,着手恢复重建农村医疗保障制度。然而,由于各界对农村医疗保障制度的发展方向——重建“合作医疗”还是建立市场导向的“社会医疗保险制度”——一直存在争议,未能达成共识,最终导致了第一次恢复重建农村医疗保障制度的失败。1996年12月,中共中央、国务院召开了新中国成立以来的第一次全国卫生工作会议,指出农村医疗卫生基础薄弱的现实仍未改观,再次强调了合作医疗对于提高农民健康、发展农村经济的重要性。1997年1月,中共中央、国务院颁发了《关于卫生改革与发展的决定》,要求在民办公助原则指导下,建立“以个人投入为主、集体扶持、政府适当支持”的合作医疗制度,并且鼓励多种形式农村医疗保险制度的建立。为保证《关于卫生改革与发展的决定》贯彻落实,国务院于1997年5月发布《关于发展和完善农村合作医疗的若干意见》,指出:为使农民获得基本的医疗卫生保健服务,不能由国家和集体全包,也不能完全依靠农民个人自费,互助共济的合作医疗之路是可行选择。

(五)城镇居民医疗保险体系建立与新农合制度的发展(1998—2008年)

1998年3月10日,党的九届全国人大一次会议审议通过的《关于国务院机构改革方案的决定》指出,通过调整政府部门职责,在原先“劳动部”基础上重新组建“劳动和社会保障部”，履行社会保障政策制定、基金管理、政策运行和督查实施等职责。劳动和社会保障部的成立标志着我国的社会保障制度作为一项基本的社会制度得到重视和建设。同年 12 月，国务院出台《关于建立城镇职工基本医疗保险制度的决定》（以下简称《决定》），提出实施医疗保险制度改革的任务和具体内容，同时对建立企业补充医疗保险、公务员医疗补助和商业健康保险等也都作了相应的规定。《决定》的出台标志着我国公费医疗和劳保医疗制度被新的职工基本医疗保险所取代；标志着我国从单位医疗保障开始向社会医疗保障转变的历史性变革。

《决定》提出城镇职工医疗保障制度改革的主要任务是：建立一个适应社会主义市场经济体制，根据财政、企业和个人的承受能力，保障职工基本医疗需求的社会医疗保障制度。其进一步强调“基本水平即基本医疗保险水平要与我国社会主义初级阶段的生产力水平相适应，广泛覆盖即保障范围覆盖城镇所有用人单位和职工”。这表明政府只对医疗保障承担有限责任，这相较于前期公费医疗和劳保医疗制度所要求的“雇主提供全面医疗保障”是一项重大突破。

自 1998 年起，我国逐步建立了一个多层次的医疗保障体系：以社会统筹和个人账户相结合的城镇职工基本医疗保险制度为基本核心，同时发展补充医疗保险、社会医疗救助以及商业医疗保险作为辅助。此后，国家相关部门陆续颁布了若干配套政策，对医疗保险定点机构、定点零售药店、用药范围、诊疗项目、医疗服务设施范围和支付标准等方面进行规范。随着各部门对于《决定》的逐步落实及配套政策措施的陆续出台和实施，我国城镇职工基本医疗保险继续稳步发展。

城镇职工基本医疗保险制度的建立使得我国城镇居民基本医疗保险的覆盖率有很大的提升，但城镇非就业人员仍然没有获得相应的制度安排。2004 年，卫生部公布的“第三次国家卫生服务调查”指出，中国城市没有任何医疗保险的人口占比达到 44.8%。为实现基本建立覆盖城乡全体居民的医疗保障体系目标，2007 年 7 月，国务院发布《关于开展城镇居民基本医疗保险试点的指导意见》，明确了试点工作的目标和原则、参保范围和筹资水平及其他配套服务、管理、组织等要求，同时对城镇居民基本医疗保险试点的时间和范围进行了具体部署：2007 年在有条件的省份选择 2—3 个城市启动试点，2008 年扩大试点，2009 年试点城市争取达到 80%，2010 年在全国全面推开，并逐步覆盖全体城镇非从业居民。由此，我国在完善城镇职工基本医疗保险的基础上，开始逐步建立起以大病统筹为主的城镇居民医疗保险。

1998 年后，城镇职工基本医疗保险得到良性运行，但与此同时，农民“看病难”“看病贵”问题却日益凸显。在这一背景下，为缩小我国城乡居民在医疗保障方面的巨大差距，为农村地区人民群众提供更高水平的医疗服务，2001 年 5 月卫生部联合国家计委等多部门出台《关于农村卫生改革与发展的指导意见》，将农村医疗保险制度建设作为农村医疗卫生改革的重要内容。要求各地“根据经济社会发展的不同情况和水平建立不同形式的农村医疗保险制度，探索不同的管理、筹资和待遇支付机制，以保证农民能够获得最基本的、可负担的医疗保健服务”。因此，此时的农村医疗卫生改革本质上仍鼓励农民自愿集资、集体和政府予以适当支持，形成互助共济的医疗保险制度，并没有切实推进农村医疗保险制度创新，也没有予以足够的财力支持。①

2002 年年底，国家在浙江、吉林、湖北、云南 4 省先行恢复农村合作医疗制度。由于在筹资机制、保障水平、统筹层次上都不同于原有的合作医疗制度，因此称作“新型农村合作医疗制度”（以下简称“新农合”）。2003 年，

① 孙淑云、任雪娇：《中国农村合作医疗制度变迁》，《农业经济问题》2018 年第 9 期。

国务院办公厅转发了国家卫生部、财政部、农业部联合发出的《关于建立新型农村合作医疗制度的意见》(以下简称《意见》),规定县级人民政府成立由有关部门和参加合作医疗的农民代表组成的农村合作医疗管理委员会,负责有关组织、协调、管理和指导工作,委员会下设经办机构,负责具体业务工作,人员由县级人民政府调剂解决。《意见》不仅明确了"新农合"制度实行的原则及目标,并对"新农合"资金筹资、管理、支付等具体机制进行细化,同时还提出从2003年开始"新农合"政策试点,并不断完善"新农合"政策实施的配套措施。这也标志着新型农村合作医疗制度开始在全国试点和推广。

历经两年的政策试点,"新农合"制度取得明显成效,试点地区农民"看病难、看病贵""因病致贫"等问题得到有效改善。从2005年开始,中央决定扩大新农合政策试点,逐步扩大农村医保制度覆盖面。对此,卫生部等部门积极出台相关配套政策,推动"新农合"试点扩展。截至2008年,"三农"问题在经济社会发展中的重要位置凸显,政府强调全面推进"新农合"试点,力求在2010年实现"新农合"制度覆盖全体农民。在中央政府的高度重视和地方政府的积极配合下,"新农合"制度提前两年实现了制度"全覆盖",2008年成为"新农合"制度的攻坚与收官之年。

至此,我国覆盖城乡的基本医疗保障体系逐步成型。由城镇职工基本医疗保险制度、城镇居民基本医疗保险制度、社会医疗救助制度及新型农村合作医疗制度共同构成的基本医疗保障体系为建立全民医疗保障体系奠定了坚实的基础。除基本医疗保障外,我国医疗保障体系还包括城乡医疗救助和补充医疗保险。其中前者的主要作用是兜底,资助城乡低保家庭成员、"五保"户参加城镇居民医保或"新农合",并对经济困难家庭人员自负医疗费用进行补助。后者则包括商业健康保险和其他形式的补充医疗保险。主要解决基本医疗保障之外较高层次的医疗需求,以及特定人员的医疗保障问题。

(六)医药卫生体制改革新阶段,全民医保体系不断发展(2009年至今)

2009年,中国启动了新一轮的医药卫生体制改革,围绕"保基本、强基层、建机制"的总体要求,进一步加强基层医疗卫生服务体系建设,使我国的医疗保障体系的发展逐步走上制度化的轨道。除中央政府的持续推动外,我国地方政府也积极出台相应政策,确保医疗保障体系建设顺利进行。

此外,在医疗资源得到充分保障、城乡医保体系不断完善的背景下,中央政府和地方政府近年来不断展开对"整合城乡基本医疗保险制度"的积极探索,尝试农村医保制度与城市医保制度并轨运行。2009年的新医改方案要求"有效整合城乡医保经办资源并逐步统一城乡医保行政管理,探索建立城乡一体化的基本医疗保险制度",首次提出"整合城乡医保"的概念,为整合城乡医保制度提供宏观指导。2012年,党的十八大报告指出"整合城乡基本医疗保险制度是今后一个时期我国社会保障制度改革的重点任务之一,必须……全面整合统一覆盖城乡居民的医疗保障体系",这为"整合城乡医保制度"的具体实施指明了方向。

2016年,中央出台整合城乡医保的首个专门文件《关于整合城乡居民基本医疗保险制度的意见》,开始进行对新农合及城镇居民医保的整合,提出统一两类医保的"六统一",并设计了"时间表"和"路线图",要求"各统筹地区于2016年12月底前出台具体实施方案"。截至2016年年底,全国30个省(直辖市、自治区)和新疆建设兵团印发了关于整合城乡基本医保制度的具体实施方案。

2018年,全国人大会议决定成立"国家医疗保障局",负责对城乡医保进行统一管理。新组建的"国家医疗保障局",不仅将分散于卫生部门的新农合管理职责,人社部门的城镇职工医保、城镇居民医保和生育保险管理职责进行整合,而且对发改委的医疗服务和药品价格管理职责,民政部的医疗救助管理职责进行全面整合。这也标志着整合城乡医保制度全面进入实质性整合的新阶段。2018 年 7 月，国家医保局牵头出台《关于做好 2018 年城乡居民基本医疗保险工作的通知》，从统筹城乡角度对城乡居民医保进行统一部署，要求各级财政新增人均财政补助 40 元，并于 2019 年在全国范围内全面启动、统一实施。

根据国家医疗保障局发布的《2019 年全国医疗保障事业发展统计公报》，截至 2019 年年末，参加全国基本医疗保险 135407 万人，参保率稳定在 95%以上。其中，参加职工医保 32925 万人，参加全国城乡居民基本医疗保险 102483 万人。此外，截至 2019 年年底，农村建档立卡贫困人口参保率达到 99. 9%。医保扶贫综合保障政策惠及贫困人口近 2 亿人次，帮助 418 万因病致贫人口精准脱贫。

三、新中国成立以来医疗卫生资源发展状况

自新中国成立以来，随着国家医疗卫生体系和医疗保障体系的建立和完善，政府、社会和个人的医疗投入不断增长，我国的医疗卫生资源也不断积累，满足广大人民的医疗需求。

（一）财力资源发展状况

卫生总费用指一个国家或地区在一定时期内，为开展卫生服务活动从全社会筹集的卫生资源的货币总额，按《资金来源法》核算，反映了一定经济条件下，政府、社会和居民个人对卫生保健的重视程度和费用负担水平，以及卫生筹资模式的主要特征和卫生筹资的公平性和合理性。如图 5-1

所示,自1978年以来,我国卫生总费用持续呈上升趋势,由1978年的110.2亿元上升至2018年的59121.9亿元。如图5-2所示,人均卫生费用同样增长迅速,由1978年的11.4元上升至2018年的4237.0元,尤其自2009年新医改后增长更快。

卫生总费用占GDP的比重可反映一定时期国家对卫生事业的资金投入力度,以及政府和全社会对卫生、居民健康的重视程度。我国卫生总费用占GDP的比重自1978年起的3.0%波动上升至2018年的6.6%,但增幅较小、增速较缓慢、整体水平仍较低(如图5-1所示)。

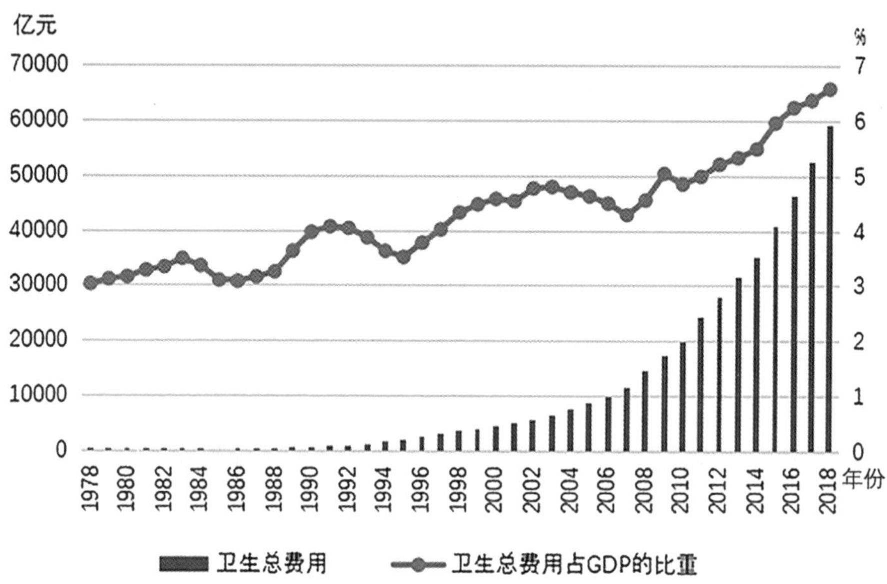

图5-1　1978—2018年卫生总费用和卫生总费用占GDP的比重

数据来源:《中国卫生统计年鉴》。

按来源分,我国卫生总费用构成为政府、社会、个人三方面。政府卫生支出指各级政府用于医疗卫生服务、医疗保障补助、卫生和医疗保障行政管理、人口与计划生育事务性支出等各项事业的经费。社会卫生支出指社会

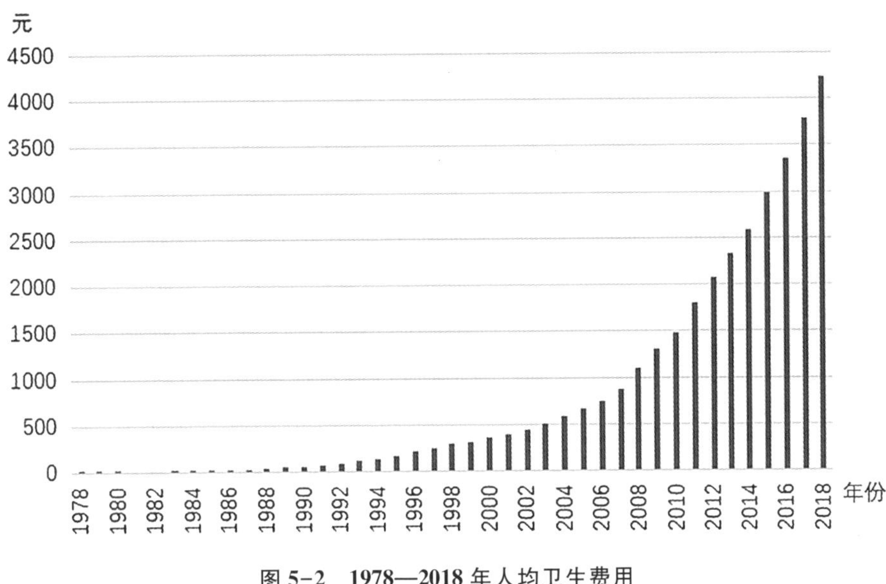

图 5-2　1978—2018 年人均卫生费用

数据来源:《中国卫生统计年鉴》。

各界对卫生事业的资金投入,包括社会医疗保障支出、商业健康保险费、社会办医支出、社会捐赠援助、行政事业性收费收入等。个人现金卫生支出指城乡居民在接受各类医疗卫生服务时的现金支付,包括享受各种医疗保险制度的居民就医时自付的费用。自 1986 年起,政府卫生支出所占比例开始显著下降,于 2000 年左右下降至最低点 15. 5%并开始有回升迹象,2006 年后开始加速、大幅度上升,近几年趋于平稳。政府卫生支出占比的变化与我国医疗改革进程吻合,其数据变化节点可以反映我国 1985 年、2006 年两次医疗卫生领域改革的时间点。社会卫生支出占比自 1978 年以来同样先降后升,整体变化趋势与政府类似。个人卫生支出占比在 1978—2001 年间波动上升,甚至在 2001 年达到了 60. 0%,随后开始逐渐下降。2018 年,政府、社会、个人卫生支出占卫生总费用的百分比分别为 27. 7%、43. 7%和 28. 6%,负担程度较为平均,社会对医疗卫生财力资源的支撑作用最显著。

（二）物力资源发展状况

医疗卫生机构包括医院、基层医疗卫生机构、专业公共卫生机构和其他医疗卫生机构（见表 5-1）。如图 5-3 所示，我国医疗卫生机构总数从 1949 年的 3670 个上升至 2018 年的 99.7 万个。由于统计口径的调整，1981 年起，村卫生室不再单独计算，归入医疗卫生机构总数，故 1981 年医疗卫生机构总数经历一次骤增。

表 5-1　医疗卫生机构分类

类别	涵盖机构
医院	综合医院、中医医院、专科医院等
基层医疗卫生机构	社区卫生服务中心（站）、乡镇卫生院、村卫生室、门诊部（所）等
专业公共卫生机构	疾病预防控制中心、专科疾病防治院（所/站）、妇幼保健院（所/站）、卫生监督所（中心）等
其他医疗卫生机构	疗养院、医学科研卫生机构等

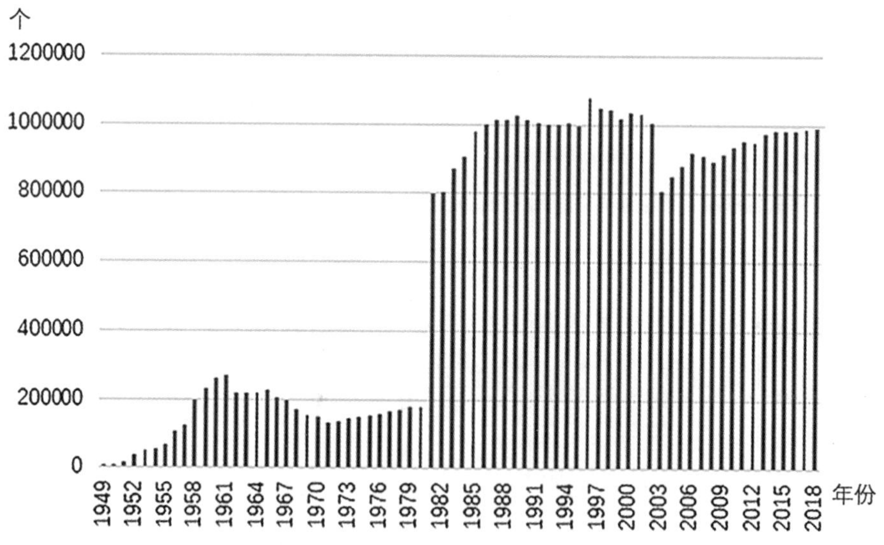

图 5-3　1949—2018 年医疗卫生机构数

数据来源：《中国卫生统计年鉴》。

2018 年，医院数、基层医疗卫生机构数、专业公共卫生机构数占全部医疗卫生机构的比例分别为 3.3%、94.9%和 1.8%，基层医疗卫生机构在数量上占绝对主体地位。其中，基层医疗卫生机构以村卫生室为主，2018 年，99.7 万个医疗卫生机构中有 94.4 万个为村卫生室。

如图 5-4 所示，我国各类医疗卫生机构床位总数自新中国成立以来总体呈增长趋势，尤其自 2006 年左右起增长速度加快，由 1949 年的 8.5 万张上升至 2018 年的 840.4 万张。其中，医院床位数与医疗卫生机构床位总数的增长路径类似，由 1949 年的 8.0 万张上升至 2018 年的 652.0 万张。

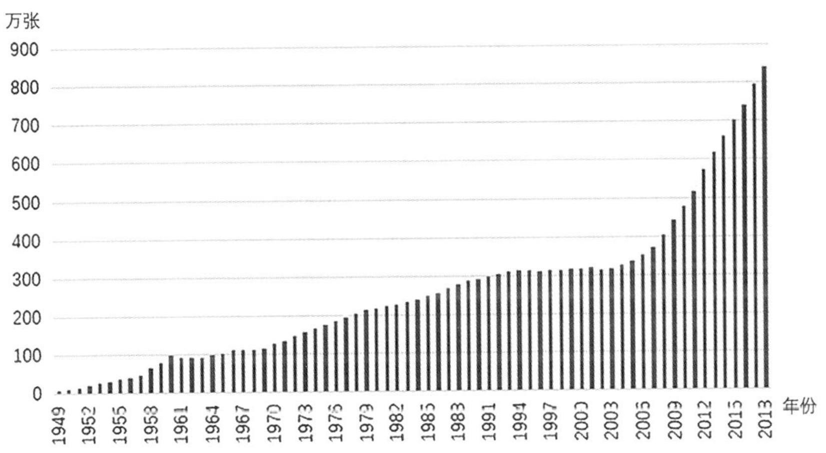

图 5-4　1949—2018 年医疗卫生机构床位总数

数据来源：《中国卫生统计年鉴》。

（三）人力资源发展状况

1949 年以来，我国卫生技术人员总量在大部分年份中保持稳步上升趋势，尤其 2002 年以后增长速度加快，2019 年年末全国卫生技术人员共 1015.4 万人，相比上年增长 6.6%。卫生技术人员包括执业（助理）医师、注册护士、药师、检验师 4 类人员。其中，执业（助理）医师数量稳步增长，2019 年达到 386.7 万人，但其在 2001—2002 年经历一次显著的下降，这可能源于统计口径的调整,2002 年以前,执业(助理)医师数按实际在岗的医生统计,而 2002 年后则按取得医师执业证书的人数统计(不含未取得执业医师证书的见习医师)。注册护士数量也曾在 2002 年经历过一次统计口径的调整,由 2002 年以前按实际在岗的护士统计转变为 2002 年后按注册数统计,但这种调整仅对其数量造成了较为轻微的冲击,注册护士数在 2005 年以前基本保持稳步增长态势,2005 年后其增长速度迅速加快,到 2013 年几乎与执业(助理)医师数持平并在 2014 年实现了医护比的扭转,解决了我国长期以来存在的医护比倒置问题,2019 年,我国注册护士数量为 444.5 万人。在注册护士数量不断快速上升的同时,我国护理服务质量也不断提高,护理服务能力的提升不但在重大突发公共卫生和自然灾害事件的医疗救治中发挥重大作用,且随着疾病谱变化和人口老龄化进程的加快,许多护士逐渐从医院走进社区和家庭,进入护理院等延续性医疗机构,为患者提供慢病管理、长期护理等服务,拓展了护理服务的边界。

四、我国医疗卫生资源配置存在的问题

我国的医疗卫生体系和医疗保障体系对提高我国人民的健康水平发挥了巨大的作用。但是随着人民生活水平的持续增长,疾病谱也在发生变化,对医疗资源的需求也在不断提高。总体而言,我国目前的医疗卫生资源配置仍存在一些不足。①②

① 李晓雪等:《我国医疗卫生资源配置现状与政策建议》,《中国医院管理》2016 年第 11 期。

② 王文娟、曹向阳:《增加医疗资源供给能否解决“看病贵”问题?——基于中国省际面板数据的分析》,《管理世界》2016 年第 6 期。

（一）医疗卫生资源负荷较重

医院医师日均担负诊疗人次为诊疗人次数除以平均执业（助理）医师人数和日历天数后的商，医院医师日均担负住院床日为实际占用总床日数除以平均执业（助理）医师人数和日历天数后的商，两指标均可反映医院医师的工作负担量。自2011年以来，两指标均无显著变化。2018年，医院医师日均担负住院床日分别为公立医院2.6床日和私立医院2.3床日，差别并不太大。但是，公立医院医师的诊疗负担相对更重，2018年公立医院医师日均担负诊疗人次为7.5人次，而民营医院则为5.0人次。

病床使用率是实际占用的总床日数与实际开放的总床日数之比，其值可以反映病床的工作负荷情况。如图5-5所示，我国近年来病床使用率长期维持在较高水平，2018年，医院病床使用率为84.2%，综合医院病床使用率更是高达93.5%。美国国家卫生计划指导方针规定综合医院最低平均

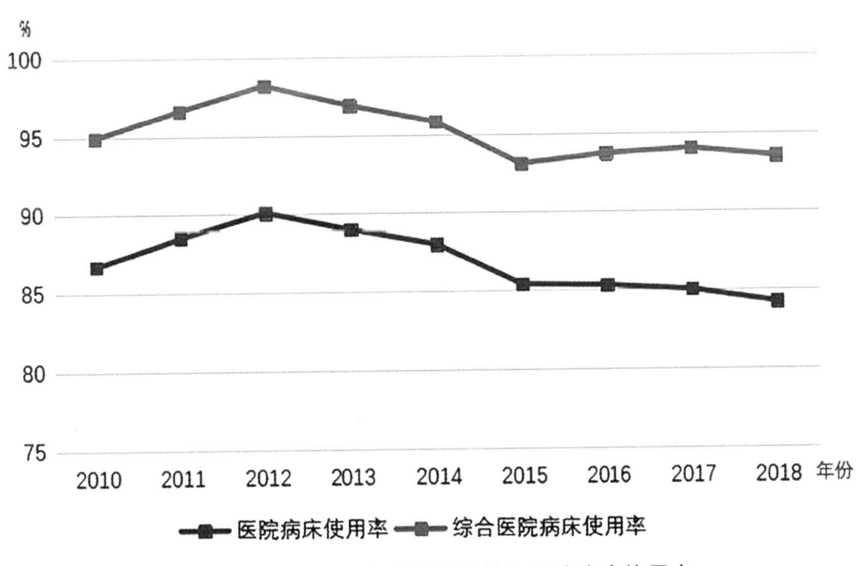

图5-5　2010—2018年医院及综合医院病床使用率

数据来源：《中国卫生统计年鉴》。

床位使用率为80%，产科为75%，儿科根据规模大小自65%—75%不等。相比我国较高的病床使用率，美国病床使用率长期以来维持在70%以下，2017年为65.9%。

（二）医疗卫生资源“倒三角”情况恶化

为了提高医疗资源的配置效率，医疗资源在纵向上应呈“正三角形”配置，即高层级的医疗机构（各级医院等）医疗资源相对较少，低层级的医疗机构（社区医疗卫生所等）医疗资源相对较多。尽管我国自2009年新医改以来加速推进分级诊疗以促进各级各类医疗资源在纵向上合理配置，然而其实践却距离“分级有序就医格局”的目标存在偏差，医疗资源以医院为中心、在纵向上呈“倒三角形”配置仍然是我国医疗资源配置中的突出问题。

尽管医院和基层医疗卫生机构的数量对比悬殊——2018年，医院和基层医疗卫生机构分别占医疗机构总数的3%和95%，但医院占有的人力、物力资源均显著高于基层医疗卫生机构。医院的卫生技术人员数和执业医师数均为基层医疗卫生机构的2倍以上，医院的床位数、万元以上设备台数分别为基层医疗卫生机构的4倍、7倍。且从年增长率看，自2009年新医改以来，医院各类医疗卫生资源的年增长均快于基层医疗卫生机构，医疗人员配置、医疗设备配置的“倒三角”情况恶化。

（三）医疗卫生资源城乡分布不均

首先，城乡医疗卫生资源占有差距显著。从人均卫生费用、每千人口医疗卫生机构床位数、每千人口卫生技术人员数三个指标看，城市拥有的三种医疗卫生资源均显著高于农村，尽管近年来其差距有缩小的趋势，但城市各项指标与农村相应指标的比值仍均为2倍左右。

其次，即使在城市内部，医疗卫生资源的分布也并未达到均衡。居住于城市中心的居民往往以最少的人口占据着最丰富的医疗资源，优质的医疗机构、高水平的医疗人才、精良的诊疗技术和先进的医疗设备在城市中心圈层集聚，使得城市中心的医疗卫生资源无论在数量，还是质量上均远远胜过郊区和外围圈层。且随着人们对医疗服务需求越来越趋于“高精尖优”需求层次，故在地域和经济可及范围之内，往往更倾向于前往高水平医疗机构就诊，这造成了城市中心与外围医疗资源利用程度的差异，位于城市边缘的医疗机构可能会陷入诊疗人次不足、医疗资源利用程度低、医疗服务水平低的恶性循环。许多学者通过实证研究证实了医疗资源在城市内部的不均衡分布，如张录法利用 2010—2016 年上海市 16 个区的医疗资源数据，发现虽然医疗机构在上海各区分布较为均匀，但床位数、卫生技术人员数的配置情况呈现出“中心区强、郊区弱”的特点，不均衡性在恶化①；刘诗逸和刘毅发现成都市医疗资源分布呈现出中心、外围高，中间低的“波浪形”布局，优质医疗资源的分布尤为不均衡②。

五、国际比较和发展展望

医疗服务是全球各国政府与居民关注的重要问题之一，不同国家在提供医疗服务方面展现出不同的规律。医疗服务体系方面，不同国家的医疗服务提供方案呈现较大差异，许多国家进行过或正在进行医疗改革。美国、法国、英国等欧美发达国家的医疗服务体系建设较早，目前已形成较为完

① 张录法：《中国大都市区域医疗资源配置的均衡性及优化研究》，《南京社会科学》2019 年第 2 期。

② 刘诗逸、刘毅：《分级诊疗背景下成都市不同圈层医疗资源分布与利用分析》，《中国卫生事业管理》2020 年第 5 期。

整、稳定的医疗服务体系。① 以日本与韩国为代表的亚洲发达国家,在第二次世界大战后也逐渐建立起现代医疗服务体系。以印度、巴西等为代表的新兴市场国家正在进行不同程度的医疗改革,试图优化本国的医疗资源分配。②③

(一)医疗资源比较

从各国医疗资源总量来看,我国执业医师总数在 2017 年达到 282.90 万人,远超其他国家;并且近 20 年来呈现快速上升的趋势。美国、日本等发达国家由于医疗服务体系发展较早,执业医师数量趋于平稳。印度和巴西作为正在发展中的大国,执业医师总量也呈现出较为明显的上升趋势,但总量仍远低于我国,在 2018 年分别达到 115.93 万人和 45.34 万人。

我国是人口大国,虽然医疗总资源远高于其他国家,但是从人均医疗资源来看仍然比较缺乏。日本和韩国每万人床位数量较高,均可达到 100 张。德国、法国每万人床位数较为接近,在 2012 年分别达到 82 张和 65 张。我国每万人床位数远远低于日本、韩国、德国、法国等发达国家,到 2012 年我国每万人床位数仅为 42 张,与澳大利亚、美国、英国较为接近,高于印度与巴西。

我国每万人执业医师数量虽然总体保持持续上升的趋势,但是与发达国家相比仍然处于较低水平:2017 年德国、法国、澳大利亚每万人执业医师数量分别为 42.49 人、32.57 人、36.78 人,同时期我国仅为 19.80 人,仍然

---

① 李蕾等:《医疗卫生服务模式与资源配置的国际比较》,《管理评论》2017 年第 3 期。

② 代涛等:《医疗卫生服务体系整合:国际视角与中国实践》,《中国卫生政策研究》2012 年第 9 期。

③ 邓峰等:《我国与发达国家医疗资源和卫生费用比较分析》,《中国卫生经济》2014 年第 2 期。

远远低于发达国家。同时，许多国家的每万人执业医师数量也呈现了明显的上升趋势，这表明随着医疗技术的进步和医疗需求的增加，发达国家与新兴市场国家仍在持续不断地增加医疗资源供给。

（二）医疗服务体系比较

医疗卫生服务提供方面，可大体分为政府部门、公立医疗机构、私立医疗机构这三大主体。各个国家的福利制度、医疗服务市场发展程度不同，因此这三大主体的作用也不尽相同。从整体来看，除美国以外的发达国家已基本建立完善、成熟的全民医疗服务体系，其中政府部门提供部分医疗服务并且承担管理的职责。美国目前仍然以私人机构为主提供医疗服务，政府的作用相比英国、德国、日本等国较小。巴西、印度等发展中国家也力图实现公立医疗与私立医疗同时发展。整体来看，各国都在进行不同程度的医疗体制改革，试图将政府与市场进行有机结合，在保证全民医疗需求的基础上实现医疗服务市场的繁荣。

以英国、日本为代表的欧洲发达国家的医疗体制主要以政府为主导，例如英国由国家医疗卫生服务体系（National Health Service，NHS）提供全民医疗服务，分为三个管理等级，第一层为社区基础医疗系统，第二层为社区全科诊所，第三层为城市综合性医院，医疗服务体系非常完善。日本主要由厚生劳动省负责国民健康、医疗保险、医疗服务提供、药品和食品安全、社会保险和社会保障、劳动就业、弱势群体社会救助等，具有重要的社会作用。在医疗保障方面，英国实行全民免费医疗制度，费用主要由政府提供，私人医疗保险作为补充；日本的医疗保险由雇员健康保险制度、国民健康报销制度等多个制度共同组成，可覆盖全民。

美国市场经济发达，在医疗体制上仍然秉承这一思路，医疗卫生服务市场上的供给侧以私营医疗机构为主。联邦政府与各州政府主要为老年人、病人、残疾人、贫困人口以及失业人口提供医疗援助。医疗保障方面，美国长久以来未形成全民医疗保障体系，这与大部分发达国家不同。1912 年，美国总统罗斯福首次提出"建立全民医保体系"，之后被多位总统提到。奥巴马上任以来，大力推行构建美国全民医保体系，于 2010 年签署了医疗保险改革法案。但是，目前医疗保险市场上私人医疗保险仍然占据主导地位，其中以企业为其雇员购买的医疗保险为主。

（三）发展展望——建设以人民健康为中心的医疗卫生体系

我国医疗资源呈现"整体多，人均少"的鲜明特征，与发达国家相比仍然存在一定差距。同时，随着我国人口结构的变化、疾病谱的变化和公共卫生环境的变化，我国医疗体系的合理布局和有效利用也面临着更为严峻的挑战。随着全面小康的实现和共同富裕新发展目标的提出，让全国人民享有更先进、更充裕、更公平、更满意的医疗资源是医疗体系的发展目标，为此我国也一直在持续推进医疗卫生体系的改革。

2018 年国家卫生健康委员会发布了《关于坚持以人民健康为中心推动医疗服务高质量发展的意见》，提出要坚持以人民为中心的发展理念，以实施健康中国战略为主线，充分调动并发挥医务人员积极性、主动性，大力推动医疗服务高质量发展，保障医疗安全。2020 年年初新冠疫情的暴发让我国的医疗卫生系统经受了一次重大的考验。2020 年 7 月，国务院办公厅下发《关于印发深化医药卫生体制改革 2020 年下半年重点工作任务的通知》，提出要坚持以人民为中心的发展思想，坚持保基本、强基层、建机制，统筹推进深化医改与新冠疫情防治相关工作，把以预防为主摆在更加突出的位置，补短板、堵漏洞、强弱项，继续着力推动把以治病为中心转变为以人民健康为中心，深化医疗、医保、医药联动改革，继续着力解决"看病难、看病贵"问题，为打赢疫情防控的人民战争、总体战、阻击战，保障人民生命安全和身体健康提供有力支撑。

2021 年 5 月，国务院办公厅下发了《关于印发深化医药卫生体制改革 2021 年重点工作任务的通知》，要求进一步推广医改经验，加快推进医疗、医保、医药联动改革；促进优质医疗资源均衡布局，完善分级诊疗体系；坚持预防为主，加强公共卫生体系建设。2022 年 2 月，国务院发布《国家疾病预防控制局职能配置、内设机构和人员编制规定的通知》和《关于调整国家卫生健康委员会职能配置、内设机构和人员编制的通知》，对我国公共卫生管理体系做了重大调整，以进一步加强公共卫生体系的建设。这些改革措施显示了我国政府对人民健康工作的重视，我国人民也将在更有力的医疗卫生体系的保障下践行共同健康的新发展理念。

（中国人民大学应用经济学院学生肖寒、蔡宇涵和王飞扬也参与了本文的撰写）

第六讲　中国减贫实践与成就

谢伦裕

中国人民大学应用经济学院教授，博士生导师，和平与发展研究所所长

缓解和消除贫困，最终实现共同富裕，是社会主义的本质要求，也是中国共产党的历史责任。坚持共享发展，努力增强人民群众的获得感与幸福感，既体现了共同富裕的基本价值取向，又体现了全面建成小康社会的必然要求和社会主义制度的优越性，是对社会主义本质要求的时代诠释。1949年新中国成立以来，中国建立起了社会主义制度，为消除贫困奠定了坚实的政治基础和制度基础。1978年改革开放以来，中国取得了持续、高速的经济增长"奇迹"，大多数人口也因此享受到了开放和全球化的增长红利，经济条件和生活水平获得显著改善，带动减贫工作取得巨大成就。1986年后，我国开始实行有组织、有计划、大规模的开发性扶贫。2012年党的十八大以来，以习近平同志为核心的党中央把扶贫工作摆在治国理政的突出位置，全面打响脱贫攻坚战，提出在2020年实现现行标准下的全面脱贫的宏

伟目标。本讲主要内容包括回顾了新中国成立以来的扶贫历程和扶贫实践，重点介绍党的十八大以来脱贫攻坚和精准扶贫体系，展现我国扶贫实践创造的历史性成就。

一、新中国成立以来的扶贫历程

（一）1949年新中国成立至改革开放前

1949年新中国成立时，我国经济基础十分薄弱，人均国民收入仅为27美元，大多数人口处于绝对贫困状态。为快速扭转国家贫困落后的局面，恢复经济生产和发展，中国共产党领导建立了基本的社会主义制度，大力发展社会生产力，初步形成基本的社会救助和社会保障体制。这一阶段虽然没有明确提出减贫政策，但社会主义基本制度的建立和社会保障制度及社会救助体系的初步形成在广义上为消除贫困奠定了根本的政治前提和制度基础。

新中国成立初期，由中国共产党领导对农业、手工业和资本主义工商业进行社会主义改造，实现了把生产资料私有制转变为社会主义公有制的目标，初步确立了社会主义基本制度，极大地解放和促进了生产力的发展。1950年，在农村开展土地改革，废除地主阶级封建剥削的土地所有制，实行农民土地所有制，约3亿无地和少地的农民分得土地。1953年，开展农业合作化运动，推动农业生产走上合作经济发展道路，建立了以人民公社为组织形式的农村公有制经济体制。广大农民在党中央的领导下兴建水利灌溉设施、改善交通条件，为农业生产创造了必要的基础设施条件。在大力发展生产力的同时，我国也初步建立了社会保障和社会救助制度，加大医疗卫生投入，构建"五保"供养制度、最低生活保障制度和特困人口救济制度等，对丧失劳动能力、没有生活来源、无人赡养的群体实施救济式扶贫，通过提供物资或现金，帮助贫困群体维持基本的生活需要。

（二）1978 年（改革开放）至 1985 年

1978 年，党的十一届三中全会开启了改革开放新阶段，减贫实践也进入以农村经济制度改革带动减贫脱贫的新阶段。农村实行家庭联产承包责任制，取代原有的人民公社制度，将农村土地的所有权与经营权分离；改革原有的农产品统购统销制度，提高部分农产品的收购价格；大力发展乡镇企业，鼓励农村劳动力务工。这些政策措施极大地解放了农村生产力，调动了农业生产的积极性，提高了农业生产的附加值，促进了农村劳动力向非农领域流动，推动了农村经济的快速发展，农村贫困状况得到有效改善。

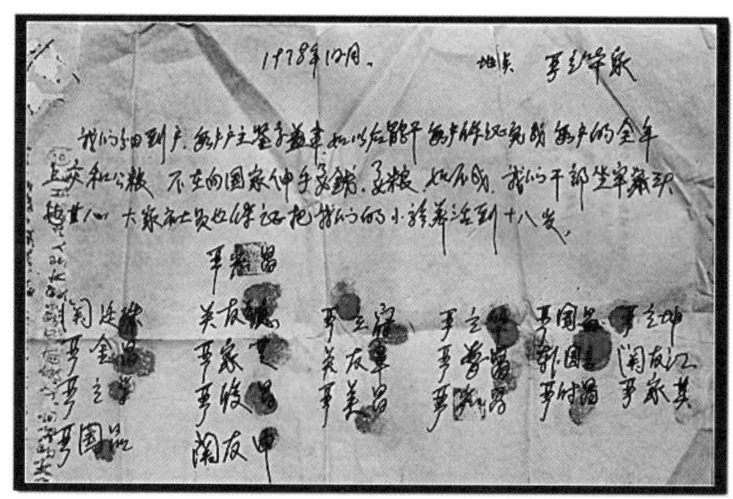
1978年12月。 地点 严立华家

我们分田到户，每户户主签字盖章，如以后能干，每户保证完成每户的全年上交和公粮，不在向国家伸手要钱要粮。如不成，我们干部坐牢杀头也甘心，大家社员也保证把我们的小孩养活到十八岁。

图 6-1　1978 年 10 月，安徽省凤阳县小岗村 18 户农民摁下红手印的土地承包责任书

图片来源：新华网。

按照1978年贫困标准(人均纯收入200元),从1978年到1985年,我国贫困人口规模从2.5亿人减少到1.25亿人,贫困发生率从30.7%降低至14.8%,年均减贫1786万人。按照现行的2010年贫困标准(人均纯收入2300元),1978年到1985年期间,我国农村贫困人口规模从7.7亿人减少到6.61亿人,贫困发生率从97.5%降低至78.3%,年均减贫1563万人。

在此期间,农村居民人均可支配收入由133.57元增长到1985年的397.6元,增长了近2倍,扣除价格因素后增长1.27倍;农村居民人均消费支出从1978年的116.06元增长到1985年的317.42元,增长了1.73倍,扣除价格因素后增长1.09倍。农业生产获得飞速发展,各类农产品的人均产量获得大幅提高。根据国家统计局数据,从1978年到1985年,农村人均粮食产量增长13.16%,人均棉花产量增长74.0%,人均油料产量增长175.1%,肉类增长85.1%。

(三)1986年至2000年

1986年6月,国务院成立贫困地区经济开发领导小组(1993年更名为国务院扶贫开发领导小组)作为专门的扶贫开发领导机构,加强了扶贫工作的组织保障,制定了206元的绝对贫困标准作为扶贫标准(此后随物价波动调整)。针对区域发展不平衡问题,确立了以贫困地区为重点的有计划、有针对性的扶贫开发政策。划定重点扶持区域,以县为基本单位开展扶贫工作,将全国范围内331个县确定为国家级贫困县(1988年增加至370个)。农村贫困地区的脱贫工作从单纯救济式扶贫向经济开发式扶贫转变,扶贫工作进入新的发展阶段。利用贫困地区当地的资源优势,优化农业生产结构,背靠资源,面向市场,开发新兴农业产业,发展商品经济,为贫困户提供就业机会,提高贫困人口收入水平。中央和地方预算安排财政扶贫资金,实施税收优惠、财政转移支付等政策,拉动贫困地区经济增长。加强贫困地区基础设施建设，改善农村基本生产生活条件，帮助农民发展农业生产，促进区域经济发展。

1994年，国务院颁布《国家八七扶贫攻坚计划》，将国家级贫困县调整到592个，提出从1994年至2000年，集中人力、物力和财力，动员社会各界力量，力争7年左右的时间解决全国农村8000万贫困人口的温饱问题。到2000年年底，“国家八七扶贫攻坚计划”的目标基本实现，农村贫困人口大幅度减少，贫困地区群众温饱问题基本得到解决。

在此期间，我国农村居民人均可支配收入从1985年的397.6元提高到2000年的2282.12元，扣除价格因素后增长73%，农村居民人均消费性支出从1985年的317.42元增长到2000年的1670.13元，扣除价格因素后增长60%。到2000年年底，“国家八七扶贫攻坚计划”目标基本实现。按照1978年的贫困标准，农村贫困人口由1985年的1.25亿人减少到2000年的3209万人，年均减贫619万人，贫困发生率从14.8%降低至3.5%。按照现行的贫困标准，1985年至2000年，农村贫困人口从6.61亿人减少到4.62亿人，年均减贫1325万人，贫困发生率从78.3%降低至49.8%。中国农村贫困地区生产生活条件、办学条件、群众文化生活得到改善。

（四）2001年至2012年

进入21世纪，我国先后实施了2个为期10年的“中国农村扶贫开发纲要”，继续集中力量进行开发式扶贫。2001年，国务院发布《中国农村扶贫开发纲要（2001—2010年）》，对10年扶贫开发的奋斗目标、基本方针、对象与重点、内容和途径以及政策保障作了明确规定，要求按照集中连片的原则，把贫困人口集中的中西部少数民族地区、革命老区、边疆地区和特困地区作为扶贫开发的重点，把贫困地区尚未解决温饱问题的贫困人口作为扶贫开发的首要对象，同时继续帮助初步解决温饱问题的贫困人口增加收入，

图 6-2 1998 年 9 月 18 日,河南省三门峡市卢氏县文峪乡大石河村村民屋顶上架设的"卫星锅盖"

图片来源:《中国青年报》,http://news.cyol.com/gb/articles/2021-02/28/content_evBm0u4o4.html。

进一步改善贫困地区的基本生产生活条件,巩固扶贫成果。2011 年年底,中共中央、国务院出台《中国农村扶贫开发纲要(2011—2020 年)》,在第二个十年"开发纲要"中提出,到 2020 年,稳定实现扶贫对象不愁吃、不愁穿,保障其义务教育、基本医疗和住房,贫困地区农民人均纯收入增长幅度高于全国平均水平,基本公共服务主要领域指标接近全国平均水平,扭转发展差距扩大的趋势。

在此期间,我国确定了 14.8 万个贫困村,国务院扶贫办以贫困村为重点扶贫对象,推动我国扶贫工作进入整村推进式扶贫阶段。扶贫资金、扶贫政策以及扶贫项目直接向贫困村倾斜,改善了贫困村的生活条件,提高了贫困村的收入水平。2011 年中央扶贫开发工作会议上,中央上调扶贫标准,

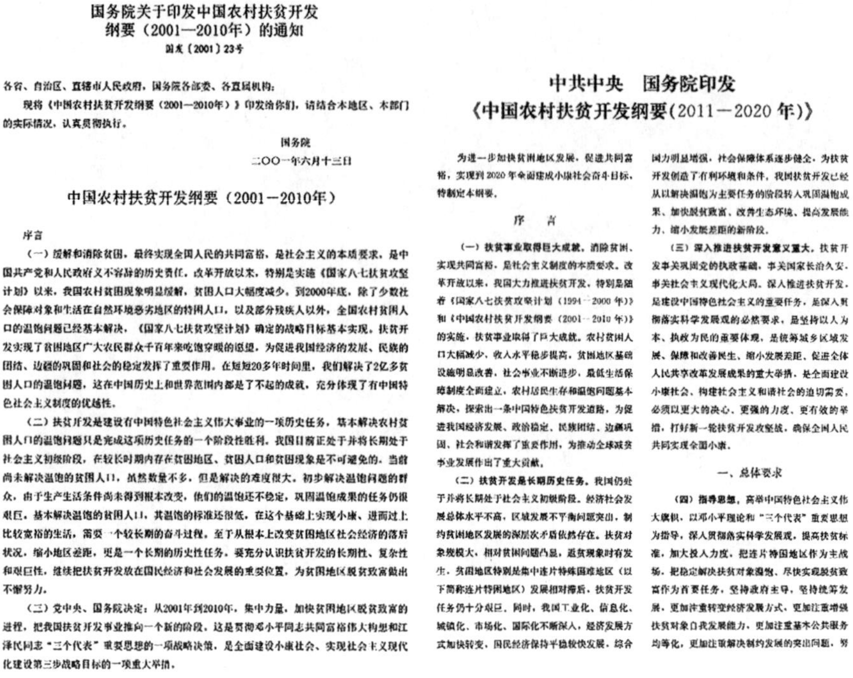

国务院关于印发中国农村扶贫开发纲要（2001—2010年）的通知

国发〔2001〕23号

各省、自治区、直辖市人民政府，国务院各部委、各直属机构：

现将《中国农村扶贫开发纲要（2001—2010年）》印发给你们，请结合本地区、本部门的实际情况，认真贯彻执行。

国务院

二〇〇一年六月十三日

中国农村扶贫开发纲要（2001－2010年）

序言

（一）缓解和消除贫困，最终实现全国人民的共同富裕，是社会主义的本质要求，是中国共产党和人民政府义不容辞的历史责任。改革开放以来，特别是实施《国家八七扶贫攻坚计划》以来，我国农村贫困现象明显缓解，贫困人口大幅度减少。到2000年底，除了少数社会保障对象和生活在自然环境恶劣地区的特困人口，以及部分残疾人以外，全国农村贫困人口的温饱问题已经基本解决，《国家八七扶贫攻坚计划》确定的战略目标基本实现。扶贫开发实现了贫困地区广大农民群众千百年来吃饱穿暖的愿望，为促进我国经济的发展、民族的团结、边疆的巩固和社会的稳定发挥了重要作用。在短短20多年时间里，我们解决了2亿多贫困人口的温饱问题，这在中国历史上和世界范围内都是了不起的成就，充分体现了有中国特色社会主义制度的优越性。

（二）扶贫开发是建设有中国特色社会主义伟大事业的一项历史任务，基本解决农村贫困人口的温饱问题只是完成这项历史任务的一个阶段性胜利。我国目前正处于并将长期处于社会主义初级阶段，在较长时期内存在贫困地区、贫困人口和贫困现象是不可避免的。当前尚未解决温饱的贫困人口，虽然数量不多，但是解决的难度很大。初步解决温饱问题的群众，由于生产生活条件尚未得到根本改变，他们的温饱还不稳定，巩固温饱成果的任务仍很艰巨。基本解决温饱的贫困人口，其温饱的标准还很低，在这个基础上实现小康、进而过上比较宽裕的生活，需要一个较长期的奋斗过程。至于从根本上改变贫困地区社会经济的落后状况，缩小地区差距，更是一个长期的历史性任务。要充分认识扶贫开发的长期性、复杂性和艰巨性，继续把扶贫开发放在国民经济和社会发展的重要位置，为贫困地区脱贫致富做出不懈努力。

（三）党中央、国务院决定：从2001年到2010年，集中力量，加快贫困地区脱贫致富的进程，把我国扶贫开发事业推向一个新的阶段。这是贯彻邓小平同志共同富裕伟大构想和江泽民同志"三个代表"重要思想的一项战略决策，是全面建设小康社会、实现社会主义现代化建设第三步战略目标的一项重大举措。

中共中央　国务院印发

《中国农村扶贫开发纲要（2011－2020年）》

为进一步加快贫困地区发展，促进共同富裕，实现到2020年全面建成小康社会奋斗目标，特制定本纲要。

序　言

（一）扶贫事业取得巨大成就。消除贫困、实现共同富裕，是社会主义制度的本质要求。改革开放以来，我国大力推进扶贫开发，特别是随着《国家八七扶贫攻坚计划（1994－2000年）》和《中国农村扶贫开发纲要（2001－2010年）》的实施，扶贫事业取得了巨大成就。农村贫困人口大幅减少，收入水平稳步提高，贫困地区基础设施明显改善，社会事业不断进步，最低生活保障制度全面建立，农村居民生存和温饱问题基本解决，探索出一条中国特色扶贫开发道路，为促进我国经济发展、政治稳定、民族团结、边疆巩固、社会和谐发挥了重要作用，为推动全球减贫事业发展作出了重大贡献。

（二）扶贫开发是长期历史任务。我国仍处于并将长期处于社会主义初级阶段。经济社会发展总体水平不高，区域发展不平衡问题突出，制约贫困地区发展的深层次矛盾依然存在。扶贫对象规模大，相对贫困问题凸显，返贫现象时有发生，贫困地区特别是集中连片特殊困难地区（以下简称连片特困地区）发展相对滞后，扶贫开发任务仍十分艰巨。同时，我国工业化、信息化、城镇化、市场化、国际化不断深入，经济发展方式加快转变，国民经济保持平稳较快发展，综合国力明显增强，社会保障体系逐步健全，为扶贫开发创造了有利环境和条件。我国扶贫开发已经从以解决温饱为主要任务的阶段转入巩固温饱成果、加快脱贫致富、改善生态环境、提高发展能力、缩小发展差距的新阶段。

（三）深入推进扶贫开发意义重大。扶贫开发事关巩固党的执政基础，事关国家长治久安，事关社会主义现代化大局。深入推进扶贫开发，是建设中国特色社会主义的重要任务，是深入贯彻落实科学发展观的必然要求，是坚持以人为本、执政为民的重要体现，是统筹城乡区域发展、保障和改善民生、缩小发展差距、促进全体人民共享改革发展成果的重大举措，是全面建设小康社会、构建社会主义和谐社会的迫切需要，必须以更大的决心、更强的力度、更有效的举措，打好新一轮扶贫开发攻坚战，确保全国人民共同实现全面小康。

一、总体要求

（四）指导思想。高举中国特色社会主义伟大旗帜，以邓小平理论和"三个代表"重要思想为指导，深入贯彻落实科学发展观，提高扶贫标准，加大投入力度，把连片特困地区作为主战场，把稳定解决扶贫对象温饱、尽快实现脱贫致富作为首要任务，坚持政府主导，坚持统筹发展，更加注重转变经济发展方式，更加注重增强扶贫对象自我发展能力，更加注重基本公共服务均等化，更加注重解决制约发展的突出问题，努

图6-3　《中国农村扶贫开发纲要（2001—2010年）》和《中国农村扶贫开发纲要（2011—2020年）》

将农民年人均纯收入2300元作为新的国家扶贫标准，更多低收入人口纳入扶贫范围。

在现行贫困标准下，从2000年至2012年，我国农村贫困人口从4.62亿人减少至9899万人，年均减贫3025万人，贫困发生率从49.8%降低至10.2%。

根据国家统计局开展的国家扶贫重点县贫困监测调查数据，2000年至2010年，扶贫重点县农村居民人均总收入从1840.65元增长到4517.7元，扣除价格因素后增长99%；人均总收入从1337.83元增长到3272.8元，扣除价格因素后增长98%；人均消费性支出从1040.65元增长到2662元，扣

除价格因素后增长107%。

（五）2012年以来新时代精准扶贫

党的十八大以来，党中央把扶贫开发工作纳入“四个全面”战略布局，作为实现第一个百年奋斗目标的重点工作，开创了扶贫开发事业新局面。2013年11月，习近平总书记在湖南湘西考察时首次提出了“精准扶贫”概念，对扶贫工作作出“实事求是、因地制宜、分类指导、精准扶贫”的重要指示。在总结以往扶贫实践经验的基础上，我国农村扶贫工作进入攻坚克难的精准扶贫阶段。2014年以来，中央先后出台了《国务院关于印发“十三五”脱贫攻坚规划的通知》《中共中央国务院关于打赢脱贫攻坚战的决定》《中共中央国务院关于打赢脱贫攻坚战三年行动指导意见》等系列文件，提出要坚决打赢脱贫攻坚战，确保到2020年所有贫困地区和贫困人口一道迈入全面小康社会。

二、新时代精准扶贫实践

（一）精准扶贫新体制

精准扶贫、精准脱贫的基本要求和主要途径是“六个精准”（见图6-4）和“五个一批”（见图6-5），即“扶贫对象精准、项目安排精准、资金使用精准、措施到户精准、因村派人精准、脱贫成效精准”和“发展生产脱贫一批、易地扶贫搬迁脱贫一批、生态补偿脱贫一批、发展教育脱贫一批、社会保障兜底一批”。

与过去传统的扶贫任务相比，精准扶贫工作对贫困户信息准确性、扶贫

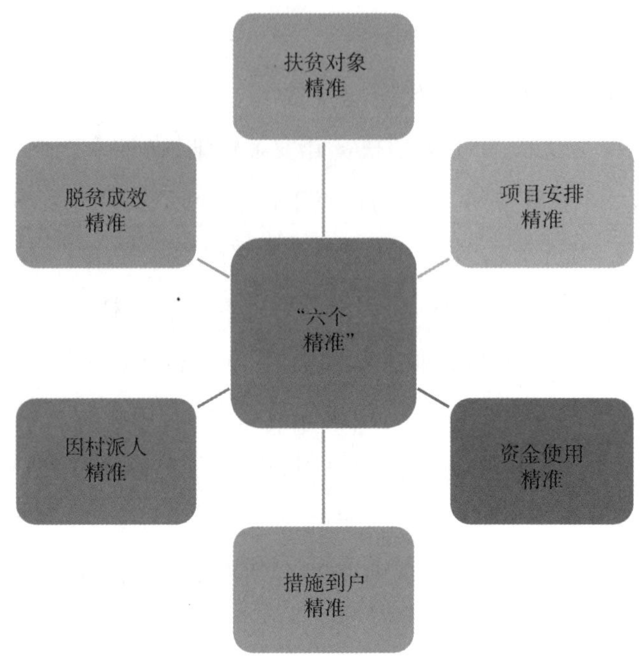

图 6-4　精准扶贫基本要求——“六个精准”

项目的精准性和各类扶贫资源配置的有效性提出了更高的要求。县级政府作为扶贫政策的落实主体,针对精准扶贫的新要求和新目标,在扶贫工作的组织机制上进行了创新,形成了精准扶贫的“指挥部”体系。

脱贫攻坚“指挥部”体系:县委书记任政委,县长任指挥长,主管扶贫的县委副书记任常务副指挥长,县委常委、副县长、副县级干部担任副指挥长。县下属的乡镇级行政区划分为不同战区,分别由各县委常委担任最高指挥官。县常委会是脱贫攻坚政策研究和制定的最高机构,由县委常委担任总指挥的集团化作战方式有利于各下属乡镇对脱贫攻坚政策的正确理解和准确执行。

“指挥部”下设指挥部办公室,包含职能工作组、专项组以及督察巡查

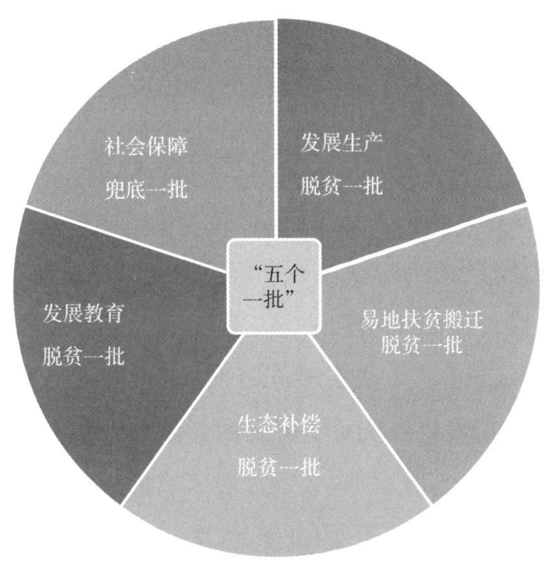

图 6-5　精准脱贫主要措施——“五个一批”

组，指挥部办公室由县委副书记、分管副县长分别任办公室主任和副主任，负责日常工作。抽调政府机关精英干部组成业务指导组、政策宣传组、数据信息组、档案管理组、后勤保障组、综合文秘组、考核评估组和督察巡查督办等职能工作组。县委常委牵头组建专项组，负责相关专项工作的统筹协调推进，解决政策落实问题，包括就业创业、产业发展、易地搬迁、生态补偿、教育培训、保障救助、组织建设、资金整合、社会扶贫、督导检查等专项组。督察巡查组由县委直接领导，充分放权。在政策落实方面，专项组对接县级行业部门，协调推进不同扶贫项目的实施和验收。

从“指挥部”往下，由两大垂直体系形成 6 支脱贫攻坚核心队伍，其一是由帮扶单位派驻村第一书记、驻村工作队、帮扶责任人以及帮扶单位本身，其中，驻村工作队由帮扶责任人组成；其二是由乡镇党委下派科级干部牵头的村级脱贫攻坚责任组及村级班子，其中脱贫攻坚责任组由乡镇下派干部任组长,由驻村第一书记、村支书、村主任等组成。

(二)扶贫实践中的精准识别

贫困人口的识别通常存在信息不对称问题,容易产生两类"错误",其一是错误地将非贫困人口纳入扶贫体系,其二是错误地将贫困人口排除在扶贫体系之外。新时代精准扶贫实践中的贫困人口识别采取了多方面的综合识别和瞄准举措,包括:(1)基于收入、资产、生产生活条件核查的家庭条件评定,并辅以村级核查;(2)在分类式瞄准基础上的个人和家庭生活条件评定;(3)帮扶人定期入户帮扶所了解到的详细的一手动态信息。这样的精准识别机制(如图 6-6 所示)有效地克服了贫困人口识别中面临的信息不对称问题,降低了两类"错误"的概率,大大提高了贫困人口识别的精准程度。

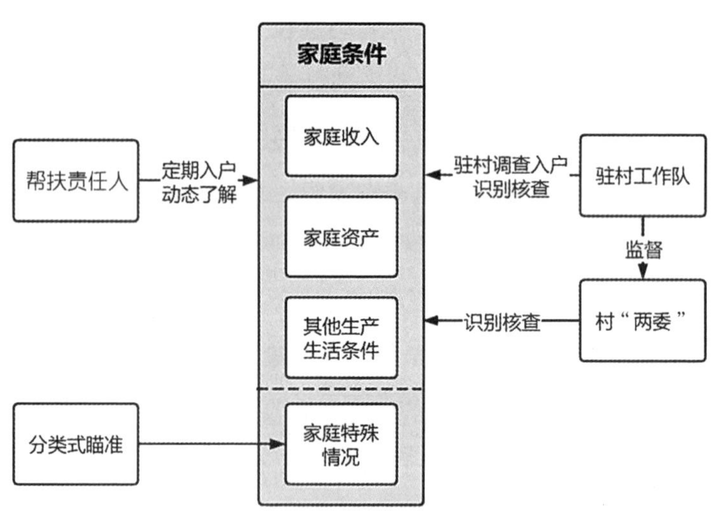

图 6-6　精准识别机制

1. 家庭条件评定

家庭经济条件评定是国际上贫困人口识别实践所采用的重要做法。但通常政府都缺乏低收入群体收入和资产的真实信息，因此在贫困人口识别的实际工作中，如何能够掌握低收入群体真实准确的信息是需要解决的一个关键难题。我国的精准扶贫实践广泛采取入户询问和观察的方式，综合根据家庭收入情况、资产情况以及其他生活条件信息判断目标人群是否贫困。

(1)收入核查。在精准扶贫的贫困户识别工作中，家庭的年收入被分为六大类：务工收入，生产经营收入，财产性收入，各类补贴，亲友、社会馈赠或捐赠以及子女赡养费，每一类收入采用不同的核查方法。其中，务工收入是许多家庭的主要收入来源，劳动力外出务工的地点和工作类型具有较大差异性，单纯依靠家庭自行上报难以保证信息的准确性，因此，核查中要求家庭提供关于务工地点和务工工作类型的相关材料，进一步根据务工所在地区和所在行业的平均务工工资判断其务工收入水平。此外，政府还巧妙地使用贫困人口的外出务工奖补政策，通过贫困户申请外出务工交通补助时所提供的务工单位用工证明材料(如图 6-7 所示)进一步确定贫困家庭务工收入的真实性。农村家庭的生产经营收入主要来自种植业和养殖业。在精准扶贫实践中，家庭生产经营收入水平是通过综合不同农作物及不同家畜的市价来判断的。而对于财产性收入的核查，精准扶贫中一般要求贫困户提供相应材料或者关联方开具的证明性文件。而对于补贴收入，由于目前贫困户所获得的各类补贴多来源于财政资金，政府掌握充足的信息和凭证，信息的准确度较高。亲友、社会馈赠或捐赠以及子女赡养费属于私人的转移支付，且种类和形式丰富多样，是最难核实的收入项目。在对该类收入的核查中，除了调查本户情况之外，也会调查其子女的工作及收入情况作为佐证。

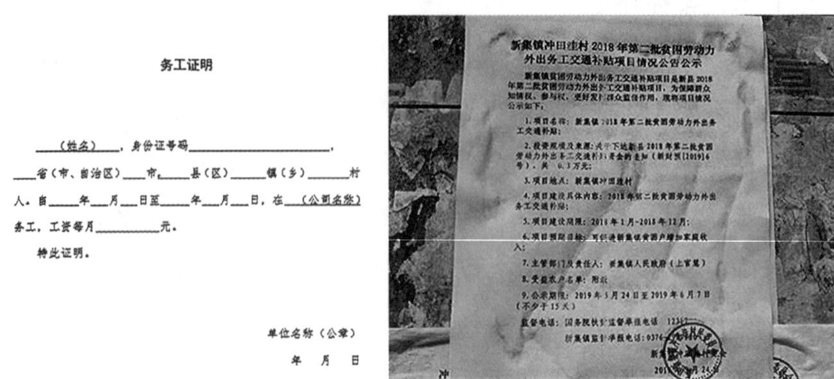

务工证明

____（姓名）____，身份证号码____________________，

____省（市、自治区）____市____县（区）____镇（乡）____村人。自____年__月__日至____年__月__日，在____（公司名称）务工，工资每月__________元。

特此证明。

单位名称（公章）

年　月　日

图 6-7　建档立卡户务工证明模板与交通补贴信息公示

图片来源：本文作者提供。

为了最真实地反映贫困户的生活水平，在收入核查的同时也采集了家庭的生产性成本支出和刚性支出信息，其中，生产性成本支出主要包括进行农业生产时购买幼苗、化肥、种子、农药和租赁农具的支出以及从事养殖业家庭购买幼崽、饲料等的养殖成本，刚性支出包括子女的教育支出及全家的医疗支出，尤其是在大病、慢性病上的支出。从收入中扣除这两项支出后，再除以家庭总人口数，得到该家庭的年人均纯收入。

（2）资产核查。纳入核查范围的家庭资产主要包括：住房、车辆、股份、商业门店以及保险，而且除了对本人名下资产进行核查之外，还会对子女的资产情况进行核查。由于住房、车辆、金融产品等多数资产在政府或其他部门有所备案和记录，因此资产核查采取多部门联合调查形式，核查的准确率也较高。其中，住房资产主要分为自建房屋和商品房两类，对于自建房屋的核查主要通过实地考察，评估房屋的面积、装修，从而确定房屋价值，若房屋装修豪华或为楼房，则直接认定为非贫困户。通过房管局的登记记录核查外购商品房，若本人名下或者子女名下存在外购的商品房，则直接认定为非贫困户。车辆核查主要是借助机动车辆管理部门的登记信息，若本人或者其子女曾购买 3 万元以上农用车、私家车或者经营性车辆，则一律认定为非贫困户。股份核查属于无形资产，主要通过工商部门的记录来实现。

(3)生产生活条件核查。除了对收入和资产进行核查之外，贫困户的生产生活条件也纳入了精准识别的评价体系。“两不愁、三保障”涵盖吃、穿、教育、医疗、住房等居民日常生活最基础的五方面，对于达不到“两不愁、三保障”的家庭基本可以直接认定为难以维持正常的生活。对于生活条件的核查直接通过入户观察进行判断。生产条件是指农户拥有的生产性资本，对于农户生产条件的核查主要包括耕地面积、林地面积、有效灌溉面积、牧草地面积以及生产性用电条件，主要通过村委记录和农户回答来确定。

2. 村级核查

在精准扶贫的瞄准体系下，村级核查起到了核心作用。村级组织与村民之间存在更多的互动和交流，对于村民的家庭特征、脱贫需求以及家庭事件拥有更多信息。为了充分利用村级组织在信息和社会资本方面的优势，同时避免基层寻租行为，精准扶贫的识别体系采取了村“两委”与驻村干部联合识别的工作机制。其中，驻村工作队主要由县乡政府及事业单位工作人员组成，驻村工作队对村情、民情展开深入调查研究，深入了解贫困户致贫原因和发展需求，并采取“一对多”的方式结对帮扶贫困户，定期入户开展帮扶活动。村“两委”发挥信息和社会资本优势，更准确地对目标群体的贫困程度进行判断，当部分贫困户因行政程序繁杂或自身条件不允许等原因没有进行贫困申请时，村“两委”根据自身所掌握的信息主动进行入户勘查，并帮助其解决申请上的困难。联合识别的工作机制相互补充，同时，县级行政力量驻村入户在根本上解决了社区瞄准下的信息不对称问题，对村级决策形成监督力量，减少寻租行为，避免了关系户等非贫困户进入受益群体。

3. 分类式瞄准

为将所有贫困户纳入贫困体系，精准识别体系还针对特殊群体采取了先分类式瞄准，再进行个人和家庭生活条件评定的做法。分类式瞄准将潜在的贫困户全部纳入考察范围。潜在贫困户主要包括大病户、残疾人户、无劳力户、低保户、“五保”户、危房户、信访户 7 类家庭，从而最大限度地减少遗漏问题。在分类式瞄准的基础上，再进行个人和家庭生活条件评定，排除其中不需要帮扶的非贫困户。

4. 帮扶人动态了解机制

“指挥部”体系下，帮扶责任人具有定期入户帮扶责任。以新县为例，规定帮扶人每周一、周三、周五办理业务，每周二、周四、周六入户帮扶。帮扶人入户主要履行以下职责：(1) 宣传、落实相关扶贫政策，提高所帮扶贫困户对扶贫政策的知晓率，提高帮扶工作满意度；(2) 了解帮扶户家庭信息及需求，及时向村级脱贫攻坚责任组报告情况；(3) 开展“昼访夜谈”等日常活动，对帮扶户周边及室内卫生负责。帮扶责任人频繁入户履职，与贫困户之间进行长期接触和交流，动态地对贫困户的生产生活状况进行“一比二看三比四算”，更加全面、真实地了解贫困户其他的相关家庭信息，能够获得真实、稳定、可靠的贫困户生产生活信息，保障了贫困户识别的精准性。

（三）扶贫实践中的精准施策

1. 因户施策，“千人千策”

精准施策以精准识别贫困人口的致贫原因和脱贫需求为基础。不同贫困户的致贫原因不同，需要的脱贫帮扶政策也存在差异。根据贫困县河南省新县的扶贫统计资料，在新县 2014 年新识别的 37198 个贫困人口中，致贫的两大主要原因是疾病和缺乏技术，分别占贫困人口的 28% 和 26%。其次是因残、因学和缺资金致贫，相应的比例分别为 13%、12% 和 11%。此外，还有5%的贫困人口由于家庭劳动力缺乏而致贫,4%由于自身缺乏发展动力致贫,因交通条件受限致贫的人口占贫困人口的1%。

针对不同原因导致的贫困,精准扶贫时间根据贫困人口的致贫原因精准施策,对症下药(致贫原因与对应的帮扶政策见图6-8),提高扶贫资源的配置效率。针对不同的致贫原因,我国的精准扶贫体系设计了一套相应的帮扶政策。

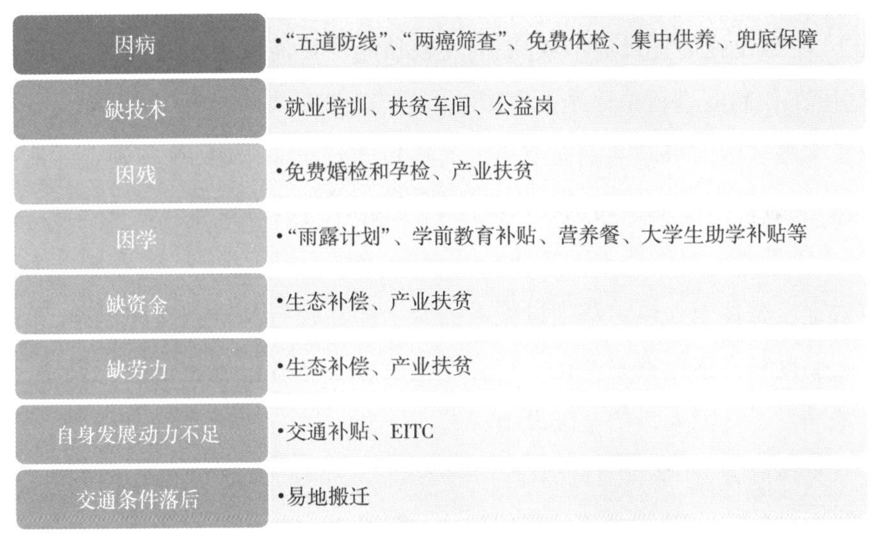

图6-8　贫困人口致贫原因与帮扶政策

在实际的扶贫工作中,部分贫困人口可能由于行动不便、知识水平有限等原因,难以获取扶贫政策的相关信息,或者没有能力自主选择并申请相应的帮扶政策。而且,帮扶政策的获取和申请需要付出一定的时间成本和交通成本,这也可能使得贫困人口自发地将自己排除在救助体系之外。新时代精准扶贫体系中的帮扶责任人,能够帮助相应贫困户了解扶贫政策,制定脱贫规划。如果贫困户遇到申请方面的困难,帮扶责任人也会承担“代办”人角色,这大大降低了贫困户的信息搜寻成本与申请成本。此外,帮扶责任人在频繁的入户过程中，与贫困户开展深入的、持续的观察和交流，观察政策帮扶效果，有利于在贫困人口脱贫需求发生变化或者前期识别有误时，能够及时发现并予以纠正。帮扶责任人在精准施策方面也起到了"最后一道防线"的作用。

2. 因村施策，"千村千策"

基础设施建设类的扶贫项目所能获得的减贫效益取决于扶贫资金在不同项目之间的配置是否有效地满足了农村贫困人口的需求和偏好。通常情况下，基础设施等建设成本较高、周期较长的项目需要通过村级的"四议两公开"工作制度进行集体选择和决策。只有当"四议两公开"制度能反映村里大多数贫困人口对基础设施等重大项目的建设需求时，扶贫资金才能更有效、更有针对性地提高低收入群体的福利水平，获得较好的扶贫效益。但是，由于低收入群体所占的比重较小，传统的"四议两公开"工作制度无法有效地反映贫困人口对基础设施的需求。而在现行精准扶贫体制下，第一书记制度和督察巡查制度在一定程度上改善了基础设施建设决策机制，更好地满足了贫困人口的基础设施需求。

具体而言，扶贫资金的分配作为村级重大事项，在通常情况下由村党组织按照"四议两公开"的程序决策实施，其中"四议"是指：村党组织提议、村"两委"会议商议、党员大会审议、村民会议或村民代表会议决议；"两公开"是指：决议公开、实施结果公开（见图 6-9）。扶贫资金的投入和分配效率需要以精准识别村贫困人口的需求为前提和基础，但在"四议两公开"的决策流程中，并没有专门供贫困户表达自身需要的民主评议阶段。此外，由于村党支部成员、村"两委"成员和村党员有较多重合，因此在"四议两公开"流程中，党员的决策权较大。在贫困县贫困村，建档立卡户中党员所占比例不足，在 2%左右，且随着扶贫工作的开展不断降低。因此，占决策权较多的党员并不能切实代表贫困人口的利益。

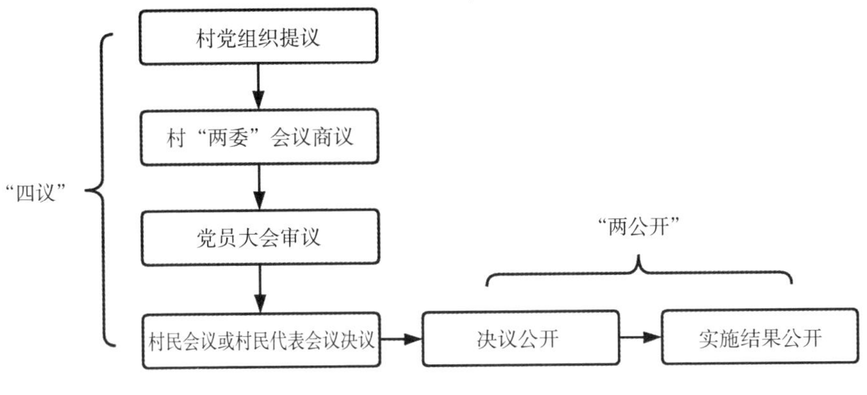

图 6-9　“四议两公开”程序

在精准扶贫体制中,驻村第一书记参与村级基础设施等重要扶贫项目的决策,保障了基础设施建设扶贫项目的瞄准效率。村级组织在村级基础设施建设方面具有巨大的信息优势,但村“两委”主导资金配置,容易产生以村“两委”个人收益最大化而不是以贫困人口收益最大化为目标的资源配置扭曲,降低项目的扶贫效益。为了提升决策效果,“指挥部”向每个村派驻一位第一书记,第一书记一般由县直部门的后备干部担任,任职期限为2—3 年。一方面,第一书记脱产并长时间在当地任职,具有一定的信息优势,对贫困群体的公共物品偏好有着较为全面和准确的了解。另一方面,第一书记来自于县直部门,与当地农民之间利益关系较少,且扶贫成效是对第一书记考核的重要内容,因此第一书记有足够的动力改善村级公共品的决策效果,使之更好地匹配贫困群体的需求,实现扶贫效益最大化。

首先,“指挥部”体系中的督察巡查制度通过项目监察督导,保障了基础设施建设等扶贫项目建设符合贫困人口利益。“指挥部”体系首先确立了扶贫目标在各行业部门考核中的重要地位,据了解,行业部门的扶贫任务完成情况在年终考核中占比超过 40%。其次,“指挥部”体系下设多个督察巡查组,主要负责发现脱贫攻坚政策实施中的问题,包括识别问题以及项目实施问题等。每个督察巡查组负责若干乡镇和行业部门，定期开展巡查，督察巡查组由县委直接领导，充分放权，被赋予三项权力：有权停职干部、有权问责干部、有权建议调整干部。督察巡查组深入基层实地考察，能够对行业部门的基础设施建设项目有直接和全面的认知，这有利于对项目减贫收益进行准确评估，及时终止与贫困人口的需求和偏好不契合的建设项目，使基础设施建设项目的资金能够更好地发挥减贫效益。

（四）精准扶贫政策

"全面建成小康社会，一个不能少；共同富裕路上，一个不能掉队。"如何推动农业生产和农村经济增长？如何促进农户收入水平提高？如何帮助贫困人口获得可持续的发展能力？新时代精准扶贫探索了一套覆盖贫困人口生命周期的帮扶政策工具包，对不同年龄阶段、不同致贫原因的贫困人口精准选择有针对性的帮扶政策。其中，促进农村经济发展主要是从盘活农村各种资源，提升可用于经济发展的各类资源和要素的利用率，引入人才、新知识、新技能方面来改进和提高生产效率。在提高农户长期可持续发展的方面，主要从贫困人口的教育和健康入手，为贫困家庭提供医疗服务、教育机会，帮助贫困人口保持健康的身体状态，让有劳动能力的贫困人口掌握融入劳动力市场的工作技能，激发贫困人口的内生动力，实现贫困家庭的可持续发展。

1. 荒山变"金山"：有效盘活农林土地

过去在农村，能看到大片荒废的农田和山林。这些土地被弃置不用，主要是因为土地上生产条件和收成有限，比不上农村人口外出务工或者从事其他劳动的收入，农民转而从事其他收入更高的劳动，所以土地就被闲置了。新时代精准扶贫政策加大农业生产的基础设施投入，改善农业生产的基础设施条件，以促进农林资源获得更大产出。同时，配合企业资源引进等手段，延长农产品加工产业链，提升农产品附加值，拓展产品销售渠道，扩大市场规模。

例如，通过大规模农田水利投入和水塘建设发展农业灌溉，提高农作物的单位面积产量。通过道路交通设施建设，改善农产品的运输条件和运输成本，降低农林产品外销成本，提升农产品的市场竞争力。通过电商扶贫、建设“淘宝村”等手段，拓宽了农林产品的销售范围，扩大了农林产品的市场规模。

通过保险扶贫手段，按照作物类型、生长阶段、收成状况为农作物生长、收成给予不同程度的保险服务保障，例如，某农业生产保险对水稻返青—分蘖、拔节—抽穗、扬花—成熟生长期的赔偿比例分别为60%、80%、100%；花生种植保险苗期、开花下针期、结荚期、成熟期的赔偿比例分别为40%、60%、75%、100%。水稻、花生、油菜、油茶、小麦、玉米、菌类、棉花、果树、蔬菜、茶叶、中药材作物损失率在30%（含）以上开始赔偿，投保作物损失率在80%（含）以上的按全部损失赔偿。还有一些农业保险为大牲畜类、禽类死亡提供保险服务。一系列配套的农业生产保险保障可以有效降低贫困农户种植作物受到天气、自然灾害等不可控因素影响的产出风险，从而激励农户扩大耕作规模，提高农林土地利用率。

退耕还林等生态补偿制度，激励农户保护耕地、林地，以环境友好的形式进行耕作和开发利用，从而保证良好的生态环境不被破坏，并由此提升农林产出的附加值，并为生态旅游开发、环境保护区建设等打下良好基础。

2. 激活农村“人口红利”：提升农村劳动参与率

落后的交通条件和高昂的交通成本、家中年迈的父母和年幼的孩子，都是阻碍农村贫困人口外出务工的因素。此外，由于贫困地区交通条件落后，在交通基础设施尚未完善的条件下，运输成本和销售成本较高，因而企业、工厂也很少会将工厂搬迁至贫困地区。另外，贫困地区的劳动力通常受教育水平和劳动技能都较低，进一步降低了用工单位在贫困地区设立工厂和企业并雇用当地贫困人口的意愿。

精准扶贫政策针对农村有劳动能力的贫困人口参与劳动中所面临的困难,分类精准地安排政策帮扶。一是提供交通补贴鼓励劳动力外出务工,减少因过高的交通成本阻碍农村劳动力外出获得更高收入的情况;二是实行易地搬迁,对于居住在生存环境恶劣、生态环境脆弱、不具备基本发展条件的贫困人口,以及居住过于分散、基础设施和公共服务设施配套差地区的贫困人口实行集中搬迁政策(见图6-10);三是将扶贫车间引入集中安置点附近(见图6-11),对愿意参加扶贫车间工作的贫困工人提供劳工补贴,降低企业落户成本,降低企业雇用贫困工人的成本,保证搬迁人口有充分的就业机会;四是开发公益性岗位,通过政府购买服务的方式重点雇用贫困群体,使得劳动技能较低又无法外出的贫困群体能够参与就业。

图6-10　河南省潢川县易地搬迁扶贫项目

图片来源:本文作者提供。

图 6-11 易地搬迁社区附近的扶贫车间

图片来源:本文作者提供。

3. 农业生产现代化:变革农业生产方式

传统的农业生产规模小、机械化水平低、务农者的知识水平和技术能力有限,受自然因素的影响大,因而单位土地上的产出水平也较低。新时代精准扶贫中通过到户增收项目为主的产业扶贫政策推动农业生产的现代化,转变农业生产方式,提高农业规模化、集约化、信息化水平,以此提高农业生产效率和收益。一是在农民自愿的基础上,采取反租倒包、租赁承包、土地入股等多种形式流转土地,形成大片可供大规模种植或大规模开发利用的土地,壮大村集体经济。二是成立农村合作社,按照"企业+合作社+基地+贫困户"模式组织形式,推动农业生产方式转变,引导村民发展当地优势产业,增加村集体经济收入。对于贫困户自主发展产业的,按每户不超过4000元标准补贴。对于按"企业+合作社+基地+贫困户"模式实施的,政府按每户不超过5000元的标准补贴,并保证每户从产业项目中获得的收益总额不低于5000元,属于年度保底分红的贫困户分红收益资金额不得低于银行同期年度基准利率。对于采取光伏扶贫、电商扶贫等帮扶类型组织实施的,还会适当提高项目资金补贴标准。

通过以上发展农村集体经济的方式,将援助资金投入现代农业项目,盘活了农民土地和农村剩余劳动力资源，使援助资金的使用效率最大化。同时撬动社会资本，吸引企业投资，使集体经济的收益最大化。配合建立公平的收益分配机制，保障了农民普遍、公平地享受产业发展收益。

长期提高农业用地生产率的根本，还在于找准发展定位，因地制宜，发挥地区比较优势。例如，中部地区地处我国中心位置，是南北、东西交通线路的中点，也是大量交通运输工具交汇、中转的地方，具有良好的交通通达性，且对全国各地而言有着较为平均的交通成本。在这种资源禀赋和条件下，可以充分利用中部地区的区位优势，结合当前中部贫困地区生态环境良好、自然风景秀丽的特点，发展体育小镇、会议中心等特色旅游业、服务业，从而盘活生态景观的经济价值，拉动地区经济发展。

4. 技能铺就脱贫路：提升贫困家庭人力资本

贫困家庭由于收入水平和知识水平有限，通常对自身和家庭成员的健康和人力资本投资不足，容易走入“贫困陷阱”。精准扶贫政策注重对贫困人口长期人力资本的投资，政策工具十分丰富，针对贫困人口发展的各个年龄阶段，扶贫政策从健康、教育、培训等多个方面提高贫困人口在劳动力市场上的竞争力，提高劳动力的劳动生产率，提高贫困户家庭的劳动收入。具体包括以下各项政策。

对 0 岁到 18 岁的贫困儿童和青少年，针对各级各类学校实施多层次教育扶贫政策，包括提供学前教育补贴，为农村学校提供营养餐，建立寄宿制学校解决贫困留守儿童寄宿教育问题，为普通高中学生提供国家助学金，为职业教育学生提供“雨露计划”补助，为在校贫困大学生提供每年 5000 元的助学补贴，并优先发放助学贷款，提供助学补充借款。这一系列精准扶贫保障了贫困户未成年人的教育，长期改变了家庭的人力资本条件，从而扭转了贫困状况。

对 18—65 岁的农村贫困中青年群体，重点实施就业培训政策。在就业培训方面,鼓励中介机构输送贫困劳动力就业,对介绍贫困劳动力就业的中介机构给予奖励;统筹开展贫困劳动力培训工作,开展专业技能培训,并根据贫困劳动力获得劳动技能情况,发放初、中、高级证书对应补助金;鼓励院校和企业开展扶贫性就业培训,凭学员免费培训确认书和务工情况给予补助,鼓励开展免费实用技术或就业技能短期培训,并按照每人每天发放100元的标准补贴。一系列的激励就业培训扶贫政策,帮助贫困劳动力提升了生产率水平,在劳动力市场中获得了更高收入,从而改善了生活条件。

5. 织密社会保障安全网:重大支出兜底保障

重大疾病、重大灾害、残疾,常常会将一个家庭推入贫困状态。根据精准识别政策中的主要致贫原因数据,因病、因残、因灾致贫的比重达到42.85%。如何避免重大支出带来的沉重负担,是解决长期贫困问题和脱贫又返贫问题的关键。在精准扶贫政策体系中,控制家庭重大支出负担的政策主要包括两个方面:一是降低贫困人口罹患大病、慢性病、残疾等的概率,二是降低医疗等重大支出项目的成本。

精准扶贫战略针对三类人群制定了以下政策,降低了贫困人口罹患重大疾病或残疾的概率:一是针对贫困家庭未出生的婴儿,实施了免费孕检政策,鼓励在孕期的妇女积极参加免费孕检,了解出生缺陷发生的风险,尽可能减少残疾儿童、患病儿童的出生,避免贫困的代际传递,防止遗传性残疾继续蔓延。二是针对贫困妇女,开展宫颈癌、乳腺癌"两癌"免费筛查,保证农村妇女的健康。三是针对65岁以上的农村贫困老人,提供免费体检、抓好"五保供养"并通过政府购买服务的方式雇用养老院护理员,解决老年人健康和养老问题。

精准扶贫战略实施了包含医疗、社会保障等在内的政策,降低贫困人口的医疗等重大支出项目的成本。在医疗领域建立基本医疗保险、大病保险、大病补充保险、医疗救助、医疗保障政府财政补助"五道保障线",

大幅降低所有家庭在基本医疗和大病医疗方面的支出负担。在社会保障层面，不断上调最低生活保障、特困人群供养等社会保障政策的补贴标准，同时提升这些社会保障政策对于贫困户的瞄准效率。针对“鳏、寡、孤、独、痴、残”等困难群体，提供兜底保障政策，进一步扩大“社会安全网”的覆盖范围。

三、精准扶贫实践成就

党的十八大以来，我国的精准扶贫工作取得了决定性进展，创造了举世瞩目的减贫奇迹。贫困人口规模大幅缩小，按照现行贫困标准，2012 年约 9899 万的农村贫困人口到 2020 年已全部实现脱贫，年均减贫 1100 万人，贫困发生率从 2012 年的 10.2%降为零。在 2021 年庆祝中国共产党成立 100 周年大会上，习近平总书记庄严宣告：“经过全党全国各族人民持续奋斗，我们实现了第一个百年奋斗目标，在中华大地上全面建成了小康社会，历史性地解决了绝对贫困问题。”

贫困地区农村居民收入快速增长。从人均可支配收入的绝对水平来看，2013 年到 2020 年，我国贫困地区农村居民人均可支配收入从 6079 元提高到 12588 元，增长了 107.07%，扣除价格因素后实际增长 79.4%，高于同期全国农村居民人均可支配收入的实际增长率（57.4%）。贫困地区农村居民与全国整体农村居民的收入差距明显缩小，2013—2020 年，贫困地区农村居民人均可支配收入占全国农村居民人均可支配收入的比重从 64.5%上升至 73.48%。

（一）贫困地区农村居民收入水平快速增长，消费水平显著提升

从人均消费支出角度来看，见图 6-12，2013 年到 2019 年，我国贫困地区农村居民人居消费支出从 5404 元提高到 10011 元，增长 85.25%，扣除价格因素后实际增长 64.51%。与全国平均增长率相比，同期全国农村居民人均消费支出的实际增长率为 58.12%，高于全国平均增速。2013—2019 年，贫困地区农村居民人均消费支出占全国农村居民人均消费支出的比重从 72.2%上升至 75.11%，贫困地区农村居民人均消费支出与全国平均水平的差距缩小。

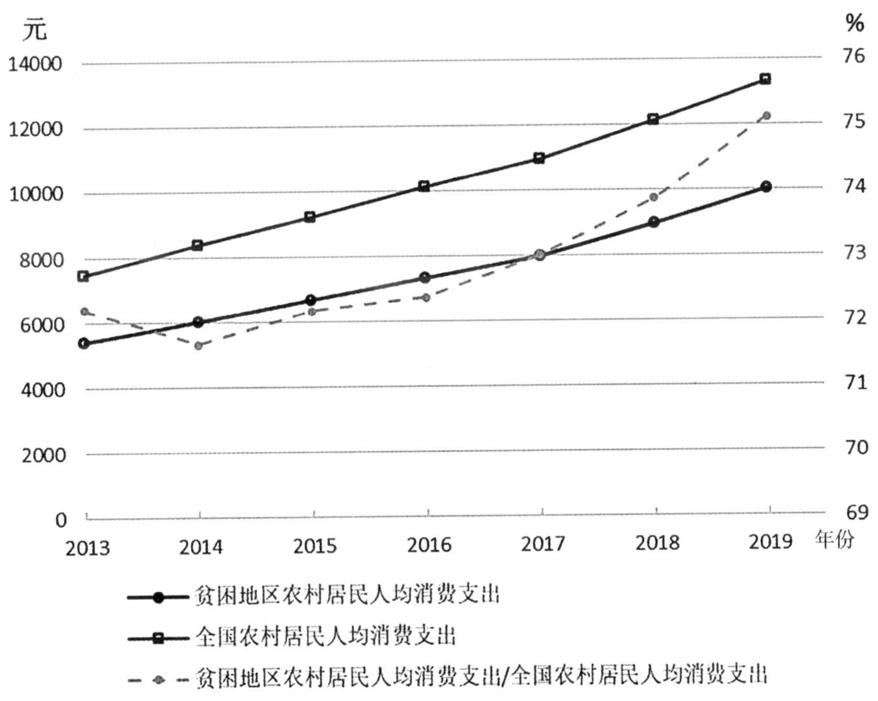

图 6-12　2013—2019 年我国人均消费支出变化

数据来源：《2020 中国农村贫困监测报告》。

（二）贫困地区农村居民的生活条件明显改善

从耐用消费品的拥有情况来看，贫困地区农户拥有的各类耐用消费品获得快速增长，与全国农村平均水平的差距明显缩小。见表 6-1，以洗衣机为例，2012—2019 年，贫困地区农户每百户拥有的洗衣机数量从 2012 年的 52.3 台增加到 90.6 台，增长了 73.23%，远高于同期全国农村的平均增速（36.27%）。到 2019 年，贫困地区农户的洗衣机拥有量已经与全国农村平均水平基本相当，占全国农村平均水平的 98.9%。

表 6-1　2012 年和 2019 年贫困地区农村居民所拥有的耐用消费品数量

种类＼年份	贫困地区农村平均每百户			全国农村平均每百户		
	2012 年	2019 年	增长率 %	2012 年	2019 年	增长率%
家用汽车	2.7	20.2	648.15	6.59	24.7	274.81
洗衣机	52.3	90.6	73.23	67.22	91.6	36.27
电冰箱	47.5	92	93.68	67.32	98.6	46.46
移动电话	158.3	267.6	69.05	197.8	261.2	32.05
计算机	5.4	17.7	227.78	21.36	27.5	28.75

数据来源：《2020 中国农村贫困监测报告》、国家统计局。

（三）贫困地区农村居民享受的基础设施和公共服务可得性明显改善

见表 6-2，截至 2019 年年底，贫困地区绝大多数农户所在的自然村均接通了公路、电话、有线电视信号，拥有硬化的进村主干道路。2013 年到 2019 年，能够从所在自然村便利乘坐公共汽车的贫困地区农户比例从 56.1%提高到了 76.5%；所在自然村实行垃圾集中处理的农户比例从 29.9%提高到 86.4%；所在自然村拥有卫生站、能够便利上幼儿园和小学的贫困地区农户比例也获得了明显提高。

表 6-2　2013—2019 年我国所在自然村基础设施和公共服务情况 单位：%

指标名称	2013 年	2014 年	2015 年	2016 年	2017 年	2018 年	2019 年
所在自然村通公路的农户比例	97.8	99.1	99.7	99.8	99.9	100	100
所在自然村通电话的农户比例	98.3	99.2	99.7	99.9	99.8	99.9	100
所在自然村能接收有线电视信号的农户比例	79.6	88.7	92.2	94.2	96.9	98.3	99.1
所在自然村进村主干道路硬化的农户比例	88.9	90.8	94.1	96.0	97.6	98.3	99.5
所在自然村能便利乘坐公共汽车的农户比例	56.1	58.5	60.9	63.9	67.5	71.6	76.5
所在自然村能通宽带的农户比例	—	—	71.8	79.8	87.4	94.4	97.3
所在自然村垃圾能集中处理的农户比例	29.9	35.2	43.3	50.9	61.4	78.9	86.4
所在自然村有卫生站的农户比例	84.4	86.8	90.4	91.4	92.2	93.2	96.1
所在自然村上幼儿园便利的农户比例	71.4	74.5	76.1	79.7	84.7	87.1	89.8
所在自然村上小学便利的农户比例	79.8	81.2	81.7	84.9	88.0	89.8	91.9

新中国成立 70 多年来，我国通过建立社会主义基本制度、改革开放、大规模的开发式扶贫和新时代精准扶贫，贫困人口大幅减少，成为全球最早实现联合国千年发展目标中减贫目标的发展中国家，为全球减贫事业作出巨大贡献。根据世界银行数据，从 1990 年到 2015 年，按照购买力平价的 1.9 美元/天标准，中国的贫困发生率从 66.2%降低至 0.7%，贫困发生率下降 65.5 个百分点；同期世界平均贫困发生率从 36%降低至 10%，贫困发生率下降 26 个百分点，我国的减贫速度明显高于世界平均水平。且到目前为

止，我国的贫困发生率已经远远低于世界平均水平。中国共产党领导的扶贫实践，尤其是党的十八大以来的精准扶贫实践，为世界减贫贡献了中国智慧、中国方案和中国经验。

（中国人民大学应用经济学院王丽媛也参与了本文的撰写）

第七讲　中国产业结构演变与发展

张红霞

中国人民大学应用经济学院教授

新中国成立以来，我国的产业结构经历了一系列意义深远的重大变化。从总体变化趋势来看，我国三次产业结构比例的变化基本符合世界范围内的产业结构的演变规律，即第一产业比重下降，第二、三产业比重上升，由“一二三”型向“三二一”型转变，农业基础不断增强，工业主导地位快速上升，服务业对经济稳定增长的支撑作用大幅提升。分析我国产业结构演变历程，总结产业发展的经验教训，能够为深化供给侧结构性改革、加快产业结构优化升级、推动经济高质量发展，提供宝贵的经验借鉴。

根据1952—2020年我国三次产业增加值占比的变动趋势（见图7-1），可将我国产业结构演变历程分为以下四个历史阶段：新中国成立后到改革

开放前，改革开放到20世纪末，21世纪初到党的十八大，党的十八大以来。

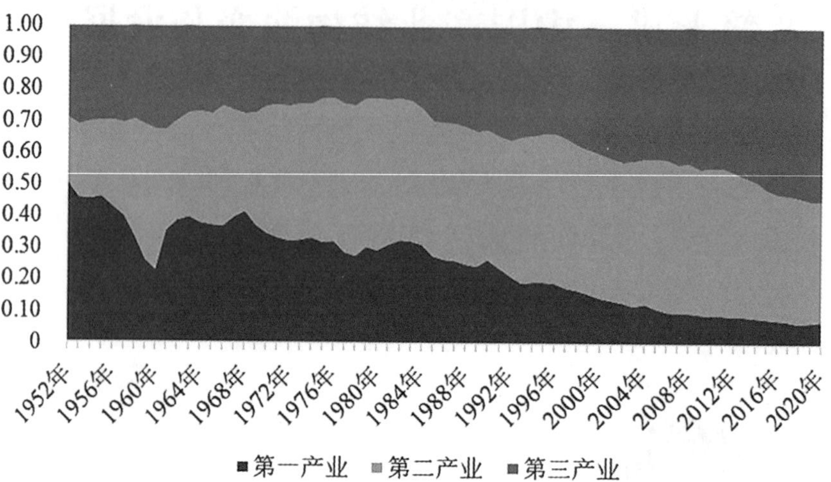

图 7-1　1952—2020 年我国三次产业增加值占比变化

注：1949—1951 年的数据缺失，因此从 1952 年开始分析我国的产业结构变化过程。
数据来源：国家统计局。

本文共分为五个部分，前四个部分分别回顾和总结了这四个时期我国产业结构的演变进程、阶段性特征以及重点产业的发展变化情况，第五部分基于对我国工业化进程的认识，总结了我国目前产业结构中存在的两个最为突出的问题，即去工业化与技术瓶颈制约。

一、新中国成立后到改革开放前的产业结构特征

新中国成立之初，在连续多年的战争破坏下，整个国民经济处于崩溃状态，生产倒退、交通破坏、物价飞涨，人民生活极端贫困，尤其是不成规模体

系、极为落后的重工业不能满足保障国家安全的需要。① 因此,新中国成立初期最重要的任务是进行国民经济的恢复,为工业化创造条件。到 1952 年年底,国民经济恢复任务基本完成,但重工业发展仍然滞后,因此 1953 年后我国经济建设重心由国民经济的恢复转向重工业的发展。

经过“一五”时期、“大跃进”、“国民经济调整时期”和“文化大革命”后,我国产业结构发生了显著变化,以增加值衡量的第一、二、三产业规模占国民经济比重由 50.5∶20.8∶28.7 调整为 29.0∶46.7∶24.3,第一产业占比大幅下降,第二产业占比扩张明显,第三产业占比有所收缩。产业格局由“一三二”型向“二一三”型转变,工业超过农业成为国民经济的支柱产业。从三次产业就业人数来看,1952 年我国第一产业就业人数占比超过 80%,第二、三产业就业人数占比均不足 10%,基本属于传统的农业国。在该阶段内,三次产业就业人数比重与产业收入比重的变化趋势基本一致,但并不同步,第二产业劳动生产率最高,第一产业劳动生产率远低于第二、三产业劳动生产率。

(一)农业:“以粮为纲”、结构调整缓慢

新中国成立之初,我国农业生产力水平低,生产方式落后。在之后的近 30 年内,由于人口快速增长造成的粮食供应问题,以及农业内部强调“以粮为纲”的政策影响,除种植业以外其他农业发展缓慢。1952—1975 年农、林、牧、渔业产值比重由 85.9∶1.6∶11.2∶1.3 调整为 81.0∶3.1∶14.2∶1.7,种植业产值占比小幅下降,林、牧、渔业占比均有所上升但发展仍十分缓慢(见图 7-2),基本停留在“农业以种植业为主,种植业以粮食生产为

① 刘日新:《新中国经济建设简史》,中央文献出版社 2006 年版,第 35 页。

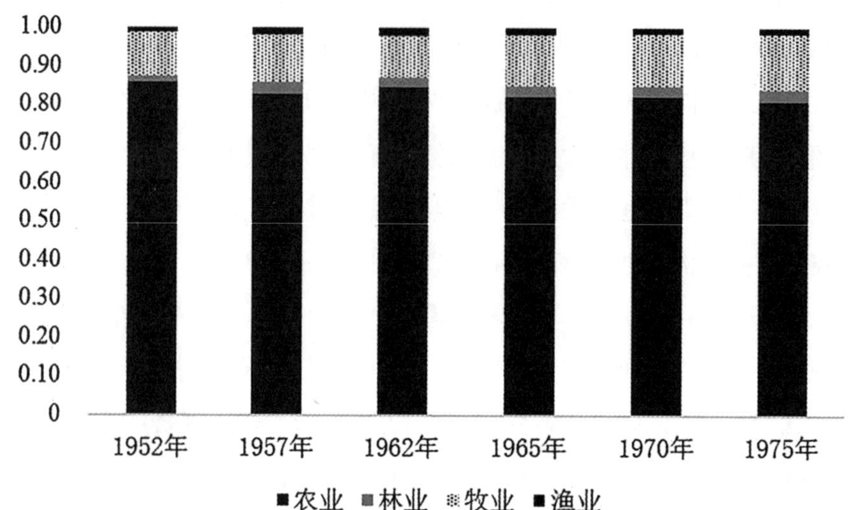

图 7-2　1952—1975 年我国农、林、牧、渔产值比重

注:1977 年数据缺失,因此该阶段关于农业内部比重的讨论仅到 1975 年。

数据来源:国家统计局。

主"的单一结构阶段。①

(二)工业:"轻轻重重"、比例失调严重

新中国成立初期,我国工业基础落后,1949 年轻、重工业占总产值比重为 73.6∶26.4,比例失衡严重,生产技术落后,只能生产纱、布、火柴、肥皂等少数生活用品。② 为逐步建立完整的现代工业体系,党中央推行以抑制消费和"以农补工、以轻补重"的方式,实施优先发展重工业战略。1952 年 12 月发布的《关于编制 1953 年计划及长期计划纲要若干问题的指示》中明

① 国家统计局:《庆祝新中国成立 60 周年系列报告之三:经济结构不断优化升级 重大比例日趋协调》,2009 年 9 月 9 日。

② 国家统计局:《工业经济跨越发展 制造大国屹立东方——新中国成立 70 周年经济社会发展成就系列报告之三》,2019 年 7 月 10 日。

确强调以发展重工业为建设重点,集中有限的资金和建设力量保证重工业和国防工业的基本建设。第一个五年计划(1953—1957年)报告中指出,要集中主要力量进行以苏联帮助我国设计的156个建设单位为中心,由限额以上的694个建设单位组成的工业建设,建立我国社会主义工业化的初步基础。"一五"时期,我国工业总产值年均增长18%,重工业生产在工业总产值中的比重提高到45%,一大批基础工业部门开始建立起来,多项工业品如汽车、飞机、电子管等实现了从无到有,"一五"计划的超额完成,实现了国民经济的快速增长,为社会主义工业化奠定了初步基础。

1958年,党的八大二次会议通过了"鼓足干劲、力争上游、多快好省地建设社会主义"的总路线,在经济建设工作中夸大了主观意志的作用,忽视经济发展规律,片面强调经济建设的发展速度。会后,"大跃进"在全国范围内开展起来,最为典型的是"全民大炼钢铁运动",盲目追求钢铁产量,造成资源浪费。在"大跃进"期间,国民经济各部门比例关系失调严重,人民生活水平普遍下降。为了纠正错误的经济发展路线,1961年党的八届九中全会上正式通过对整个国民经济实行"调整、巩固、充实、提高"的八字方针,贯彻执行以农业为基础的方针,适当减慢重工业发展速度。到1965年年底,国民经济调整任务基本完成,工农业总产值达到2235亿元,农、轻、重比例基本实现平衡,农业在工农业总产值占比由1960年的21.8%上升到37.3%,轻、重工业比重分别由1960年的26.1%、52.1%调整为32.3%、30.4%,国民经济向好发展。

1966年,"文化大革命"开始,正常的经济秩序被打乱,国民经济比例失调严重,存在工业发展效益低下、消费品供应长期短缺等问题。经一系列措施调整后,1977年我国三次产业增加值占比达到29.0∶46.7∶24.3,轻、重工业产值之比为44∶56(见图7-3),经济比例失调问题有了较大程度缓解。

在困难的发展时期,国民经济虽然遭受严重损失,但仍取得了成就,建

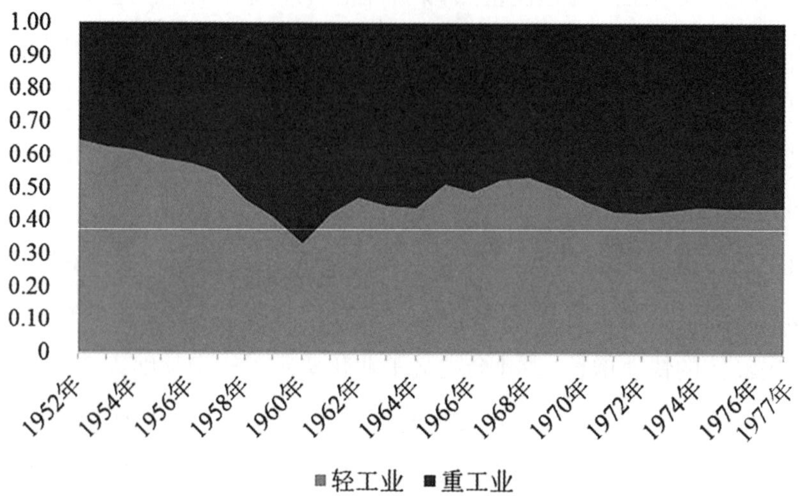

图 7-3　1952—1977 年我国轻、重工业产值比重变化

数据来源:《中国工业统计年鉴》。

成了一大批重点项目和基础设施,独立研制出"两弹一星",建立起独立的较为完整的工业体系和国民经济体系,为改革开放后中国经济迅速发展提供了重要基础。

(三)服务业:"辅助地位"、不予重视发展

改革开放前,我国经济建设的首要任务是发展工业,因而基本只重视物质生产领域的发展,对于"非物质生产领域",如金融、房地产等产业的发展基本不予重视,服务业处于经济发展的辅助和从属地位。① 新中国成立初期,传统服务业(批发和零售业、交通运输、仓储和邮政业、住宿和餐饮业)增加值占比约为60%,为服务业的主体部分,经过近30年的发展,传统服务

① 国家统计局:《新中国50年系列分析报告之二:结构大调整 经济高增长》,1994年9月14日。

业增加值占比下降 14.15%，但服务业内部占比位居前二的仍是批发和零售业、交通运输、仓储和邮政业，以金融、房地产为代表的现代服务业占比分别从 6.1%、7.3%上升至 8.9%、9.4%，发展依旧十分缓慢。

（四）总体的发展方向："以重为重"

新中国成立之初，国民经济体系尚未建立，工业基础极其薄弱，我国仍处于落后的农业国阶段。外部强敌环伺，国际环境长期处于冷战的大背景下，西方国家对新中国实施了经济封锁；内部百废待兴，长时间的战争极大地消耗了人力物力，经济社会发展遭受了沉重打击。在这种情况下，我国选择了走苏联经济发展的道路，优先发展重工业，希望通过优先发展基础工业产品，建立工业化的基础，推动国民经济的整体发展，同时保障国家安全。

改革开放前，我国对产业结构问题的基本表述为"两大部类"或"农轻重"问题。从"部类"的角度出发，我国这一阶段的重点产业集中在生产资料的第一部类中；从"农轻重"的划分角度出发，重点产业则集中在重工业中。具体而言，重工业主要包括能源产业、化工产业、金属产业、军工产业、交通设备制造等。图 7-4 展示了这一阶段重工业对经济增长的贡献。由于当时的统计口径与现在差距较大，这里使用工业总产值而非增加值进行贡献率的计算。

从图中看，绝大多数年份重工业贡献率大于 0.5，说明这一阶段工业总产值的增长主要来源于重工业，这在当时重工业比重并不高的情况下是难能可贵的。个别年份重工业贡献率大于 1 说明轻工业当年产值增量为负。

从需求角度来看，计划经济体制压制了需求，经济长期处于短缺状态；生产资料的优先增长对于生活资料增长的带动效果极为有限，甚至在"大跃进"期间出现了反向的效果，片面追求数量增长而忽视产品质量造成了大量资源浪费。从供给角度来看，能源、原材料、交通等产业的不足形成了

图 7-4　1953—1978 年我国重工业产值贡献率

注:1.重工业产值贡献率=重工业总产值增量/工业总产值增量。

2.上图不含 1974 年的异常值(15.5)。

数据来源:《中国工业经济统计资料:1949—1984》。

重工业快速发展的瓶颈。但是在这一时期,我国工业规模迅速扩张,工业产品种类逐渐增多,逐渐建立起独立的较为完整的工业体系和国民经济体系,为经济迅速发展提供了重要基础。

二、改革开放到 20 世纪末的产业结构特征

改革开放初期,国民经济重大比例关系失调严重,中央决定从 1979 年起用三年时间对国民经济实行以调整为中心的"调整、改革、整顿、提高"八字方针,到 1982 年三次产业比重为 32.8∶44.6∶22.6,比例关系逐渐协调。随着党的十一届三中全会的胜利召开,经济体制改革取得巨大成功,我国产

业结构发生了巨大变化。1999 年,我国三次产业占比为 16. 1∶45. 4∶38. 6,产业格局由“二一三”型向“二三一”型转变。从三次产业就业人数的结构来看,从事第一产业的人数占比从 70. 5%下降至 50. 1%,从事第二、三产业的人数迅速增加,到 1999 年分别达到 23%、26. 9%,与 1978 年相比分别增加了 5. 7个和 14. 7 个百分点。从三次产业对经济增长的贡献率来看,第二产业的贡献率最高,第一、三产业次之。其中,第一产业的贡献率整体下降,20 世纪 90 年代后保持在 7%左右;第二产业的贡献率均值达到 54. 7%,超过第一产业和第三产业之和,是经济增长的主要动力;第三产业的贡献率总体上升,相较于改革开放初期上升了 9 个百分点,发展较为迅速。

从这一阶段开始,我国开始广泛实施产业政策。1989 年颁布的《国务院关于当前产业政策要点的决定》是中央第一次就“产业政策”做出的全面阐述,并制定我国产业发展序列,要求集中力量发展农业、能源、交通和原材料等基础产业。1994 年,国家颁布《90 年代国家产业政策纲要》,明确现阶段的重要课题是优化产业组织结构,加快农业、基础设施和基础工业的建设,加快高新技术产业发展的步伐,鼓励发展第三产业。在《90年代国家产业政策纲要》的指导下,一系列专项产业政策《汽车工业产业政策》《水利产业政策》《中国能源政策》《国务院关于印发鼓励软件产业和集成电路产业发展若干政策的通知》等陆续出台,为产业发展提供了具体指导。

(一)农业:结构趋于合理,供需基本平衡

改革开放后,在党的十一届三中全会精神鼓舞下,各种形式的农业生产责任制迅速发展,1982 年中央出台《全国农村工作会议纪要》,推行包产到户、包干到户的家庭联产承包责任制,并要求按农、林、牧、副、渔全面发展的要求建立合理的生产结构,避免过去生产单一化的错误。联产承包责任制

和各项农村政策的推行，打破了我国农业生产长时间停滞不前的局面。在这一阶段，我国农业综合生产能力已有较大提高，农、林、牧、渔业进入快速发展阶段，牧、渔业比重分别由15%、1.6%提高至28.5%、10.3%，种植业占比由80%下降至57.5%，比例结构由失衡严重到日趋合理，市场供需基本平衡，成为国民经济保持稳定快速发展的重要因素。

（二）工业：实力不断增强，形成现代工业体系

改革开放后，中央在工业领域实行“轻纺工业优先”“地区经济梯度发展战略”“国际大循环”一系列政策以解决轻、重工业比例失衡等问题。1978—1999年轻工业产值比重由43.1%上升至49.2%，到20世纪90年代末轻、重工业发展逐渐协调。

在工业进程加快的同时，其内部结构也在不断升级优化（见表7-1），逐渐淘汰技术落后、浪费资源和污染严重的产业，压缩过剩产能，一些传统产业如纺织业等增长放缓，占比逐渐下降，以通信设备、计算机及其他电子设备制造业为代表的新兴产业迅速成长，促进了工业结构的升级，其他的新兴工业产业如航空航天工业、汽车工业等也从无到有，我国工业体系逐渐健全，逐步形成具有一定技术水平的现代工业体系。①

表7-1　1990年、2000年占工业总产值前5的行业

1990年		2000年	
纺织业	12.26%	通信设备、计算机及其他电子设备制造业	8.81%
机械工业	8.96%	化学工业	6.71%

① 国家统计局：《工业经济跨越发展 制造大国屹立东方——新中国成立70周年经济社会发展成就系列报告之三》，2009年7月10日。

续表

1990 年		2000 年	
化学工业	7.98%	交通运输设备制造业	6.26%
黑色金属冶炼及压延加工业	6.95%	纺织业	6.01%
食品制造业	6.77%	电气机械及器材制造业	5.64%

数据来源:《中国工业统计年鉴》、CEIC 全球经济数据库。

(三)服务业:加大重视发展,内部结构持续优化

改革开放后,中央加大对第三产业发展的鼓励与引导,特别是 1992 年《中共中央、国务院关于加快发展第三产业的决定》的发布,提出第三产业增长速度要高于第一、第二产业,第三产业增加值占国民生产总值的比重和就业人数占社会劳动者总人数的比重,力争达到或接近发展中国家的平均水平,第三产业迅速发展。

作为国民经济的重要组成部分,并且与人民生活密切相关的行业,在这一阶段,服务业逐渐成为推动国民经济增长的新引擎。1999 年,服务业 GDP 贡献率达到 37.4%,从服务业内部细分部门对其增长的贡献情况来看,批发和零售业对服务业增长的贡献总体呈现下降趋势(见表 7-2)。随着经济体制改革的推进,政府在放开交通运输市场等方面不断探索,20 世纪 90 年代初期交通运输、仓储和邮政业在蓬勃发展,成为服务业增长的主要动力,金融业、房地产等现代服务业快速发展,逐渐成为增长的新源泉。20 世纪 90 年代末期,由于交通运输业的增长放缓以及金融行业效益不理想等因素,导致交通运输、仓储和邮政业,金融业对服务业增长的推动作用有所下降。

表 7-2　1978—1999 年服务业内部主要行业对其增长贡献率　单位:%

年份	批发和零售业	交通运输、仓储和邮政业	住宿和餐饮业	金融业	房地产业
1978	41.04	14.61	6.17	6.70	5.48
1980	-6.62	18.36	3.17	9.23	9.32
1985	54.01	10.24	5.11	7.79	6.50
1990	-57.99	76.89	5.32	13.93	20.79
1992	27.41	12.91	6.83	13.78	16.18
1995	25.59	11.62	4.88	16.63	11.29
1997	19.17	9.65	5.91	12.60	7.97
1999	17.12	15.24	4.57	5.08	7.31

数据来源:《中国统计年鉴》。

在这一阶段,我国第三产业得到了前所未有的重视,第三产业内部比例也发生了较大改变。农林牧渔服务、地质勘探和水利管理、金融保险、房地产、社会服务等行业迅速发展。1999 年,批发和零售业,交通运输、仓储和邮政业在第三产业中的增加值占比分别下降为 21.7%、15.0%,金融业和房地产业比重持续上升,分别由 1978 年的 8.6%、8.9% 上升为 13.0%、10.6%。虽然第三产业发展速度较快,由于制度性垄断和人们对于第三产业发展态度并不积极等因素,导致服务业内部仍以传统服务业为主,一些新兴服务业发育不足,服务业内部结构需要进一步的优化。

(四)重点产业的转变:“由重到轻”

改革开放给人们带来的最大改变是思想上的解放,西方的学术思想、理论及先进经验开始大量涌入我国,社会的各个领域都开始了对前一阶段的反思,经济领域也不例外。“三个产业”的提法逐渐被人们所接受和使用,这意味着非物质生产的服务业在经济中的地位逐渐被人们所承认。我国产业结构严重失衡的问题也成为共识,在协调产业结构的同时确定什么样的产业优先发展顺序是当时学界的热点话题。

整体而言，这一阶段一改之前优先发展重工业生产的战略，而强调农业、轻工业和重工业协调发展。具体而言，充分发挥自身优势并通过政策倾斜优先发展优势项目的思路是本阶段的一大特色：从区域来看，充分发挥沿海地区的地理优势，建立经济特区，设立沿海开放城市；从产业来看，充分发挥我国劳动力比较优势，优先发展劳动密集型产业，进而形成其产品在国际市场的竞争力。

从这一阶段开始，我国开始广泛实施产业政策。劳动密集型产业，如纺织、服装、玩具、家具等产业，成为本阶段的重点产业。从历史角度来看，前一阶段我国忽视了对轻工业的发展，这一重点产业的选择实际上是补了短板。从理论角度来看，这一选择是对比较优势理论的实践，表现出我国经济指导思想的取向变化。从现实来看，我国在这一时期逐步从计划经济体制向社会主义市场经济体制转变，市场主体的积极性被极大地调动起来，刚从短缺经济过来的人民面对日趋丰富的商品展现出了远超过去的新奇和消费欲望，而这一阶段的重点产业多集中在生产消费品的轻工业，恰好促进了供给与需求的良性循环。图 7-5 和图 7-6 展示了这一阶段轻工业对经济增长的贡献率。

由于数据的限制，对 1990 年之前计算的轻工业产值贡献率，与上文的重工业产值贡献率的概念类似，同年二者之和等于 1。图 7-6 中重点产业的范围与轻工业接近，由于增加值数据可得，故采用了和通常意义上的贡献率相同的计算方法，这也使得图 7-5 和图 7-6 的数据不可比。从整体来看，1978—1990 年轻工业的贡献率呈波动上升趋势，后期基本稳定在 0.5 左右；1991—1995 年，重点产业对 GDP 增长的贡献率明显提高，但到 1995 年后逐渐下降，这既有亚洲金融危机的影响，也体现出我国重点产业的转移。

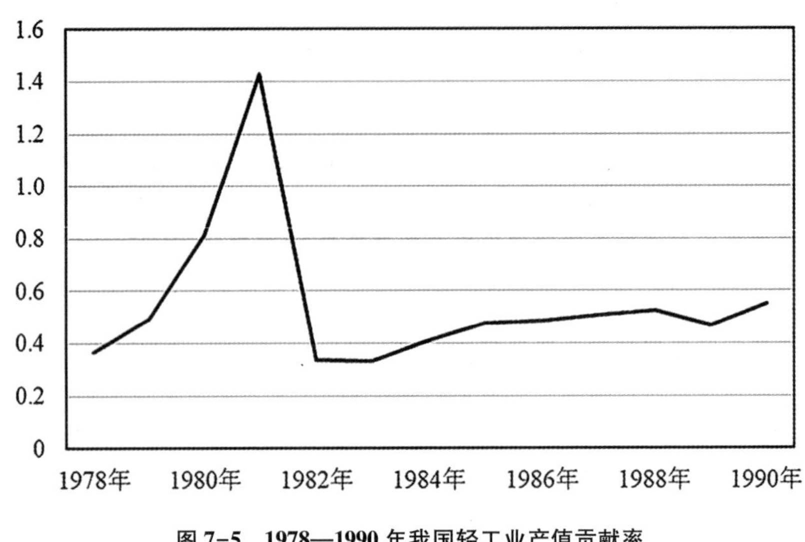

图 7-5　1978—1990 年我国轻工业产值贡献率

注：轻工业产值贡献＝轻工业总产值增量/工业总产值增量。

数据来源：《中国工业经济统计资料 1949—1984》。《中国工业经济统计年鉴》（后更名为《中国工业统计年鉴》）。

这一时期，我国工业发展逐步转向以提高经济效益为中心，是"求富"阶段。改革开放所释放的经济活力使得工业品产量持续增加，钢、煤等初级工业品产量甚至跃居世界第一。供给的充足形成了买方市场，问题也随之从"量"逐渐转向了"质"。从供给的角度来看，由于这一阶段呈现出地方政府各自为政的情形，重复技术引进、重复建设、争抢原料等问题出现，微观主体生产效益不高，宏观上表现为部分传统产业产能过剩。从需求的角度来看，基础设施产业的发展逐渐不能满足生产和生活的需要。20 世纪 90 年代美国信息技术革命之后，电子及通信设备、电气机械等产品逐渐渗透到生产生活的方方面面，而我国在这一阶段与西方发达国家的差距还很大。因此，20 世纪 90 年代末我国的重点产业逐渐考虑向机电、信息等产业转移。

图 7-6　1991—2000 年我国轻工业 GDP 贡献率

注:1.轻工业 GDP 贡献率=轻工业增加值增量/国内生产总值增量。

2.由于统计制度的改革,“轻工业”的统计口径逐渐被弃用。这里为了保持一致,仍使用“轻工业”这一概念进行描述。

3.图中不含 1998 年的异常值(-0.22)。

数据来源:中国时间序列投入产出表(中国人民大学应用经济学的编制)。

三、21 世纪初到党的十八大的产业结构特征

21 世纪以来,随着工业化、城镇化加速推动,我国产业结构经历了深刻调整。2011 年我国三次产业占比为 9.2∶46.5∶44.3,产业格局保持在“二三一”型,第一产业占比从 14.7%下降至 9.2%,第二产业占比基本稳定,超过 45.0%,第三产业占比从 39.8%上升至 44.3%,基本实现三次产业的协同发展。从三次产业就业人数的结构来看,我国从事第一产业的人数比例

仍然最大，但是占比从 50. 0%迅速下降至 34. 8%，第二产业就业人数占比从 22. 5%增加至 29. 5%，第三产业就业人数占比从 27. 5%上升至 35. 7%，我国从传统的农业国逐步向工业和服务业大国迈进。

这一阶段，我国产业政策以优化升级为主要目标。2005 年国务院颁布《促进产业结构调整暂行规定》，要求全面落实科学发展观，推进产业结构优化升级，促进一、二、三产业健康协调发展，逐步形成以农业为基础、高新技术产业为先导、基础产业和制造业为支撑、服务业全面发展的产业格局，实现可持续发展。2008 年国际金融危机爆发，我国经济发展遭遇严峻挑战，这一时期的产业政策以稳定经济为短期目标，将汽车、钢铁、造船、石化、轻工、纺织、有色金属、装备制造、电子信息、现代物流作为十大重点产业进行结构调整和优化升级。2010 年发布的《国务院关于加快培育和发展战略性新兴产业的决定》中提出，将节能环保、新一代信息技术、生物、高端装备制造、新能源、新材料、新能源汽车等产业作为战略性新兴产业，推动产业结构的升级。

（一）农业：结构持续优化，加快发展现代农业

进入 21 世纪，中央不断加大对农业农村扶持的力度，针对“三农”工作提出“多予、少取、放活”重要方针，并出台一系列支农惠农政策，实施“四减免”“四补贴”等政策，先后在全国范围内取消了农业特产税、牧业税、农业税和屠宰税，大大促进农业发展。

随着市场化、工业化、城镇化以及加入 WTO 的影响，我国农业综合生产能力大幅提高，农村基础设施明显加强，农、林、牧、渔业结构不断优化，牧业和渔业的比重分别由 29. 7%、10. 9%转变为 32. 0%、9. 3%，种植业占比由 55. 7%下降至 51. 2%，逐步实现以种植业为主的传统农业向农林牧渔全面发展的现代农业的转变，促进农业从自给半自给经济向着较大规模的商品生产转化。

（二）工业：重化工业加快发展，推进产业结构高度化

2000年后，随着经济发展水平的提高，消费结构的升级和城市化建设对工业特别是重工业产品的需求增加明显，在房地产、汽车等消费结构的升级推动下，工业增长再次出现以重工业为主导的发展格局，2011年工业总产值占比前5的行业分别为黑色金属冶炼及压延加工业（7.59%），通信设备、计算机及其他电子设备制造业（7.56%），交通运输设备制造业（7.49%），化学工业（7.20%），电气机械及器材制造业（6.09%）。工业内部结构持续优化升级，以机械电子工业、石油化学工业、汽车制造业、航空航天工业及建筑业为主体的重化工业加快发展，推进了我国工业内部结构高度化。

这一阶段，我国制造业规模迅速扩大，2010年我国制造业产值超过美国，跃居世界第一。制造业的快速发展对我国经济的持续发展起到了重要的推动作用（见图7-7），制造业GDP贡献率均值在30%左右，制造业持续

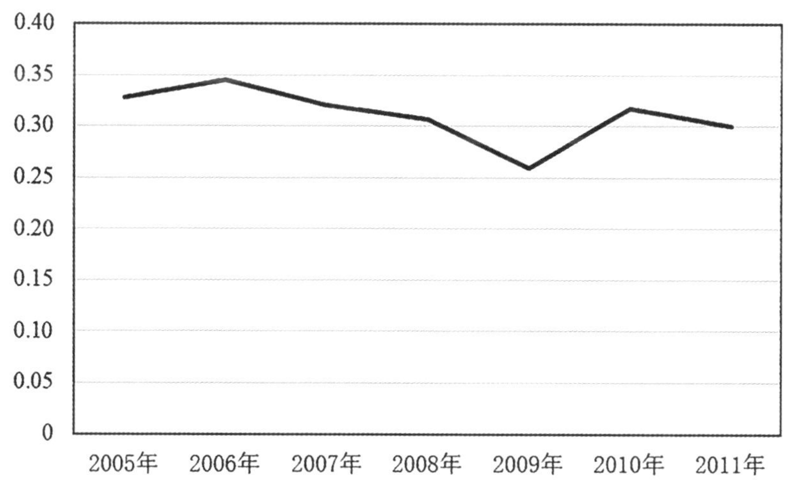

图7-7　2005—2011年我国制造业GDP贡献率

注：由于数据受限，关于制造业GDP贡献率从2005年开始讨论。
数据来源：《中国统计年鉴》。

成为带动我国经济增长的一大产业。金属冶炼及压延加工业、纺织业等传统制造业加快产业升级,带动制造业增长的同时,加快新动能的孕育发展。以电子信息为代表的高技术制造业高速增长,成为经济发展的新动力源泉,其他高技术制造业如生物工程、医药制造、航空航天产业等加快发展,初步形成较为完整的高技术产业体系。

然而,与发达国家相比,"中国制造"大而不强,处于全球产业价值链的中低端,面临着资源环境成本上升的巨大压力,产业利润率明显偏低,甚至出现"去工业化"的倾向,"中国制造"的转型升级与跨越式发展的任务依旧紧迫而艰巨。

(三)服务业:传统与现代服务业共同发展

在这一阶段,服务业改革稳步推进,行业准入门槛降低,随着工业化、城镇化的快速推进,企业、居民、政府等对服务业的需求日益旺盛,服务业 GDP 贡献率整体水平上升,由 2000 年的 36.2%上升至 2011 年的 45%,逐渐成为我国经济增长的主要带动力量。从内部细分部门对服务业增长的贡献来看,金融业、房地产业等现代服务业蓬勃发展,逐渐成为服务业增长的主要带动力量;批发和零售业,交通运输、仓储和邮政业等传统服务业加快转型升级,在互联网的推动下不断涌现出服务业新模式,孕育出服务业增长的新动力。

在这一阶段,批发和零售业占比基本保持不变,2011 年占第三产业比重为 20.5%,比 2000 年下降 0.2 个百分点,交通运输、仓储和邮政业,住宿和餐饮业增加值占比逐渐下降,2011 年占第三产业比重分别为 10.2%、4.0%,比 2000 年下降 5.4 个和 1.4 个百分点。金融业、房地产业比重持续上升,2011 年占比分别为 14.4%、13.0%,比 2000 年上升 2.1 个和 2.5 个百分点,服务业内部结构持续优化,基本形成以传统服务业为主到传统服务业与现代服务业共同发展的格局。

（四）重点产业的发展：从轻工业到装备制造与基础设施建设

21世纪伊始，我国经济发展步入了一个全新的阶段。亚洲金融危机的影响逐渐消散，入世又为中国提供了前所未有的机遇和挑战。入世后，我国进一步提高开放水平，充分发挥劳动力成本优势，深度参与国际产业分工，工业持续增长；商品房市场繁荣，房地产飞速增长；投资和出口大幅增加。抓住入世这一机遇，我国2003—2007年GDP增速连续5年超过10%。2008年全球金融危机爆发，我国逐步推进实施应对危机的“一揽子”计划，保住了经济增长，加快了民生工程、基础设施、生态环境建设和汶川地震的灾后重建。2010年，我国GDP超越日本，跃居世界第二。中国已经成为名副其实的“世界工厂”，是世界上唯一拥有联合国产业分类中全部工业分类的国家。

这一时期，我国逐渐步入工业化中期阶段，要求数量和质量发展并重，并提出走工业化与信息化相互促进、科技含量高、资源消耗低、环境污染少、依靠人力资本优势的新型工业化道路。作为工业的核心部分，装备制造业是这一阶段的重点产业。具体而言，其主要包括通用、专用设备制造，电气机械及器材制造，交通运输设备制造，通信设备、计算机及其他电子设备制造业，仪器仪表制造等行业门类。根据序列投入产出表给出的数据进行计算，可以看出从20世纪90年代末我国受到信息技术革命影响开始，装备制造业已经成为对国民经济各部门需求拉动作用最大的产业（见表7-3）。这种拉动作用，在投入产出分析中可以用影响力系数衡量。

表7-3 1992—2010年部门影响力系数前5名的部门

年份	排名前5的部门
1992	缝纫及皮革制品业，电子及通信设备制造业，纺织业，金属制品业，电气机械及器材制造业
1995	缝纫及皮革制品业，纺织业，交通运输设备制造业，电气机械及器材制造业，金属制品业

续表

年份	排名前 5 的部门
1997	电气机械及器材制造业,电子及通信设备制造业,金属制品业,交通运输设备制造业,金属冶炼及压延加工业
2000	电子及通信设备制造业,电气机械及器材制造业,交通运输设备制造业,仪器仪表及文化办公用机械制造业,金属制品业
2002	通信设备、计算机及其他电子设备制造业,仪器仪表及文化办公用机械制造业,电气、机械及器材制造业,交通运输设备制造业,金属制品业
2005	通信设备、计算机及其他电子设备制造业,仪器仪表及文化办公用机械制造业,交通运输设备制造业,电气机械及器材制造业,金属制品业
2007	通信设备、计算机及其他电子设备制造业,电气机械及器材制造业,仪器仪表及文化办公用机械制造业,交通运输设备制造业,金属制品业
2010	通信设备、计算机及其他电子设备制造业,电气机械及器材制造业,交通运输设备制造业,仪器仪表及文化办公用机械制造业,金属制品业

数据来源:中国时间序列投入产出表(中国人民大学应用经济学院编制)。

根据序列投入产出表可以计算这一阶段重点产业对经济增长的贡献(见图 7-8)。重点产业包括金属制品制造,通用专用设备制造,交通运输

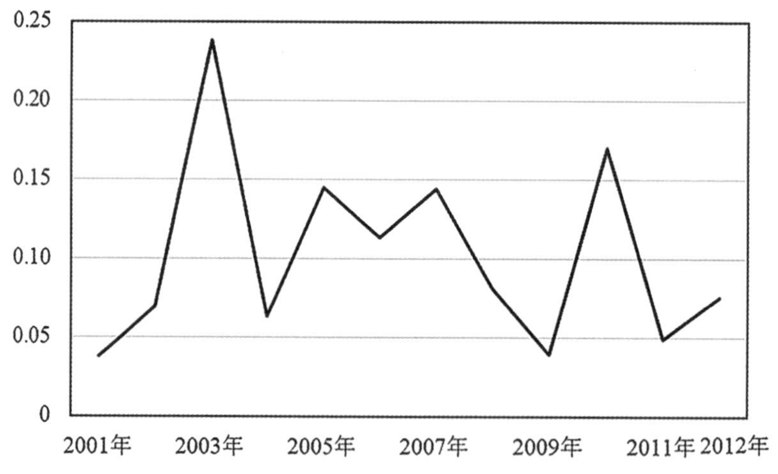

图 7-8　2001—2012 年我国重点产业 GDP 贡献率

数据来源:中国时间序列投入产出表(中国人民大学应用经济学院编制)。

设备制造，电气机械及器材制造，通信设备、计算机及其他电子设备制造，仪器仪表制造。

可以看到，在2008年金融危机之前，贡献率整体呈现上升趋势，说明重点产业的发展在经济增长中起到越来越大的作用；而2008年后，贡献率整体有所下滑，但它们的影响力系数仍然排名靠前，也即此时装备制造业更多地承担了支柱作用，而不是直接从增量上构成经济增长的主要部分。

基础设施建设在这一阶段也有飞跃式的提升，在规模上取得举世瞩目的成就。以交通为例，从2001年至2010年，铁路营业里程从7.01万公里增加到9.12万公里，其中铁路电气化里程从1.69万公里增加到3.27万公里，增加了将近一倍；公路里程从169.8万公里增加到400.82万公里，其中高速公路从1.94万公里增加到7.41万公里，是21世纪初的将近四倍。基础设施产业包括交通、邮电、水电供应等，是直接为人民生活和生产部门提供物质基础保障和服务的产业，自21世纪以来也成为我国发展的重点。基础设施建设通过其乘数效应，为我国在这一时期经济的稳步增长作出了贡献，尤其在应对2008年金融危机时起到了极大的作用。

在这一阶段，工业的高速发展同时也埋下了一些隐患，如资源和环境问题逐步显现，部分地区出现“荷兰病”的苗头，经济仍很难摆脱粗放型增长方式，高技术产业发展不足等。应对金融危机的“一揽子”计划在稳住经济增长的同时，也带来了比较严重的工业产能过剩问题。

四、党的十八大以来的产业结构特征

2012年，党的十八大明确提出全面深化改革的战略部署。但随着人口红利衰减、“中等收入陷阱”风险累积、国际经济格局深刻调整等内外因素的影响，中国经济正进入“新常态”，供需关系正面临着不可忽视的结构性失衡，经济增长方式亟须从规模速度型粗放增长转向质量效率型集约增长。2015年，中央提出着力加强供给侧结构性改革，推行去产能、去库存、去杠杆、降成本、补短板五大任务，推动化解过剩产能，大力培育新动能，强化科技创新，推动产业优化升级。

在这段时间内，我国产业结构发生了深刻变化，三次产业占比由9.1∶45.4∶45.5调整为7.7∶37.8∶54.5，由“二三一”型向“三二一”型产业格局转变，就业人数结构与增加值占比的变动趋势基本一致，第三产业吸纳就业的能力不断增强，就业人数占比提高了11.6个百分点，第一、二产业就业人数占比分别下降9.9个、1.8个百分点，我国越来越多的劳动力正在从第一、二产业转向第三产业，服务业规模日益壮大，逐渐成为支撑国民经济的第一大产业。

（一）农业：深化农业供给侧结构性改革

党的十八大以来，我国持续推进农业供给侧结构性改革，2015年农业部印发《关于进一步调整优化农业结构的指导意见》，提出加快构建粮经饲统筹、种养加一体、农牧渔结合的现代农业结构，走产出高效、产品安全、资源节约、环境友好的现代农业发展道路。在这一阶段，我国农业供给体系效率与质量正在不断增强，农产品供给数量、品种和质量基本契合消费者需要。1982年我国粮食产量与消费量远超肉、蛋、奶产量与消费量，随着生活水平的提高，人们对肉、蛋、奶的消费量不断提高，对肉、蛋、奶的需求也不断扩大，而农产品产量中肉类、禽蛋类、奶类的比重也相应上升，逐渐形成以需求为基本导向、结构合理、保障有力的农产品供给。

（二）工业：优化结构升级、加快新动能孕育

一方面，传统工业在进行技术改造、优化升级的同时，也在不断调整优化原材料工业，淘汰落后产能。2012—2018年以能源原材料为主的高耗能产业、采矿业增速放缓，高耗能产业、采矿业占规模以上工业比重总体呈现下降趋势（见表7-4），其中采矿业下降2.41个百分点。目前我国高耗能产业体量仍十分巨大，有较大空间进行结构调整，加大淘汰落后产能、化解过剩产能力度，节能降耗。

表7-4　高耗能产业、采矿业增加值占工业比重　　单位：%

年份	化学工业	金属冶炼和压延加工业	石油、炼焦产品和核燃料加工业	电力热力的生产和供应业	采矿业
2012	11.20	9.58	3.59	6.06	12.67
2013	11.20	8.66	3.51	7.14	10.52
2014	11.29	8.02	3.24	6.78	9.25
2015	11.84	6.60	3.52	5.68	7.80
2016	11.63	6.97	3.25	5.58	7.12
2017	12.45	8.48	3.43	6.43	10.20
2018	12.24	9.34	3.65	6.82	10.26

数据来源：中国时间序列投入产出表（中国人民大学应用经济学院编制）。

另一方面，高技术产业的迅速发展，推动了我国经济高质量发展。进入21世纪特别是党的十八大以来，我国大力发展高技术产业和先进制造业。2018年，高技术产业增加值占比为8.4%，比2000年增加了3.94个百分点，2011年开始高技术产业增加值占比处于稳定增长的态势（见图7-9），在国民经济中占据重要地位，成为新的经济增长点，并推动传统产业技术改造，对促进经济转型升级具有重要意义。

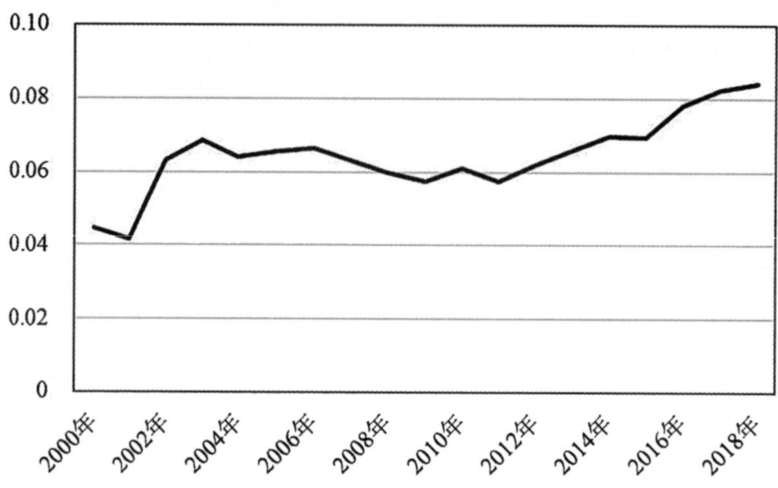

图 7-9　2000—2018 年我国高技术产业增加值占比变化

数据来源：中国时间投入产出序列表（中国人民大学应用经济学院编制）。

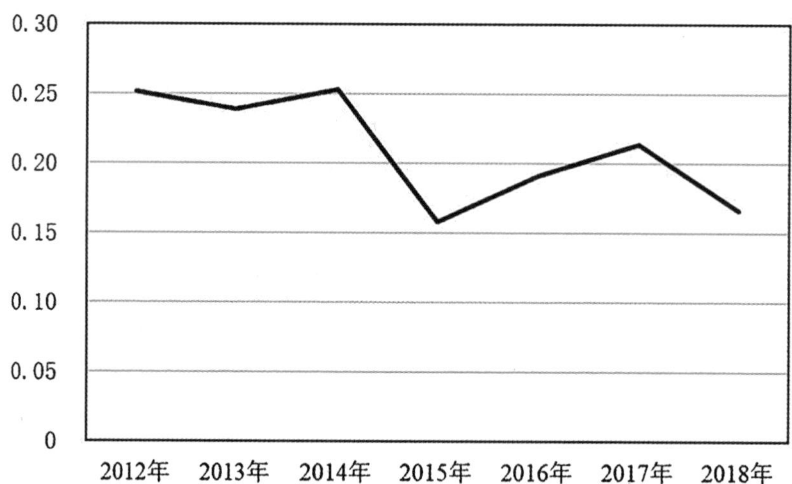

图 7-10　2012—2018 年我国制造业 GDP 贡献率

数据来源：中国时间投入产出序列表（中国人民大学应用经济学院编制）。

这一阶段,我国制造业发展快速,有力推动工业化和现代化进程,制造业 GDP 的贡献率均值在 21%左右(见图 7-10),拉动制造业增长的主要产业力量发生了积极转变,通信设备、计算机和其他电子设备制造业等对制造业的拉动作用不断增强。相比上一阶段,制造业对经济增长的推动作用有所下降,拉动制造业增长的主要力量仍以资源密集型产业为主,我国制造业仍然大而不强,在自主创新能力、资源利用效率、信息化程度等方面与世界先进水平有明显差距。2015 年,李克强提出《中国制造 2025》,将新一代信息技术产业、高档数控机床和机器人、航空航天装备、海洋工程装备及高技术船舶、先进轨道交通装备、节能与新能源汽车、电力装备、农机装备、新材料、生物医药及高性能医疗器械等作为需重点突破的十大战略领域,力争通过"三步走"实现"制造强国"的战略目标。

(三)服务业:推动经济社会健康发展的强劲动力

党的十八大报告中指出,要推动服务业特别是现代服务业发展壮大,使经济发展更多依靠现代服务业和战略性新兴产业带动。党的十八大以来,服务业对国内生产总值的贡献率明显提升,服务业对经济增长的贡献率超过第二产业并突破 50%,成为经济增长的新引擎。从内部细分部门对服务业增长的贡献来看(见表 7-5),房地产业、金融业、信息服务业等现代服务业是服务业增长的主要推动力,批发和零售行业等传统服务业也加速转型升级,成为助推服务业持续增长的新动能。

表 7-5　2012—2017 年服务业内部对其增长贡献率前 5 的部门

年份	贡献率前 5 的部门
2012	批发和零售业,金融业,房地产业,公共管理,社会保障和社会组织,交通运输、仓储和邮政业

续表

年份	贡献率前 5 的部门
2013	批发和零售业，金融业，房地产业，交通运输，仓储和邮政业，文化、教育和卫生业
2014	批发和零售业，金融业，教育、科学研究和技术服务业，交通运输、仓储和邮政业
2015	金融业，批发和零售业，房地产业，公共管理、社会保障和社会组织，文化、教育和卫生业
2016	房地产业，批发和零售业，公共管理、社会保障和社会组织，信息传输、软件和信息技术服务业，金融业
2017	批发和零售业，房地产业，信息传输、软件和信息技术服务业，金融业，交通运输、仓储和邮政业

数据来源：《中国统计年鉴》。

一方面，我国服务业规模持续扩大，内部结构不断升级优化。2018 年，服务业增加值占比前三的产业分别是批发和零售业、房地产业、金融业，批发和零售业增加值比重虽然最高，但从占比 20. 8%逐渐下降到 17. 9%，并且与其他产业的差距不断缩小，房地产业增加值比重从 13. 0%上升至 13. 9%，金融业增加值比重从 14. 6%下降至 12. 5%，现代服务业发展快速，增加值比重约 70%，成为带动经济发展的主要力量。信息传输、软件和信息技术服务业增加值比重从 4. 9%上升至 7. 0%，提高了 2. 1 个百分点，以信息传输、软件和信息技术服务业为代表的新兴产业增长迅速，带动经济增长的同时也深刻改变了人们生产生活的方式。

另一方面，生活性服务业与生产性服务业比重相对稳定，2012 年，我国生活性服务业增加值比重为 41. 7%，2017 年生活性服务业比重为 41. 5%，生活性服务业的稳定发展有利于满足居民美好生活的多样化需求；2012—2017 年生产性服务业增加值占比从 58. 3%上升至 58. 5%，在服务业总体快速增长的同时，生产性服务业占比的稳定有利于促进第二、三产业的融合发展，推动制造业加快迈向全球价值链中高端。

（四）新时代的新重点：技术瓶颈与资源约束

党的十八大开启了中国特色社会主义新时代，我国经济社会进入高质量发展阶段，增长方式进一步向集约型转变。新时代以来，我国提出以五大发展理念为导向，坚持创新驱动、绿色发展，走中国特色新型工业化道路。随着经济发展进入新常态，"三驾马车"中的消费在拉动经济增长和产业结构变动中起到了越来越重要的作用。大数据、云计算、人工智能等新技术的发展，不仅改变了人们的生产方式，更改变了人们的生活方式。服务业凭借新技术提供的各种新平台，在实现快速增长的同时，也优化了服务业内部的产业结构。另外，随着智慧经济时代的到来，基础设施也发展出了新的内容。5G 基站、人工智能、特高压等新基建项目逐渐成为人们关注的焦点。在这一阶段，我国基础设施建设进一步提升，尤其体现在技术上，例如我国高速铁路技术已经凭借高速、稳定、价低等优势迈出国门。

新时代以来，我国也遇到了一些问题与挑战。国际环境发生了较大的变化。一些发达国家在高技术领域围堵中国的发展。2018 年中美贸易争端爆发，我国在高技术领域的不足逐渐受到重视。其他发展中国家利用劳动力成本优势争夺劳动密集型产业的生产，我国劳动密集型产业受到极大挑战。前一阶段遗留下来的问题日益凸显，包括资源环境问题、落后产能过剩问题、收入分配问题等。我国社会主要矛盾转化为人民日益增长的美好生活需要和不平衡不充分的发展之间的矛盾。

面对这一系列问题与挑战，我国提出要坚持以供给侧结构性改革为主线，提高工业产能利用率。发展现代产业体系，改造传统制造业，做大做强高技术产业。实施制造强国战略，加强质量品牌建设，提升新兴产业支撑作用。现阶段，我国战略性新兴产业包括九大领域：新一代信息技术产业、高端装备制造产业、新材料产业、生物产业、新能源汽车产业、新能源产业、节能环保产业、数字创意产业、相关服务业。这些产业以重大技术突破和重大发展需求为基础,对经济社会全局和长远发展具有重大引领带动作用,知识技术密集、物质资源消耗少、成长潜力大、综合效益好。为了更好地与统计数据对接,下文将定义更为明确的高技术产业作为现阶段重点产业进行讨论。图 7-19 展示了现阶段高技术产业在经济增长中的贡献。

图 7-11 中的高技术产业选取了序列投入产出表中的 4 个部门:通信设备、计算机和其他电子设备,仪器仪表,信息传输、软件和信息技术服务,科学研究和技术服务。这种选择虽然比统计标准中的高技术产业范围小了一些,但数据易于获得且可以体现高技术产业整体特点。可以看出,高技术产业贡献率在整体上呈现出先上升后下降的趋势,这与 2018 年的中美贸易战和科技战不无关系。尽管贡献率在近期有所下降,但高技术产业增加值占比在 2018 年时还不到 0. 10 个百分点。由此可见,高技术产业的整体规模仍有较大的发展空间,只要打破技术瓶颈,高技术产业的发展对经济增长的贡献还会进一步增大。

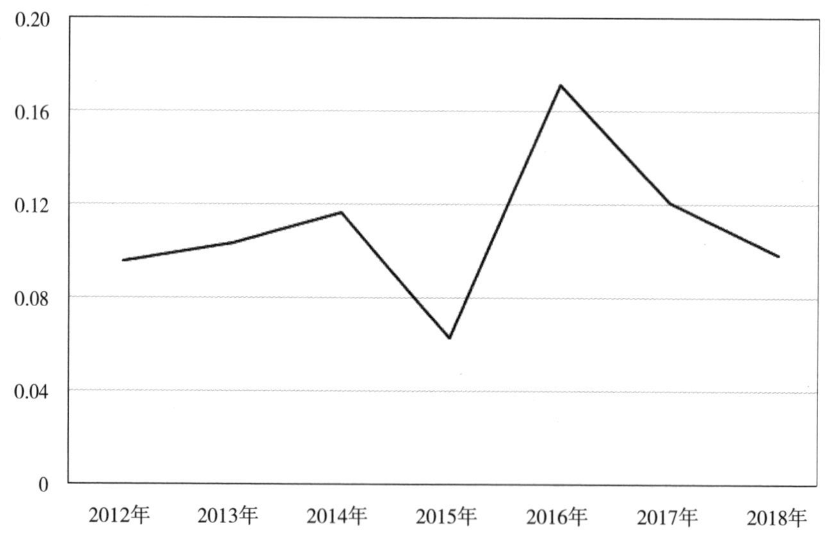

图 7-11　2012—2018 年我国重点产业 GDP 贡献率

数据来源:中国时间序列投入产出表(中国人民大学应用经济学院编制)。

能源产业和原材料产业一直具有基础产业和瓶颈产业的属性。根据序列投入产出表给出的数据进行计算，能源产业和原材料产业对国民经济的推动作用一直很强。这种推动作用，在投入产出分析中可以用推动力系数衡量(见表7-6)。

表7-6　2000—2017年部门推动力系数前5名

年份	排名前5的部门
2000	金属矿采选业，石油和天然气开采业，废品废料，煤炭采选业，电力、热力的生产和供应业
2002	石油和天然气开采业，金属矿采选业，废品废料，金属冶炼及压延加工业，石油加工、炼焦及核燃料加工业
2005	石油和天然气开采业，废品废料，金属矿采选业，煤炭开采和洗选业，石油加工、炼焦及核燃料加工业
2007	石油和天然气开采业，金属矿采选业，废品废料，煤炭开采和洗选业，电力、热力的生产和供应业
2010	石油和天然气开采业，金属矿采选业，煤炭开采和洗选业，电力、热力的生产和供应业，石油加工、炼焦及核燃料加工业
2012	石油和天然气开采业，金属矿采选业，废品废料，煤炭采选业，非金属矿和其他矿采选业
2015	石油和天然气开采业，金属矿采选业，废品废料，煤炭采选业，非金属矿和其他矿采选产品
2017	石油和天然气开采业，金属矿采选业，废品废料，煤炭采选业，非金属矿和其他矿采选业

然而，无论从工业化进程来看，还是从资源环境角度来看，都不应继续大幅扩张能源产业和原材料产业，这是所谓的“水多加面，面多加水”；而应从其需求方，即工业产品的供给方着手，积极促进经济整体技术向节约资源、降低排放的方向演进，淘汰落后产能，加快转型升级，优化产品结构，提升产品质量。

五、我国目前产业结构存在的问题

改革开放40多年以来,我国工业化所取得的成就举世瞩目,但目前我国工业化仍然处于不平衡不充分的阶段。第一,国际竞争力不强。这表现为缺乏核心技术、关键零部件生产能力,高端工业产值比重、高端产品供给能力、价值增值能力较低。第二,工业化进程存在明显的区域不平衡问题。我国东部地区已经整体进入工业化后期,但中西部省份大多仍处于工业化中期,并且其工业化需求与资源环境承载力之间的矛盾日益突出。第三,新技术革命背景下的制造业服务化是世界工业经济发展的主流趋势,但中国以生产性服务业为主体的现代服务业发展较为滞后,这不利于中国的先进制造业发展和产业转型升级。①

基于上述对我国工业化进程的认识,下面总结了我国近年来产业结构中最为突出的两个问题:过早去工业化与技术瓶颈制约。

(一)过早去工业化

“去工业化”一词最早被用于反映第二次世界大战之后战胜国对战败国的工业生产进行限制和改造,以削弱其经济基础的制裁方式。在理论研究中,“去工业化”被界定为一个国家或一个经济体内部工业部门就业占总就业的比重与工业部门产值占总产值的比重双双持续下降的现象。② 随着

① 魏后凯、王颂吉:《中国“过度去工业化”现象剖析与理论反思》,《中国工业经济》2019年第1期。

② 乔晓楠、杨成林:《去工业化的发生机制与经济绩效:一个分类比较研究》,《中国工业经济》2013年第6期。

世界经济的发展,去工业化现象逐渐扩散至一些新兴市场国家和欠发达国家,并且呈现出不同于发达国家的去工业化特征,典型例子就是20世纪80年代以巴西为代表的拉美国家。一般来说,去工业化有“正常”和“过早”之分。正常的去工业化是工业比重在达到预期顶点后出现正常下降的现象,是经济发展到一定程度以后产业结构演变的自然结果。而过早的去工业化与前者不同,工业比重由上升转变为下降的拐点会提前出现,并且顶点的峰值有所降低。这一般意味着在工业化还不充分、工业产品还未具备竞争优势的条件下,第三产业过快发展。去工业化对不同经济体的影响也不尽相同。对发展中国家而言,过早的去工业化可能会导致产业结构进一步扭曲,产业转型升级面临更大困难,经济长期处于“中等收入陷阱”难以跨越;对发达国家而言,去工业化存在是否过度的问题,过度的去工业化可能引起产业空心化,美国次贷危机和欧盟债务危机已经给人们敲响了警钟,虚拟经济的过度发展逐渐引起了人们的反思。

在工业化仍然不平衡不充分的发展背景下,我国过早去工业化的隐患逐渐出现。从数据上来看,改革开放以来,我国第二产业GDP占比从1978年的47.7%下降至2018年的40.7%,并且从2007年开始整体呈现波动下降趋势。而根据世界银行的统计,我国2010年的人均GDP仅为4550美元,而历史上发达国家在出现去工业化现象时,人均GDP在1万美元左右。这意味着我国过早地出现了第二产业增加值比重下降的情况。从具体产业来看,以金融、房地产为核心的高端服务业存在过度膨胀的趋势,而这种过度膨胀会导致经济虚拟化,美国就是个例子;低端服务业对农村剩余劳动力的吸引力较大,但低端服务业多具有不稳定性和低附加值的特点,单纯依靠低端服务业推进城市化进程会走上某些发展中国家的老路,导致经济体长期难以跨越中等收入陷阱;劳动密集型产业竞争激烈,世界上其他发展中国家利用劳动力成本优势争夺劳动密集型产业的生产,我国微观主体面临内忧外患的局面，劳动密集型产业成为我国最容易出现去工业化的产业。

在这个背景下，我国政府非常重视制造业的发展，在《中华人民共和国国民经济和社会发展第十四个五年规划和 2035 年远景目标纲要》"深入实施制造业强国战略"中明确提出了"保持制造业比重基本稳定，增强制造业竞争优势，推动制造业高质量发展"。

（二）技术瓶颈制约

改革开放以来，我国利用"后发优势"实现了经济的快速增长，技术引进、模仿学习等途径降低了技术进步所消耗的成本，但一定程度上限制了自主创新的发展。一方面，我国自主创新能力仍存在不足，核心技术受制于人，包括集成电路、软件、高端精密仪器等领域。这会使得我国在全球竞争与合作中陷入被动地位，极容易受到来自发达国家的知识产权威胁，甚至是市场封锁。另一方面，从宏观角度来看，我国技术扩散和转化能力也不强，在局部领域取得的创新成果不易扩散到全国或其他领域，整体技术升级较慢。

无论是对于这个时代，还是对于中国，技术的地位得到了前所未有地提高和重视。目前我国工业化正处于中后期阶段。在全球产业链中的位置不断上移的过程中，我国与发达国家在高技术领域的竞争是不可避免的。高技术产业具备技术密集的特征，对创新的要求极高，且依赖性强。如果科技实力和技术水平不能得以提升，国家整体创新能力不能得到提高，技术瓶颈将极大地影响我国工业化的发展，并制约整体经济的发展。

（中国人民大学应用经济学院研究生邓滢、梁云淞也参与了本文的撰写）

第八讲　中国能源发展与成就

宋枫

中国人民大学应用经济学院教授，博士生导师，能源经济系主任

郭伯威

中国人民大学应用经济学院助理教授，剑桥大学能源政策研究所客座研究员

新中国成立以来，我国工业体系和国民经济体系迅速发展，取得了举世瞩目的成就。尤其自改革开放以来（至 2019 年年底），我国国内生产总值按不变价计算增长 33.5 倍，年均增长 9.5%，平均每 8 年翻一番，远高于同期世界经济 2.9%左右的年均增速，在全球主要经济体中稳居第一。

能源作为经济发展的重要保障，对于我国长期稳定的发展具有举足轻重的作用。受制于富煤、贫油、少气的自然资源禀赋，我国因地制宜，逐渐形成了以煤炭为主的能源结构。作为我国的主体能源，煤炭为我国国民经济和社会稳定较快发展提供了强有力的支撑。

改革开放以来，我国通过经济快速发展带动能源领域，加强资源开发以及基础设施建设，能源结构发生了翻天覆地的变化，逐步形成了煤、油、气、可再生能源多核驱动的现代化的能源体系。

党的十八大以来，我国能源产业又迈上了一个新台阶。面对国际能源发展新趋势、能源供需格局新变化，以习近平同志为核心的党中央高瞻远瞩，坚持绿色发展理念，大力推进生态文明建设，提出“能源革命”的战略思想，为我国能源发展指明了方向、明确了目标，推动能源事业取得新进展。面对资源制约日益加剧、生态环境约束凸显的突出问题，我国相继出台了能源发展“十一五”“十二五”“十三五”规划和《能源发展战略行动计划（2014—2020年）》《能源生产和消费革命战略（2016—2030年）》等纲领性文件以及《能源技术革命创新行动计划（2016—2030年）》《可再生能源发展“十三五”规划》等专项文件，坚持节约资源和保护环境的基本国策，积极转变经济发展方式，不断加大节能力度，将单位GDP能耗指标作为约束性指标连续写入了“十一五”、“十二五”和“十三五”国民经济和社会发展五年规划纲要，为未来的可持续发展指明了道路。

这一讲将从能源结构、能源供给、能源技术以及能源价格四个方面概括新中国成立70多年来我国在能源领域取得的成就，并对未来我国能源发展作出展望。

一、能源结构清洁化，能效水平显著提升

新中国成立以来，我国能源生产能力迅速提升，人均能源消费量不断增加，能源消费弹性系数不断下降，能源结构向清洁化发展，能效水平显著提升，单位 GDP 能耗不断下降。

改革开放以来我国各类能源消费比例。总的来说，原煤比重整体呈逐年下降，天然气及新能源整体呈逐年稳步上升。70 多年来，我国的能源结构发展主要有以下三个特点。

一是生产结构逐步向清洁化转变。新中国成立初期，受我国能源资源禀赋“富煤、贫油、少气”特点影响，原煤占能源生产总量的比重高达 96. 3%，其他品种原油仅占比 0. 7%，水电占比 3%。新中国成立 70 多年来，原煤占比在波动中持续下降，2018 年下降到最低的 69. 3%；原油占比新中国成立后稳步提高，到 1976 年达到历史最高的 24. 8%后逐步下降，2018 年下降到 7. 2%；天然气、一次电力及其他能源等清洁能源占比总体持续提高，天然气由 1957 年最低的 0. 1%提高到 2018 年最高的 5. 5%，一次电力及其他能源由 1949 年的 3. 0%提高到 2018 年最高的 18. 0%。

二是消费结构持续优化改善。虽然煤炭占我国能源消费总量的比重始终保持第一，但总体呈现下降趋势，由 1953 年的 94. 4%下降到 2018 年最低的 59. 0%；石油占比在波动中提高，由 1953 年最低的 3. 8%提高到 2018 年的 18. 9%；天然气、一次电力及其他能源等清洁能源占比总体持续提高，天然气由 1957 年最低的 0. 1%提高到 2018 年最高的 7. 8%，一次电力及其他能源由 1953 年的 1. 8%提高到 2018 年最高的 14. 3%。

三是能效水平显著提升。新中国成立 70 多年来,我国能源技术装备取得突飞猛进的发展,自动化、智能化、数字化推动能源系统不断优化。2018 年单位 GDP 能耗比 1953 年降低 43.1%,年均下降 0.9%。从单位 GDP 能耗指标值(GDP 按 2018 年价格计算)来看,由 1953 年的 0.91 吨标准煤/万元逐步上升到 1960 年最高的 2.84 吨标准煤/万元后逐步下降,20 世纪 70 年代开始又逐步上升后,基本呈现稳步下降态势,2018 年下降到最低的 0.52 吨标准煤/万元。

我国能源结构发展经历了三个主要阶段,实现了从低效污染向高效环保,从能源结构单一到多样化的逐步转型。接下来,我们将梳理新中国能源结构变迁的三大阶段,并结合欧美发达国家的能源结构现状探究我国能源结构未来发展的可能路径。

(一)第一阶段(1949—1978 年):煤炭为主,逐渐多元

工业体系的建设带来了能源消费总量的快速增长。受益于“一五”计划到“四五”计划,我国电力、煤矿、石油等能源工业迅速发展。1957—1975 年,我国能源消费总量年均增长率高达 8.99%,为新中国成立以来的最高水平。表 8-1 罗列了新中国成立至改革开放 40 多年间能源消费总量与消费结构。总的来说,原油、天然气等其他能源消费大幅提升,打破了原煤消耗占比超过九成的消费结构。

表 8-1　1951—1975 年能源消费总量与消费结构

年份	能源消费总量(万吨标准煤)	原煤比重(%)	原油比重(%)	天然气比重(%)	水电、核电、风电比重(%)
1957	9644	92.30	4.60	0.10	3.00
1962	16540	89.20	6.60	0.90	3.20

续表

年份	能源消费总量（万吨标准煤）	原煤比重（%）	原油比重（%）	天然气比重（%）	水电、核电、风电比重（%）
1965	18901	86.80	10.30	0.90	2.70
1970	29291	80.90	14.70	0.90	3.50
1975	45425	72.20	21.10	2.50	4.60

数据来源：万德数据库。

（二）第二阶段（1979—2012年）：均衡发展，效率提高

社会主义市场经济体制的确立以及改革开放新技术的引进提升了我国能源利用水平、技术创新水平和能源利用效率，促进了能源结构的均衡化发展。从"六五"计划到"十五"计划，我国逐步提出提高经济效益和能源效率，坚持节约与开发并举，把节约放在首位。1978年原煤，原油，天然气，水电、核电、风电比重分别为71.30%、21.80%、3.30%、3.60%，2012年原煤、原油，天然气，水电、核电、风电比重分别为68.50%、17.00%、4.80%、9.70%。原煤消耗比重下降，天然气，水电、核电、风电比重上升，能源结构逐渐均衡化发展。

中央提出优化能源结构，积极发展新能源，推动能源技术发展，提高能源利用效率。1979—2000年期间，技术水平快速提升，我国GDP复合增长速度达到12.92%，但能源消费总量年均增长率却降低到了4.48%。其中煤炭、石油、天然气、一次电力及其他能源消费的增长速度都有所下降，1979—2000年年均增长率分别为4.28%、4.52%、2.48%、8.05%。我国单位GDP能耗从1979年的15.90吨标准煤/万元下降为2000年2.89吨标准煤/万元。随着该阶段全社会固定资产投资力度的加大，重工业快速增长且比重提高，尤其是钢铁、建材、电解铝等高耗能产业迅速扩张，导致能源消费总量急剧增加。从2000—2012年，我国能源消耗总

量年均增长率为9.79%,其中煤炭、石油、天然气、一次电力及其他能源年均增长率分别为10.01%、7.41%、16.21%、11.18%,达到改革开放以来的最高水平。同时,能源的大量消耗导致了污染物排放量的增加,环境污染问题逐渐突出。如图8-1所示,1999年我国二氧化硫排放量为1857万吨,于2006年达到2588.8万吨的历史最高值,之后整体呈逐年降低趋。

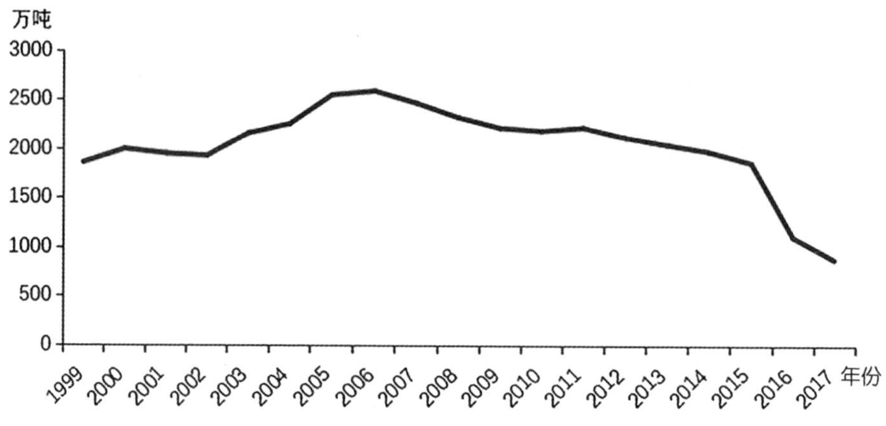

图8-1 1999—2017年中国二氧化硫排放量

数据来源:EPS数据库。

(三)第三阶段(2013年至今):清洁优化,良性结构

为实现经济高质量发展转型,“十二五”和“十三五”计划期间《能源发展战略行动计划(2014—2020年)》《能源生产和消费革命战略(2016—2030年)》等纲领性文件,以及《能源技术革命创新行动计划(2016—2030年)》《可再生能源发展“十三五”规划》等专项文件相应出台。党的十八大以来,绿色发展理念,生态文明建设,“能源革命”的战略思想更是得到了重视。在多种改革政策的作用下,该阶段能源消费总量的年均增长率下降为2.51%,煤炭消费自改革开放以来首次出现了负增长,石油消费年均增长率

下降为 4.45%，而天然气和一次电力及其他能源消费的年均增长率分别为 9.94%、11.35%，远高于煤炭、石油等传统能源。我国的能源消费结构进入优化调整时期。

将我国 2018 年能源结构与世界其他主要国家进行对比，尽管我国化石能源占比与世界其他主要国家相近，但煤炭占比过高，化石能源份额存在下降空间。而低碳能源以水电为主，使用水平与世界平均水平一致，仍存在能源结构清洁化的巨大空间。

二、能源供给多元化，保障能力显著增强

新中国成立 70 多年以来，我国能源产业从无到有、由弱到强，形成了煤炭、电力、石油、天然气和可再生能源全面发展的多元供应体系，能源生产与供应保障能力显著增强，已成为世界第一能源生产大国，能源自主保障能力保持在 80%以上。通体来讲，我国能源供给发展可以分为探索阶段、加速发展阶段和高质量发展新阶段，本节将对各个阶段进行讨论。

（一）第一阶段（1949—1978 年）：产量不足，节约为主

新中国成立初期，我国能源生产能力不足、水平不高。1949 年，我国能源生产总量为 0.2 亿吨标准煤，其中，原煤产量仅 0.3 亿吨，原油产量仅 12 万吨，天然气产量仅 0.1 亿立方米，发电量仅 43 亿千瓦时。20 世纪 50—70 年代，能源发展得到重视。从 1953 年开始的“一五”计划至 1976 年开始的“五五”计划，国家对电力、煤矿、石油等能源工业发展作出了具体部署，同时提出节约使用电力、煤炭、石油等。由图 8-2 可以看出，我国能源生产总

量在1958—1960年"大跃进"期间有明显上升，随后回落，在1968年之后，我国能源生产总量再次迎来高速增长，1968—1978年这10年间，能源生产总量年平均增速达到12.65%。

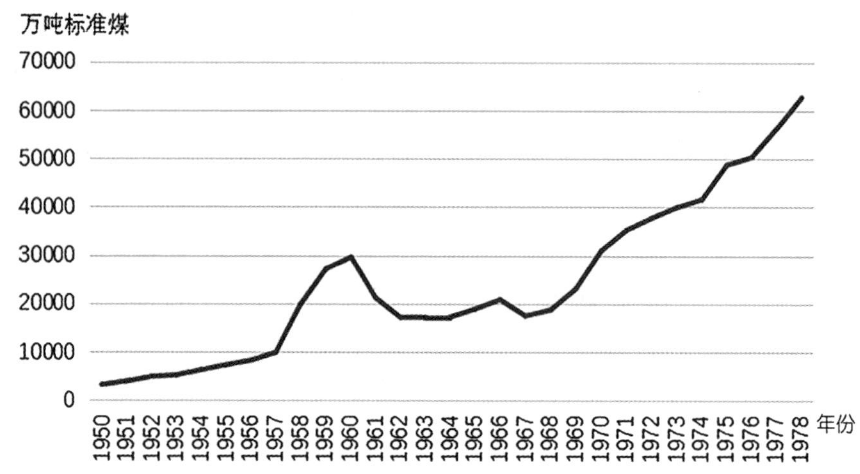

图8-2　1950—1978年中国能源生产总量变化

数据来源：张文斌、霍敬伟、马志锋等：《基于ARIMA模型的我国一次能源生产量时间序列分析》，《齐齐哈尔大学学报》（自然科学版）2010年第2期。

（二）第二阶段（1979—2012年）：产量上升，后来居上

改革开放以来，在不断加强能源资源开发和基础设施建设的基础上，我国更加注重能源发展的质量和效率。从1981—1985年的"六五"计划到2001—2005年的"十五"计划，我国逐步提出提高经济效益和能源效率，坚持节约与开发并举，把节约放在首位，优化能源结构，积极发展新能源，推动能源技术发展，提高能源利用效率等政策目标。

图8-3展示了自改革开放以来我国与世界其他主要经济体能源生产总量的对比。40多年来，我国能源生产总量保持着逐年上升的趋势。自2001年年底中国加入WTO以后，由于我国煤炭生产在国际市场上具有相

对显著的比较优势，带动了我国以煤炭为主的能源生产，使得能源生产总量再次迎来飞跃，并在之后几年相继超越中东、美国，在世界范围内遥遥领先。

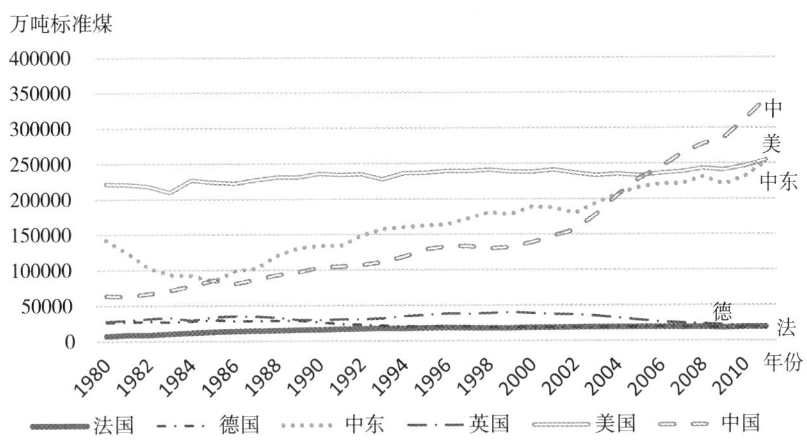

图 8-3　1980—2010 年中国与世界其他主要国家和地区能源生产总量

数据来源：IEA、国家统计局。

进入 21 世纪，面对资源制约日益加剧、生态环境约束凸显的问题，我国坚持节约资源和保护环境的基本国策，积极转变经济发展方式，不断加大节能力度。特别是"十一五"以来，我国高度重视节能减排工作，陆续出台多项节能减排政策措施——如 2011 年，国家发展改革委批准北京、上海、天津、重庆、湖北、广东和深圳 7 省市开展碳交易试点工作，自下而上为形成全国碳市场探索道路积累经验。2017 年 12 月，国家发改委印发了《全国碳排放权交易市场建设方案（发电行业）》，明确全国碳排放交易体系将从电力行业开始实施，并在 2020 年前纳入其他主要排放行业。此外，我国还通过加快产业调整、淘汰落后产能、优化能源结构和推进节能型社会建设等方式，促使节能减排取得巨大成效，能源发展进入新阶段。

图 8-4 显示，1980—2010 年，我国能源生产与电力生产的增长速度大致上与国内生产总值的增长趋势相近。国内生产总值的增长在一定程度上

带动了能源生产的增长,而能源生产的增长又为经济总量的增长提供了重要支撑。"十一五"以来,我国原煤、原油等传统能源生产增速明显放缓,占比大幅下降:2005—2012 年,原煤产量年均增长仅为 0.08%,比 1949—2005 年年均增速回落 7.92 个百分点;原油产量年均增长 0.3%,年均增速回落 13.7 个百分点。天然气、水电、核电、新能源(风电、太阳能及其他能源)等清洁能源则加速发展,占比不断提高:天然气产量年均增长 9.5%,占比提高 2.6 个百分点;一次电力及其他能源产量年均增长 10.2%,占比提高 9.6 个百分点。

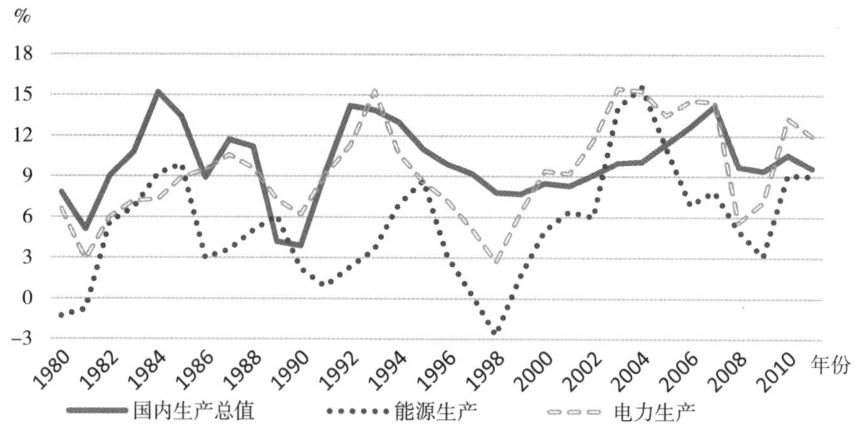

图 8-4　1980—2010 年中国国内生产总值、能源生产及电力生产增长速度变化

数据来源:2018 中国能源统计年鉴。

(三)第三阶段(2013 年至今):高质发展,能源安全

2012 年年底,我国已成为世界第一能源生产大国,并保持稳中有进的增长态势。图 8-5 展示了党的十八大以后我国原煤产量及增速,其中拐点出现在 2016 年。2016 年,煤炭供给侧结构性改革深入推进,"十三五"规划煤炭去产能 8 亿吨目标基本完成。2019 年原煤产量 38.5 亿吨,连续三年实现恢复性增长。同时,煤炭开发布局进一步优化,煤炭生产重心继续向

晋、陕、蒙、新等资源禀赋好、竞争力强的地区集中。2018 年,内蒙古、山西、陕西、新疆、贵州、山东、河南、安徽 8 个亿吨级(省区)原煤产量占全国的 74.3%,同比提高 1.8 个百分点。

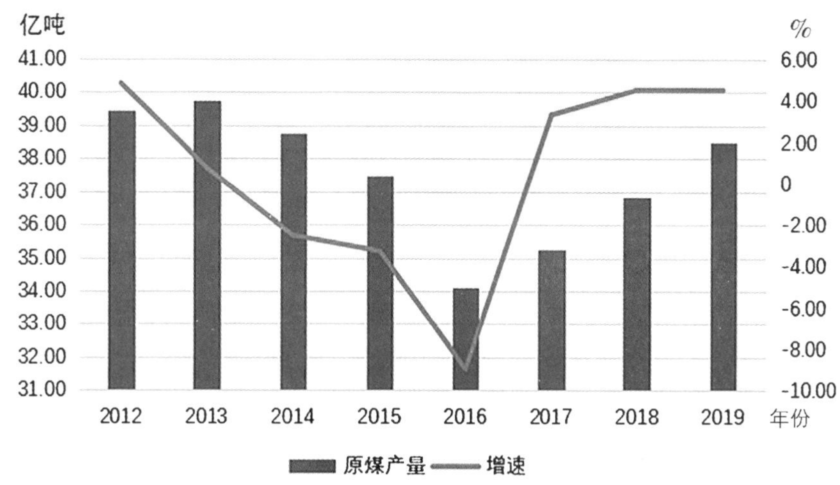

图 8-5　2012—2019 年中国原煤产量及增速

数据来源:国家统计局。

如图 8-6 所示,2016—2017 年,我国原油产量连续两年出现较大幅度下降。2016 年原油产量比 2015 年下降 1487 万吨,降幅 6.9%;2017 年产量下降 818 万吨,降幅 4.1%。2018 年降幅收窄,到 2019 年实现原油产量正增长。2018 年下半年开始,中国石油、中国石化、中国海油确立国内勘探开发业务“优先发展”的战略定位,加大油气勘探开发投资力度、科技攻关力度,严格控制老油气田产量降低状况,确保国内油气产量回升。

如图 8-7 所示,近几年我国天然气产量一直保持着较高速度的增长。尤其自 2017 年起,我国连续三年天然气产量增速均在 8%以上。由于环保理念的落实和“煤改气”等政策的推进,天然气消费需求不断攀升,带动产量大幅提高。

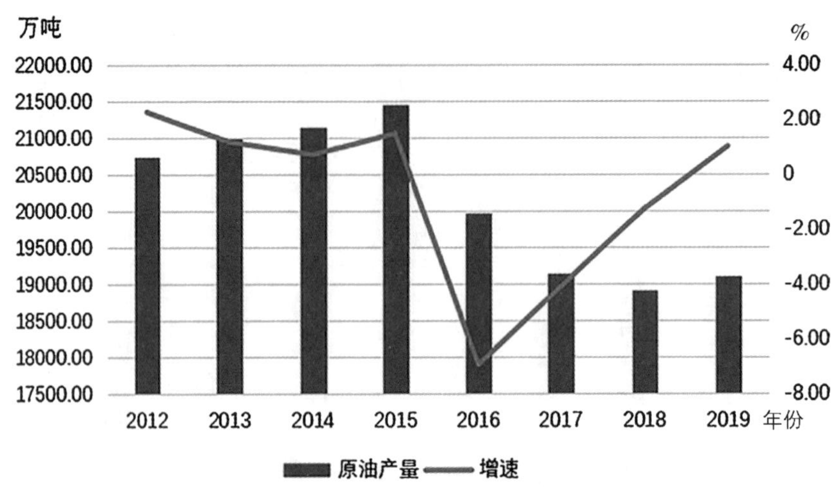

图 8-6　2012—2019 年中国原油产量及增速

数据来源:国家统计局。

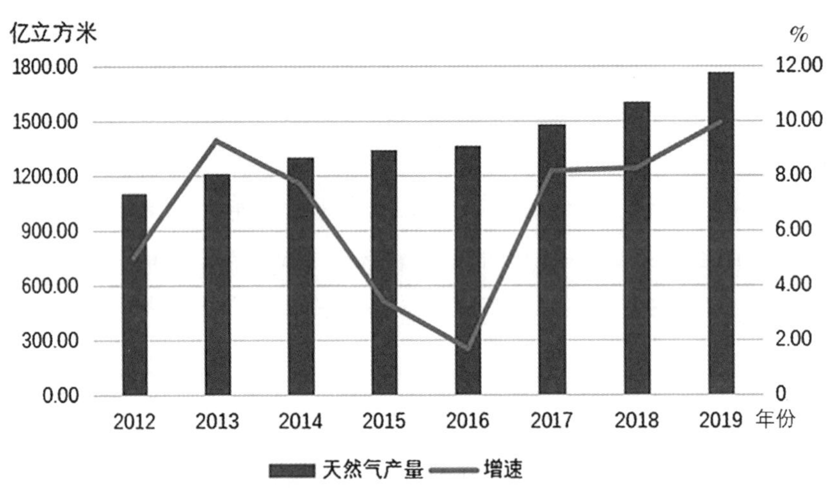

图 8-7　2012—2019 年中国天然气产量及增速

数据来源:国家统计局。

除传统化石能源外,近几年我国水电发电量有所提升,全年水电设备利用小时数不断增加;风电、太阳能发电继续保持高速发展的势头,风电、太阳能发电设备利用利率提高，全国弃风电量和弃风率、弃光电量和弃光率均实现连续“双降”；生物质发电与核电生产稳步增长。

截至 2019 年，相比于新中国成立初期，我国能源供给事业取得了举世瞩目的伟大成就。我国煤电、水电、风电、太阳能发电装机容量稳居世界第一，核电装机容量居世界第三、在建规模居世界第一；建设了西气东输、西电东送、北煤南运等重大通道，形成了横跨东西、纵贯南北、覆盖全国、连通海外的能源管网。2019 年，我国一次能源生产总量达到 39. 7 亿吨标准煤，比 1949 年增长 166. 2 倍，年均增长 7. 6%。我国主要能源品种生产全面发展——2019 年，原煤产量达到 38. 5 亿吨，比 1949 年增长 119 倍，年均增长 7. 1%；原油产量达到 1. 91 亿吨，比 1949 年增长 1590. 8 倍，年均增长 11. 2%；天然气产量达到 1761. 7 亿立方米，比 1949 年增长 25166. 8 倍，年均增长 15. 6%；发电量达到 75034. 3 亿千瓦时，比 1949 年增长 1743. 9 倍，年均增长 11. 2%。

但我国能源对外依存问题依然较为严重。如图 8-8 所示，自 2015 年起，我国能源对外依存度总体攀升。海关总署的统计显示，我国自 1993 年成为原油净进口国，当年的依存度为 6%。随后进口量不断飙升，到 2018 年我国能源对外依存度约 21%。我国继 2017 年超过美国成为世界最大原油进口国之后，2018 年超过日本成为最大天然气进口国，近期又成为世界上最大的液化天然气进口国。我国原油对外依存度提高到 71%，天然气对外依存度达到 43%，而煤炭对外依存度下降到 6%。能源对外依存度过高，在一定程度上说明我国的能源安全仍存在威胁。保障充足的能源供应，不仅已经成为我国发展战略的重中之重，也是保障民生的重要议题。

值得肯定的是，经过近年来的努力，中国的石油进口来源正趋于多元化。在目前的石油进口中，中东地区的占比已经下降到 34. 9%，俄罗斯、中

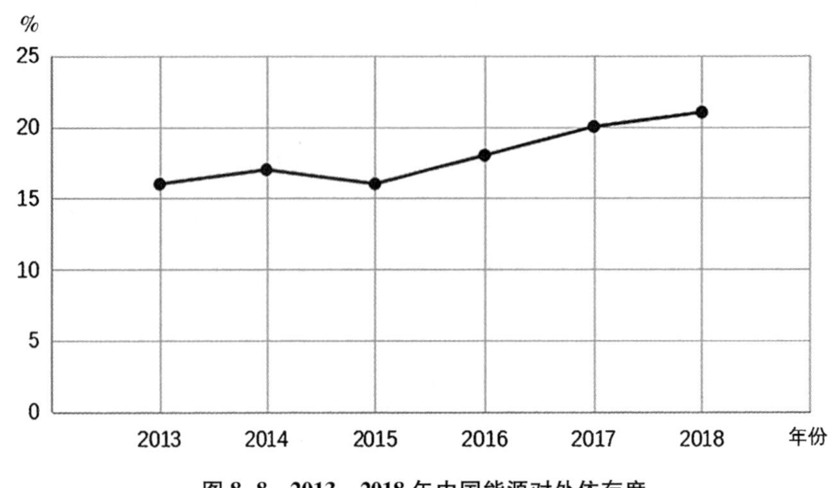

图 8-8　2013—2018 年中国能源对外依存度

数据来源：海关总署。

南美洲、西非、北非都已经成为主要的进口来源。但是，除了从俄罗斯等少数陆上接壤的国家进口外，大部分的石油进口都是通过海上运输完成，超过70%以上的石油进口需要通过马六甲海峡，石油运输环节的安全风险很大。此外，中国每年石油进口成本超过 1000 亿美元，如果某个地区的石油供应出现问题，石油价格大幅度上涨将会给中国经济带来较大的压力。中国天然气进口 40%来自于中亚地区，25%来自于澳大利亚，进口来源较为稳定。中俄东线天然气管道在 2019 年年底启动供气，俄罗斯也有望成为中国最大的天然气进口增量来源国。

相比于世界其他国家和地区，中国持续领跑世界可再生能源增长。2018 年，我国可再生能源增长占全球总增长的 45%，超过经合组织所有成员的总和；全球核能发电增量的 74%来自中国。但在石油生产、天然气生产等方面，我国仍落后于美国。

三、能源技术现代化，节能创新引领世界

新中国成立以来，我国能源技术发展成就有目共睹，一次能源生产量从1949年的0.237亿吨发展到2019年的37.7亿吨。在石油工业领域，1949年我国的原油产量仅为12万吨①，而到了2019年，该数据增长到1.91亿吨，是新中国成立初期的1600倍左右。在发电领域，自改革开放以来，我国发电设备容量年均增长率为8.85%。到2019年，发电设备容量达到20亿千瓦，是改革开放初期的35倍。其中，在新能源方面，中国取得了令人惊叹的成就。根据英国石油公司报告，中国是世界太阳能发电量最多的国家，占全球光伏装机总量的35%。而在全球风能理事会的报告中，我国风力发电装机容量世界第一，全球占比33.8%。中国的能源技术发展在改革开放的技术引进和学习浪潮中迅猛发展，直到今天，我国的能源技术仍然保持高速度向前推进。目前，我国新型能源技术发展重点包括核聚变技术、生物质能技术、海洋能源的开发、太阳能源技术等，旨在以更为先进、无污染的方式来进行能源利用。本节将介绍新中国成立以来各个时期我国能源技术的发展情况，并对未来能源技术的发展进行简单讨论。

（一）第一阶段（1949—1978年）：技术落后，起步较晚

从新中国成立初期至改革开放，我国的能源技术水平较为落后，具有“起步晚、规模小、数量少、技术水平低”②的特点。1949年，中国总发电装

① 国家电力公司战略规划部：《中国能源五十年》，中国电力出版社2002年版。

② 任海波等：《我国水力发电的历史与发展》，《南方农机》2019年第2期。

机容量数仅为185万千瓦,位居世界第21位。① 其中,火电装机容量仅169万千瓦;水电装机容量更少,仅16.3万千瓦。

我国的能源供给主要来自煤炭,但煤气化技术起步较晚。最早于20世纪三四十年代在大连、南京用UGI炉②生产合成氨,20世纪50年代末期改用无烟煤为原料。而国外煤气化技术的发展最早可追溯到1780年,比我国提前了上百年。因为工业的落后,新中国的能源技术与西方发达国家的差距十分明显。而能源技术落后直接影响了能源利用效率和产量,进一步影响了工业的生产和发展。因此,能源技术的发展对于中国的工业进步至关重要。

(二)第二阶段(1979—2012年):技术引进,差距缩小

改革开放以来,国家通过技术引进,缩短了与发达国家的技术差距,也推动了我国能源产业的发展。改革开放初期,我国的煤气能源技术开发以模仿创新或者引进、消化吸收再创新为主;在石油炼油技术方面,我国也是学习、模仿美国日本的FCC(Fluid Catalytic Cracking)工艺装置并改进;水电技术方面,我国则是自力更生,通过不断地研究和尝试取得了可喜的成就。在核能方面,美国在1957年就开始使用核电,而我国直到1993年才开始有大规模的核电能源生产和消费。21世纪初,中国的风力发电技术甚至落后于印度,2000年风力发电装机量仅为146兆瓦,远远低于美国的1611兆瓦。

自21世纪起,中国的能源技术发展呈现出高速化、自主化、智能化、节能化的特点。截至2012年年底,全国新能源装机约7498万千瓦,位居世界

---

① 《中国科技奖励》编辑部、涂兴佩:《谱写电力新篇章》,《中国科技奖励》2017年第8期。

② UGI炉,以美国联合气体改进公司命名的水煤气炉。

第一。其中,风电累计并网容量 6266 万千瓦,连续两年位居全球首位;光伏发电累计并网容量 650 万千瓦,位居世界第五;生物质发电累计并网容量 582 万千瓦,同样处于世界领先水平。除此之外,电站供热转化效率也实现了技术上的突破,从 1980 年的 36.2%提高到 2012 年的 42.8%。总体而言,通过进口国外技术再进行模仿、改良、创新,我国的能源技术,尤其是新能源技术得到迅猛发展,体现了“中国速度”。

(三)第三阶段(2013 年至今):节能创新,引领世界

党的十八大以后,我国能源技术进一步向世界前列迈进。党的十八大将生态文明建设提升至新的高度,创新、协调、绿色、开放、共享的发展理念成为时代主题,发展新能源成为推动能源供给侧结构性改革,加快构建清洁低碳、安全高效的现代能源体系的重要战略举措。新能源产业显现出超高速发展、智能化、节能化的特点。规模经济理论(Economy of Scale Theory)指出,随着产量的增加,能源技术成本将不断减少。[①] 应用于能源领域,累计产量的增加和学习效果的积累会提高生产效率,降低能源技术成本;而通过研发使能源技术不断更新换代,最终降低生产成本。其中的典型例子是风电技术的机组容量增大所带来的生产效率的提高。[②] 图 8-9 展示了中、美、德三个国家 2005—2016 年光伏装机容量。中、美光伏装机量在 2012 年以前都落后于德国,而从 2012 年起中国飞速甩开美国,于 2015 年超越了德国,并持续保持领先。同样,我国的风电发电装机容量近几年依旧持续增长,仅用短短几年就实现了从追赶到超越的过程。

近几年来,我国风电技术水平明显提升,陆机组叶轮直径持续增大,海

---

① Maya P,“An economic perspective on experience curves and dynamic economies in renewable energy technologies”,*Energy Policy*,Vol.34,No.4(2006),pp. 422-432.

② 牛衍亮等:《基于学习曲线的能源技术成本变化》,《管理工程学报》2013 年第 3 期。

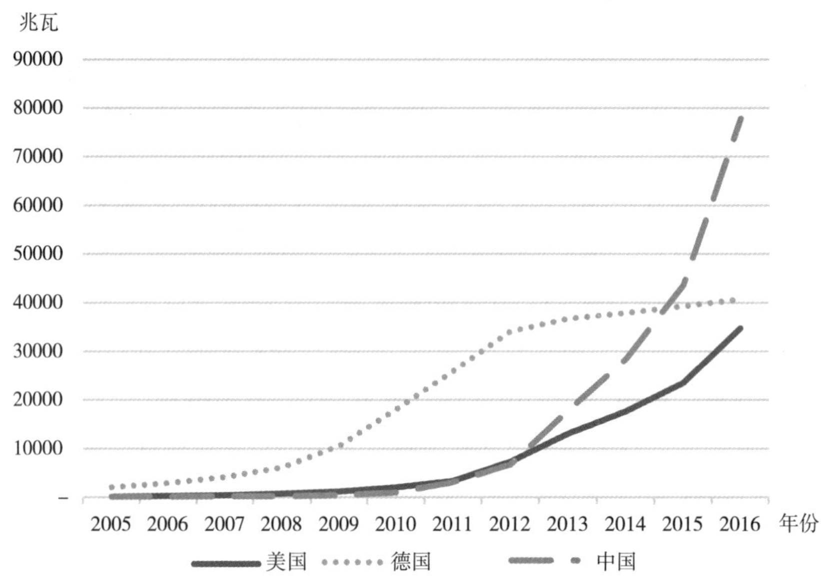

图 8-9　2005—2016 年中、美、德光伏装机量

数据来源:BP 世界能源统计年鉴。

上风电整机和关键零部件基本实现国产化。同时,我国也根据部分风电基地特殊的高海拔、低温、冰冻等特殊环境提升了风电机组的适应性和并网友好性,并且在低风速风电开发的技术方面,我国也逐步突破,其经济性明显增强。根据 Mohammad 2019 年的数据显示(见图 8-10),中国在风力发电技术方面获得的专利技术位居世界前列,仅次于德国、美国和丹麦。

在光伏发电方面,我国光伏电池技术创新能力大幅提升。2018 年,第三批光伏领跑基地入选项目中,光伏电池转换效率最高达到 23.85%,支架跟踪形式等规模化光伏开发利用技术取得重要进展。我国晶体硅太阳能电池产业技术和 P 型①单晶及多晶电池技术的常规生产线平均转换效率分别

① P 型技术是基于 P 型半导体的太阳能电池技术。P 型半导体也称为空穴型半导体,即空穴浓度远大于自由电子浓度的杂质半导体。空穴浓度越高,其半导体的导电能力就越强。

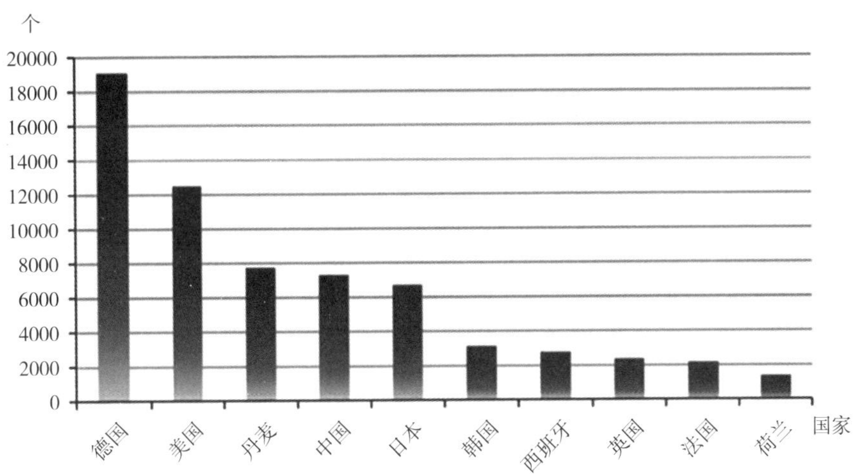

图 8-10　2019 年各国风电领域专利数量①

数据来源：Mohammad，et al.，2019。

达到 20.2% 和 18.6%，同时 PERC②、黑硅技术③、异质结（HIT/HJT）④、IBC⑤、N 型双面技术等⑥得到快速发展。

我国核电的发展同样迅速，自主研发了三代核电，包括 CAP1400 和“华

① Mohammad D.M.&A.Farzin，et al.，“Forecasting of wind energy technology domains based on the technology life cycle approach”，*Energy Reports*，Vol.5（2019），pp. 1236-1248.

② PERC（Passivated Emitterand Rear Cell）是一种电池结构，其技术制造成本较低，不仅拓宽了电池的应用场景，而且可获得更高的发电增益。大量 PERC 双面组件发电项目的发电量被收集与对比，在不同发电季节、不同气候区、不同地表反射条件下，可比常规组件多 10%—30%的发电增益。

③ 黑硅（Black Silicon）是最新研究发现的一种能大幅提高光电转换效率的新型电子材料。其原理为在硅晶体表面涂抹一层涂层，使得反射减少。

④ 异质结是一种特殊的 PN 结（太阳能转化为电能的关键部分），由非晶硅和晶体硅材料形成，是在晶体硅上沉积非晶硅薄膜的一种电池结构。其效率比 PERC 电池更高，但由于成本昂贵而难以进行量产。

⑤ IBC（Interdigitated Back Contact）电池出现于 20 世纪 70 年代，是最早研究的背结电池。该结构可有效消除高聚光条件下的电压饱和效应，电阻率较低。

⑥ N 型技术是基于 N 型半导体的太阳能电池技术。N 型半导体也称为电子型半导体，即自由电子浓度远大于空穴浓度的杂质半导体。N 型技术是单晶技术里的“皇冠”。而 N 型双面技术则大大提高了电池效率，具有天然特性良好、双面增益高、可靠性高等优势，可用于多种特殊场景。但是 N 型双面电池的银浆消耗比较大，成本相对 P 型电池较高。

龙一号"。其中"华龙一号"已在福建福清、广西防城港和巴基斯坦卡拉奇顺利建设。[①] 同时,我国的核电技术也越来越智能化:逐渐开始部署以工业机器人、图像识别、深度自学习系统、自适应控制、机混合智能、虚拟现实智能建模等为代表的新型人工智能技术在核电方面的应用。尽管如此,我国的核电发电能力水平仍然难以与发达国家相比。2017 年,我国核电发电量占比只有 3.94 %,远低于 10.7%的国际平均水平。[②] 核能发展缓慢的主要困难体现在技术层面,具体来讲,我国核能存在关键技术尚未掌握、铀矿勘查开发能力不足、核燃料组件制造产能不足、核电软件能力不足、后处理能力不足等问题。相比之下,法国第三代压水反应堆 ERP 的发电成本比天然气低 30%,被认为是世界上最先进的核电技术。

除了核电技术,我国在整体联合气化循环发电技术(IGCC)、天然气联合循环发电技术(NGCC)以及碳捕获和埋存技术(CCS)[③]的发展仍然落后于美国、德国等发达国家,发展之路任重而道远。

四、能源价格市场化,继续深化体制改革

能源价格影响能源的需求与供给,对国民经济的发展有深远的影响。新中国成立以来,尤其是改革开放以后,我国一直致力于能源价格改革,让价格形成机制适应经济发展需求。新中国成立后为尽快恢复和发展经济,

① 叶奇蓁:《未来我国核能技术发展的主要方向和重点》,《中国核电》2018 年第 2 期。

② 杜祥琬等:《核能技术方向研究及发展路线图》,《中国工程科学》2018 年第 3 期。

③ IGCC 技术是一种有广阔发展前景的洁净煤发电技术,而 NGCC 是利用天然气燃烧发电后排放的废气继续做功发电的技术。CCS 技术是指收集化石燃料燃烧前或燃烧后产生的二氧化碳,将其封存或者凝固在无机碳酸盐的过程,从而减少大约 85%的二氧化碳排放。

建立了计划经济体制，能源价格由国家制定，价格普遍偏低，虽然促进了当时的经济发展，但从长期来看抑制了生产积极性。改革开放后，能源需求急剧增加，为促进能源生产的积极性，实行价格“双轨制”，允许部分产量市场定价，价格有所增长，刺激了能源生产，保障了能源供应。到20世纪90年代，开始发挥市场机制的作用，市场在价格形成中的作用越来越大，能源价格改革取得了长足进步。煤炭、石油、天然气、电力等能源产品都进行了价格改革，但改革时间和成效不同。其中煤炭价格改革最早，涉及种类也多，如今市场化程度最高，通过价格变化反映市场供需状况，为市场主体提供信息。而电力价格改革较晚，市场化交易仍是改革重点。本节将分别概述自新中国成立以来，以上四种能源产品的价格变化并与其他经济体进行比较。

（一）第一阶段（1949—1978年）：基础薄弱，统一价格

新中国成立到改革开放前，能源产品的价格由国家统一制定。我国的能源分布具有“富煤、贫油、少气”的特点，煤炭作为我国生产生活的必需品，其价格至关重要。新中国成立初期，由于经济基础薄弱，煤炭供给及价格均由国家制定。而对于石油来说，1982年以前是计划价格阶段，其中1960—1973年国内原油价格固定在130元/吨，远高于同期国际油价；而1974—1981年为促进发展中央大幅下调国内石油价格，仅为同期国际油价的26%—65%。改革开放前，我国天然气生产主要集中在四川盆地，1958年四川天然气井口价格定为30元/立方千米，此后近20年价格保持不变。电力行业则因其固定投资大等特点属于自然垄断行业，改革开放前发电厂和电网的建设全部由中央政府统一负责，国家针对不同的消费端用户设置不同的指令性电价。

（二）第二阶段（1979—2012 年）：改革创新，不断尝试

改革开放以来，随着能源需求的上涨，我国逐步开放了能源市场。从改革开放到党的十八大期间，各能源产品先后经历了多次价格改革，这期间属于多种价格并存阶段。我国首先开放的是煤炭市场，煤炭价格近 20 年多次出现较大幅度波动，因需求旺盛，其峰值出现在 2008 年，而 2008 年的全球金融危机又导致价格下跌。以中国秦皇岛现货价格为例，在 2000 年仅为 27.5 美元/吨，到 2011 年达到 127.3 美元/吨。2002—2012 年也被称为我国煤炭的黄金十年，这段时间我国煤炭价格因需求旺盛整体上持续升高，这与我国在这 10 年间工业化进程飞速发展有关。重工业的发展对煤炭和电力需求量大，同时在此期间煤电占据了我国发电总量的 70%以上，再加上“十五”和“十一五”期间政府对煤炭行业的大力支持，造成了煤炭供不应求的局面，价格一路上涨。

石油价格改革于 1982 年开始。1982—1993 年为多种价格并存阶段，国家多次对原油价格进行局部小幅度调整。1994—1998 年为价格并轨阶段，政府对原油、成品油流通体制进行改革，成品油出厂价实行全国统一定价，其中 1994 年 5 月到 1996 年 12 月国内原油价格平均水平达到了 1020 元/吨，略低于同期国际原油价格。1998 年 6 月，我国原油价格开始与国际油价接轨，成品油价格则于 2000 年 6 月开始参考国际市场价格变化进行相应调整。① 1978 年因第二次石油危机②油价上涨，但此后回落在 20 美元/桶左右，进入 21 世纪各国经济发展对石油需求量增加，国际石油供不应求，油价开始迅速上涨，于 2008 年达到了 100 美元/桶，此后因金融危机及

---

① 梁永乐：《我国石油价格机制改革的思路及建议》，《改革与战略》2006 年第 10 期。

② 第一次石油危机：1973 年 10 月第四次中东战争爆发，OPEC 为了打击以色列及支持以色列的国家，宣布石油禁运，暂停出口，造成油价上涨。第二次石油危机：1978 年伊朗爆发革命，停止输出石油 60 天；1980 年“两伊”战争爆发，两国石油生产完全停滞。

复苏开始进入跌落回升交替阶段。

天然气价格也迎来了变化，1980 年四川天然气井口价格提高到 40 元/千立方米，1982 年在原价格基础上又提高了 30 元/千立方米，同时实行计划内天然气由国家定价、计划外由企业自主决定的政策，天然气价格开始进入“双轨制”阶段，此后价格不断上涨，到 2002 年居民生活用气的井口价格已达到了 715 元/千立方米。① 2005 年国家出台天然气价格改革政策，开始实行政府指导价，此后各类天然气价格仍在不断增长。一方面，中国工业用天然气价格高于民用天然气，而美国则是住宅用天然气价格最高，工业最低，商业居中。另一方面，中国民用管道天然气价格低于美国住宅用天然气，工业用天然气价格则高于美国。出现这种差别的原因是我国为保证民生用气和社会稳定，居民用气价格受政府管制，通过收取较高的非居民用户的气价来补贴居民用气的价格，实行交叉补贴。因此尽管居民用气成本更高，但其销售价格低，未反映实际成本。交叉补贴保护了弱势群体，体现了一定的公平，且促进了城市燃气的发展，加快了城市燃气的设施建设。从长远来看，交叉补贴无法反映天然气真正的市场价格，有抑制企业积极性的可能性。

对于电价而言，改革开放后，除目录电价外，还实行燃运加价政策、地方集资办电加价政策、还本付息电价政策等。2002 年电力体制改革提出“厂网分开、主辅分离、输配分开、竞价上网”的方针，上网电价和销售电价分别管理。2004 年建立了煤电价格联动机制，此外还有脱硫加价政策、差别电价政策等。居民用电价格在这一阶段有小幅度的上涨，2012 年达到了 0.53 元/千瓦时；工业用电则上涨幅度大，由 2001 年的 0.51 元/千瓦时升高到 2012 年的 0.78 元/千瓦时。与美国相比，我国的居民电价低于美国，但工

① 毛家义：《中国天然气价格形成机制的历史演变及价格变化综述》，《国际石油经济》2015 年第 4 期。

业用电则显著高于美国，与天然气情况相同，这同样与我国的交叉补贴政策有关，即为了社会稳定和公平，实现电力普遍服务，政府部门会降低居民生活用电价格，让工商业用户对居民用户补贴。我国电力消费中高耗能工业占比较大，对工商业实行高电价，一定程度上可以倒逼高耗能产业转型，促进可再生能源发展，减少环境污染。

（三）第三阶段（2013年至今）：深化改革，市场定价

党的十八大以来，我国能源市场进一步深化改革，发挥市场在定价机制中的作用，让市场决定价格。煤炭价格自2012年后开始涨跌交替，近几年维持在90美元/吨左右，且秦皇岛现货价格高于西北欧而低于日本，跟亚洲市场价格基本持平。2012年之后，我国煤炭供给能力已经大幅提升，但受进口煤炭的冲击，加上环保意识的增强、新能源的发展等因素的影响使得煤炭供大于求，价格开始下跌。到2016年政府提出供给侧改革，煤炭行业开始实行276天工作制，供给减少，价格开始逐渐回升。

2013年我国进一步完善成品油价格机制，并缩短调价周期。从2016年起，为保障国内能源安全，发改委决定增设成品油价格调控上下限，其中上限为130美元/桶，下限为40美元/桶，当国际油价超出这个范围时，国内油价不再调整。近几年国际油价平均价格在60美元/桶左右，国内油价与国际市场接轨也随之不断涨落。

在国际油价下跌、天然气供应增加的背景下，2015年对非居民用户实行存量气、增量气价格并轨，并试点放开直供用户天然气价格，此后非民用天然气价格下降，但仍高于民用天然气价格。

电力体制改革也在不断深化，2015年发布了电改9号文，“管住中间，放开两头”，建立独立监管输配电价制度，放开售电侧，进一步建设竞争性电力市场，使得发电效率高、成本低的企业可以获得更多发电量。新电改鼓

励可再生能源发电。随着风电、光伏等装机规模不断扩大，技术进步和成本下降，可再生能源发电成本将逐步降低，占比也会逐渐增加，这有利于电价的进一步降低。我们在发展可再生能源发电时应该保证传统发电厂的正常运行，使发电类型多样化，保证电力供应的同时加强能源安全，并在竞争性电力市场的建设过程中保持低电价。

五、结　语

能源结构方面，新中国成立以来在我国能源生产能力明显提升的同时，能源结构不断优化，摆脱了煤炭高度依赖型的能源消费结构。70 多年间，我国经历了由粗放型到精细型、由单一型到多元型、由低效污染到高效清洁的能源结构转型的三个发展阶段。如今，我国经济发展进入新常态阶段，能源的清洁高效利用也越发重要。正确识别世界能源大国的转型路径，对于我国能源结构转型具有重要意义。目前，较为典型的能源结构转型路径分别为德国路径和美国路径。德国路径为发展可再生能源并淘汰核能、逐步减少煤炭使用，实现降低碳排放的目的；美国路径为注重可再生能源的研发和非常规油气的大规模开采，降低碳排放和对外依存度。在进行长期能源结构转型规划时，我们应认识到世界各国资源禀赋、技术水平的差异，在能源结构转型和能源安全间权衡决策。

能源供给方面，我国能源生产逐步由弱到强，生产能力和水平大幅提升，一跃成为世界能源生产第一大国，基本形成了煤、油、气、可再生能源多轮驱动的能源生产体系，充分发挥了坚实有力的基础性作用，保障了我国的能源安全。当前，世界能源格局深刻调整，能源治理体系加速重构，新一轮能源革命蓬勃兴起。随着我国经济发展步入新常态,能源供给转型变革任重道远,传统能源产能结构性过剩问题仍较突出,发展质量和效率亟待提升,节能减排面临阶段性压力。“十三五”时期是全面建成小康社会的决胜阶段,也是推动能源革命的蓄力加速期,我们必须深入贯彻落实党的十九大精神,以习近平新时代中国特色社会主义思想为指导,牢固树立创新、协调、绿色、开放、共享的发展理念,深入推进能源革命,着力推动能源供给事业高质量发展,建设清洁低碳、安全高效的现代能源体系,推动生态文明建设迈上新台阶。

能源技术方面,新中国成立以来尤其是改革开放以后,我国的能源技术得到飞速发展,实现了从“一穷二白”到专利、关键技术大丰收。党的十八大以来,我国能源技术发展速度加快,朝着清洁、高效的方向稳步前进。自动化、智能化也成为新时代能源技术的发展方向。随着经济快速发展,我国已成为能源消费、生产、进口大国。而随着能源需求的不断增加,高能耗带来的环境污染以及能源安全问题已经成为影响可持续发展的重要问题。因此,能源技术不仅要坚持绿色发展,更需要加强技术研发的自主性,在清洁高效、智能化发展的同时也要兼顾能源技术的创新。能源技术发展应以创新智能制造推动能源技术升级为导向,贡献中国方案,使我国成为世界能源技术发展的领军者。

在能源价格方面,我国能源产品价格从国家制定到市场主导进行了一系列改革,已经取得了长足进步。随着中国特色社会主义进入新时代,我国能源领域的供给短缺矛盾已经得到解决,而低碳经济的发展对能源供应和能源需求提出了新的要求,须要通过能源价格改革逐步提高清洁能源的生产和消费。未来要进一步降低天然气、风电、光伏等清洁能源的价格,促进消费,减少环境污染和碳排放;而对于煤炭等高碳能源的市场性竞争定价,应反映其环境成本,提高价格降低消费量。随着经济发展和生活水平的持续提高，未来电力需求将大幅增加，在可再生能源占比增加和成本下降的趋势下，以及可再生能源强制配额、绿色证书交易制度等政策的实施下，电价将会进一步下降，清洁能源消费也会稳步增加。

（中国人民大学应用经济学院学生邹乃澍，王梦圆、陈淞滢、龚凯、刘一鸣也参与了本文的撰写）

第九讲　扩大开放　倡导多元　中国跨境直接投资如何确保中国新经济巨轮行稳致远

陈占明

中国人民大学应用经济学院副院长教授，博士生导师

刘阳

中国人民大学应用经济学院讲师

党的十九大报告强调，中国在建设现代化经济体系的过程中，将继续推动全面开放，以“一带一路”建设为重点，坚持“引进来”和“走出去”并重，遵循共商共建共享原则，加强创新能力开放合作，形成陆海内外联动、东西

双向互济的开放格局。自新中国成立后，中国为自己创造了难得的和平发展机遇，在此期间中国一直积极探索和发展对外经济关系，商品贸易和跨境投资齐头并进，对外贸易实现了高速增长，对外贸易总额由1950年的11.30亿美元上升到2020年的4.65万亿美元，增长约4114倍；跨境投资在规模、质量和政策便利度等方面不断超越，中国从最初不举外债的局限思想发展到谨慎利用外资、谨慎鼓励对外投资的尝试，从严格限制发展到适度放宽，再到今日更便利、更开放的格局，资金开放水平不断提高。本讲主要探讨新中国成立以来，我国跨境直接投资的发展、特征以及其对经济发展的影响机理。

跨境直接投资通常定义为跨法域的投资，即只要投资行为是接受东道国当地法律约束而非投资方所在地法律约束，便可以理解为一种跨境投资。对中国而言，中国大陆、中国台湾地区、中国香港特别行政区以及中国澳门特别行政区是我国四大法域，中国大陆与另外三个地区的投资往来也被视为跨境投资。按资金流向区分，跨境直接投资主要包括外商直接投资（Foreign Direct Investment，FDI）和对外直接投资（Outbound Direct Investment，ODI）。外商直接投资指一国的投资人（自然人或法人）跨国境投入资本或其他生产要素，通过在我国境内设立外商投资企业、合伙企业、中外合资企业以及外国公司分支机构等形式，以获取或控制相应的企业经营管理权为核心，以获得利润或稀缺生产要素为目的的投资活动。对外直接投资则是指我国企业、团体在国外及港澳台地区以现金、实物、无形资产等方式投资，并以控制国（境）外企业的经营管理权为核心的经济活动。针对中国大陆地区，当境外投资主体对境内投入资本或其他生产要素时，这笔外资就是外商直接投资；当境内投资主体以现金、实物、无形资产等方式对境外企业进行投资时，这笔资金就是对外直接投资。为体现新中国成立以来我国跨境直接投资的真实变化情况，本讲将采用中国大陆实际利用的外商直接投资以及对外直接投资净额[①]来分别反映我国利用外资水平、对外投资水平的变化。

以党的十一届三中全会为起点，中国开始了围绕建设中国特色社会主义为主题的新一轮创新实践探索，伴随着我国经济体制改革由"有计划商品经济"过渡至"计划与市场内在统一的体制"、"计划经济与市场调节相结合的经济体制和运行体制"，最后凝练成"社会主义市场经济体制"，中国从"站起来"稳步向"富起来"、"强起来"转变，我国利用外资的水平不断进步，对外投资的步伐逐渐延伸到世界各地，跨境直接投资在深度和广度方面均不断发展。对于20世纪的中国而言，外资的进入，恰好弥补了当时长期困扰我国的资金与技术的双缺口，促进了税收和就业，帮助了国内产业结构的优化与技术升级，对我国国民经济的发展起到了辅助性的作用。对外投资则使得中国企业不断走向世界，在与不同发展阶段国家的经济合作过程中，输出了我国过剩的产能，并且通过逆向技术溢出促进了我国企业在全球价值链的地位升级，逐渐提高了我国在国际社会上的影响力。

回顾新中国成立以来的经济发展，我国跨境直接投资始终与同时期推进的经济体制保持一致步调，依据我国国民经济发展历程，结合各时期我国利用外资、对外投资的政策走向，将利用外资和对外投资的发展分为四个阶段。(1)准备期(1949—1977年)：此阶段是新中国成立初期，内外开放环境恶劣，我国仅保持与少数国家的经济联系，但是此阶段也为将来外资的发展奠定了一定的基础；(2)探索发展期(1978—1991年)：改革开放初期，利用外资的工作初见成效，对外投资谨慎发展，为外资发展创造了条件；

---

① 外商直接投资和对外直接投资均为按方向原则统计的数据。实际利用的外商直接投资额指合同外资金额的实际执行数。对外直接投资净额指境内投资主体对外直接投资额中扣除反向投资额后的净额，其中反向投资额指境外企业对境内投资主体持股比例低于10%的投资；当期对外直接投资净额简称流量。

(3)调整发展期(1992—2000年):我国外资利用和投资体制的弊端显现,新政策、新办法助力外资利用结构的优化以及对外投资效率的提高;(4)全面发展期(2001年至今):我国对外开放不断深化发展,双边、多边贸易频繁,外资开始服务于协调区域经济发展,对外投资注重吸收发达国家的先进技术和实现本国的技术输出。纵观四个发展阶段,可以清晰地看到,我们在长期社会经济发展的探索过程中,不可避免地出现了生产力和生产关系的矛盾以及经济基础和上层建筑的矛盾等诸多矛盾,我国正是通过坚持独立自主的发展道路,坚定坚持社会主义核心价值观,准确区分资本与资本主义的本质区别,逐步探索社会主义与市场经济的辩证关系,准确鉴别不同时期的主要矛盾,才牢牢把握了社会经济的发展规律,确保了资源配置服务社会发展需要,从而使得跨境直接投资双向协调发展,整体经济保持了超长期持续稳定增长的态势。未来我们要坚持马克思列宁主义、毛泽东思想、邓小平理论、“三个代表”重要思想、科学发展观,全面贯彻习近平新时代中国特色社会主义思想,在开放中深入把握世界的发展走向,使中国新经济巨轮行稳致远。

一、跨境直接投资的发展阶段

(一)1949—1977年:准备期

由于我国利用外资、对外投资的统计资料,分别于1979年、1982年才有了年度序列数据,这使我们无法得知之前年份利用外资和对外投资的具体年份变化。因此,只能根据1949—1977年中国引进外资与对外投资的不完整数据作一般性阐述。此阶段,中国与其他国家的经济联系主要是援助与被援助的关系，并不属于常规定义的外商直接投资和对外直接投资范畴，但是引用援助资金作为中国利用外资的开端，对外援助作为中国对外投资的基础，共同为改革开放后我国跨境投资实践提供了重要的先行经验。

新中国成立初期，我国遵循"自力更生为主，争取外援为辅"的方针，在利用外资帮助国内经济建设方面做了一些积极的探索与尝试。由于在外交上中国采取了"一边倒"的倒向以苏联为首的社会主义阵营的政策，西方资本主义阵营始终对中国保持敌视的态度，以美国为首的资本主义国家对华实行政治敌视、经济封锁、军事包围等全方位敌对政策，中国在内忧外患中艰难生长，利用苏联、东欧国家的资金与技术引进完成了第一个五年计划。20 世纪 50 年代，中国共从苏联、东欧国家引进 26 亿美元资金①，相当于美国同期每年对外援助的总额②。这些资金中来自苏联政府的援助超过 70%，主要以贷款的方式提供。在技术工程引进方面，从 1950 年开始，苏联便向中国有偿提供恢复生产急需的机械设备和工业原材料，至 1954 年 9 月，苏联帮助和准备帮助中国建设的工程共计 156 项，包括冶金、机械、石油、煤炭、电力等多个重点基础项目，简称"156 项工程"。③ 通过"156 项工程"的帮助，中国形成了一批门类较全、工业化急需的现代基础工业，工业生产技术能力有了质的提高。④ 除此之外，民主德国、捷克斯洛伐克、波兰、匈牙利等国也帮助中国建设了 68 个工程项目。这些苏联和东欧国家的援建项目，大都是中国"一五"时期建设的核心项目，包括鞍钢大型轧钢厂、第一汽车制造厂、吉林三大化工厂，等等。20 世纪 50 年代末，由于中苏交恶，苏联撤走了对中国的所有援助，中国开始寻找其他的外资来源。20 世纪 60

---

① 刘仲藜：《奠基：新中国经济五十年》，中国财政经济出版社 1999 年版。

② 参见陈婕《对外援助政策的国际比较》，厦门大学硕士学位论文，2008 年。

③ 江小涓：《新中国对外开放 70 年》，人民出版社 2019 年版。

④ 王奇：《"156 项工程"与 20 世纪 50 年代中苏关系评析》，《当代中国史研究》2003 年第 2 期。

年代，我国利用出口信贷和延期付款方式，从日本、英国、法国、联邦德国、瑞典、意大利、奥地利等国引进了3亿多美元的成套设备。后来，伴随着中国与日本以及主要西方国家政治关系的逐渐缓和，在20世纪70年代，我国外商投资取得了较大的发展，先后从日本、联邦德国、英国、法国等十几个国家引进了化肥、化纤、冶金等技术和成套设备，成交项目310项，合同总金额达68.2亿美元①，相当于国际发展援助委员会20世纪60年代末期对所有援助对象国的年均官方援助额（66.55亿美元）②。上述资金与技术的引进对新中国成立初期建立基础工业体系以及恢复经济起到了重要作用。但是由于主要借用利率高、还款期短的国外商业贷款来发展重工业，引进的成本过高，加之我国科技落后，国内配套资金严重不足，导致引进外资的整体效益并不高。

虽然新中国成立初期，中国面临巩固新生政权、恢复国民经济的迫切任务，但是出于维护国家安全、履行国际义务等方面的考虑，中国对部分社会主义国家和正在争取民族独立或在此基础上建立的民族独立国家提供了援助（见图9-1）。越南和朝鲜是中国援助最早和最重要的受援国，在20世纪50年代，中国积极援助了朝鲜抵抗美国、越南抵抗法国的侵略战争。除此之外，阿尔巴尼亚、柬埔寨、巴基斯坦、蒙古国、匈牙利、尼泊尔、埃及、锡兰、也门、印度尼西亚等21个国家也得到了中国的援助，截至1963年，中国共对外援助48.92亿元人民币（约合19.87亿美元），并帮助其中7个国家建成了101个成套项目。③ 1964年，对外经济技术援助八项原则的提出为中国对外援助确立了基本准则，自此，中国对外援助的规模大幅增加，受援国数量递增，1965年的援外支出同比增加了48.48%，达到了18.45亿元（约

① 裴长洪：《共和国对外贸易60年》，人民出版社2009年版。

② 数据来源：OECD经济合作发展组织数据库。

③ 张郁慧：《中国对外援助研究》，中共中央党校博士学位论文，2006年。

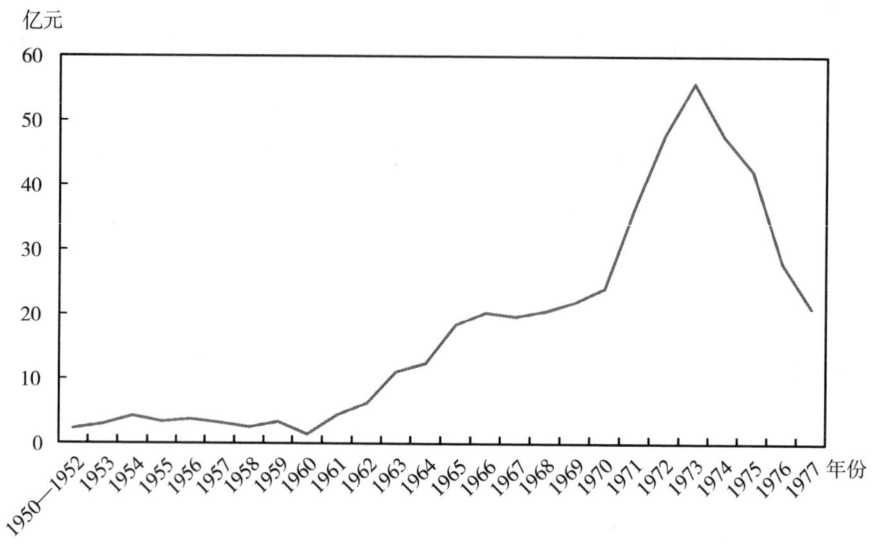

图 9-1　1950—1977 年中国对外援助金额

数据来源:张郁慧:《中国对外援助研究》,中共中央党校博士学位论文,2006 年。

合 7.49 亿美元),相当于美国同年对外援助总额的 1/5,达到国际发展援助委员会同年官方援助额的 11.66%①,此后,中国每年的援外支出规模维持在 20 亿元左右(约合 8.12 亿美元)。自 1971 年中国恢复在联合国的合法席位之后,我国援助范围由 30 多个国家迅速增加到 66 个国家,援助地区从亚非扩展到了拉美、南太平洋地区。1971—1977 年 6 年间我国对外援助总额是 1950—1970 年这 20 年总额的 1.5 倍,援助金额在 1973 年达到顶峰,首次突破 50 亿元,为 55.84 亿元人民币(约合 27.64 亿美元),超过了美国同年对外援助金额 26.55 亿美元,之后有所回落。需要明确的是,上述援助并不以追求经济利益为目的,并不属于严格意义上的对外直接投资。但是,在这一时期,中国大陆企业也已经逐渐在境外开展投资活动,各外贸公司先

① 数据来源:OECD 经济合作发展组织数据库。

后在巴黎、汉堡、伦敦、纽约、东京、新加坡、中国香港等地设立分支机构，成立了一批贸易企业，主要目的是为进出口服务。① 这些外贸公司的设立为后来对外投资的进一步发展奠定了基础。

虽然该时期西方资本主义阵营始终对中国采取敌对、怀疑的态度，但是中国政府克服重重困难，一方面，凭借与苏联、东欧国家的技术引进和项目合作大大发展了与之的经贸关系；另一方面，也通过积极援助世界上不发达的发展中国家和争取民族独立的国家开展了对亚非国家的贸易和经济合作。这些对外经济联系促进了中国与其他国家的关系发展，逐渐勾勒出吸引外商投资与对外投资的轮廓，为将来的进一步发展做足了准备。

（二）1978—1991 年：探索发展期

1978 年党的十一届三中全会的召开，将经济体制改革和对外开放确定为基本国策，自此，中国经济发展进入了一个新阶段。真正意义上的外商直接投资与对外直接投资先后于 1978 年、1979 年拉开序幕。此阶段是我国利用外资和对外投资的探索发展期，FDI 与 ODI 得到初步发展，规模偏小，利用外资、审批对外投资的国家机构和职能部门相继设立，相关政策和管理办法陆续出台，但是基本都停留在严格限制、谨慎鼓励的层面。

在利用外资方面，改革开放这一历史性决策彻底扭转了我国长期以“一无内债，二无外债”为宗旨的封闭思想和错误认识，以党的三中全会为起点，中国对外资的态度实现了由“排斥”到“积极利用”的转变，中央开始制定相关政策，将利用外资、引进技术和先进设备作为国民经济的重要工作，为吸引外资提供了政策环境。1979 年我国 FDI 流量仅为 8 万美元，引资排名位于全球第 122；1980 年 4 月 17 日和 5 月 15 日，中国相继恢复在国

① 裴长洪：《共和国对外贸易 60 年》，人民出版社 2009 年版。

际货币基金组织、世界银行、国际开发协会和国际金融公司的合法代表权，为中国利用外资创造了有利条件，当年我国FDI流量急剧增长，为5700万美元，引资排名上升至全球第57位。该阶段，我国实际利用的FDI流量总体呈现出持续增长的趋势，在绝大多数的年份都保持了两位数以上的增长。从规模上看，1984年，FDI流量首次突破10亿美元，紧接着在1986年便突破20亿美元，并于1988年突破30亿美元，节节攀升，与此同时，引资排名也快速提高。但是，与G20国家平均水平相比，我国FDI流量还存在一定差距。除了1985年以0.39亿美元略超G20国家FDI均值以外，其他年份我国FDI流量一直居于G20国家平均水平之下，平均相差14.86亿美元左右。此阶段这些境外资金主要来源于中国港澳地区和东南亚各国，1983—1986年中国FDI流量有53.6%来自港澳地区，该比例在1987—1992年提高到了72.8%。吸引外资的产业集中在劳动密集型的“三来一补”项目和宾馆、服务设施等第三产业，地区分布则集中在改革开放初期设立的深圳、珠海、汕头、厦门4个经济特区。①

为尽快打开局面，自1979年试点建立经济特区开始，1979—1990年12年间我国开展了“经济特区—沿海开放城市—沿海经济开放区—内地”的多层次开放试验，对特区内的中外合资经营企业、中外合作经营企业和外商独立经营企业提供包括企业所得税、进口设备关税以及工商统一税等税负减免的优惠政策，为利用外资提供了空间支持。在机构设立层面，我国于1979年设立外国投资管理委员会，统管利用外资的相关工作；1982年，通过国家机构调整，又形成了对外经济贸易部，专门下设外国贷款管理局和外国投资管理委员会作为外资管理部门。② 在法律法规层面，我国分别于1979

① 江小涓：《新中国对外开放70年》，人民出版社2019年版。

② 王园园：《外商直接投资与中国制造业全球价值链升级》，对外经济贸易大学博士学位论文，2019年。

年、1986年、1988年颁布了《中华人民共和国中外合资经营企业法》、《中华人民共和国外资企业法》和《中华人民共和国中外合作企业法》,完成了我国外资政策体系所依附的三大主干法律的制定,并且在1986年又出台了《鼓励外商投资的规定》。这些职能部门和法律法规的设立进一步促进了FDI的增加。

1979年,国务院提出"出国办企业",对外直接投资的发展拉开序幕。1979年11月,我国在日本东京建立了第一家中外合资企业"京和股份有限公司",自此启动中国对外直接投资的进程。[①] 从ODI的发展趋势上看,1978—1991年的ODI规模总体较小,增长速度平缓,一直远远低于G20国家平均水平,其与G20国家平均水平的差距在1990年达到最大,为73.77亿美元,差距相当于当年ODI流量的9倍左右。在改革开放的前五年,我国ODI每年流量均少于1亿美元,最大的ODI流量仅为9.13亿美元,并未突破10亿美元的大关;1984年后,ODI的增长速度有所提高,当年增速为44.09%;1985年更是实现了较上年4倍多的投资,达到了6.29亿美元,对外投资存量累计9亿美元。投资主体基本全为国有企业,包括外贸公司、对外经济技术合作公司、非银行金融企业,等等,民营企业还未在其中扮演相应的角色。投资走向也集中于地域相近、文化和消费习惯相似的亚太地区,涉及的行业从最初的餐饮等服务业,扩展到建筑工程业,以及机械加工、资源开发和交通运输业。

这一时期中国对外投资的审批管理制度初具雏形,基本实现对外投资的规范化管理,就审批管理原则和外汇管理方面先后颁布了若干规定和办法,审批管理比较严格,对境外投资企业的限制较多。1982年对外经济贸易部成立,随后几年制定了若干对外投资和在国外办企业的规定办法。

① 江小涓:《新中国对外开放70年》,人民出版社2019年版。

1984 年、1985 年先后颁布了《关于在国外和港澳地区举办非贸易性合资经营企业审批权限和原则的通知》《关于在境外开办非贸易性企业的审批程序和管理办法的试行规定》，1989 年和 1990 年在外汇管理方面先后发布了《境外投资外汇管理办法》以及《境外投资外汇管理办法细则》，审批制度从个案审批逐渐发展为规范性审批，确立了较为规范的对外投资审批管理制度。[①] 1987 年，国务院批准中国化工进出口总公司进行国际化经营试点，成为第一家可以试点境外非贸易性投资和运营的大型企业。此时很多内地企业尤其是国有企业看到了对外直接投资的重要性，纷纷积极参与到对外直接投资的浪潮中来，中国企业大规模国际化经营开始起步，实现了"从无到有"的跨越。

总的来说，这一时期"引进来"比"走出去"的力度要大。由于我国利用外资的法律与机制建设刚刚起步，外商对于中国的态度保持疑虑，FDI 处于初步探索时期，中国实际利用的外商直接投资规模偏小，主要以对外借款特别是政府贷款的方式来利用外资。此阶段，中国对外商直接投资的态度为谨慎放松，对对外投资的态度为谨慎鼓励，FDI 和 ODI 在探索中逐渐发展。

（三）1992—2000 年：调整发展期

1992 年，邓小平南方谈话发表后，我国社会主义市场经济体制得以初步确立，全方位开放格局正式成型，开放地区从沿海扩展到沿江（长江）、沿线（陇海线、兰新线），对外开放进入新阶段，利用外资在广度和深度方面都加速发展，而对外投资在数量上也有了明显的进步。此阶段是我国利用外资和对外投资的调整发展期，外商直接投资方兴未艾，成为我国利用外资最主要的方式，对外直接投资则受到国内外经济环境的双重冲击，总体呈现下

---

① 郭凌威等：《改革开放四十年中国对外直接投资回顾与展望》，《亚太经济》2018 年第 4 期。

降的趋势,FDI 流量与 ODI 流量的规模大致相差一个数量级。

在经济体制改革的强势推动下,我国经济发展进入“快车道”,利用外资工作大幅提速,利用外资的政策方针不同于 20 世纪 80 年代的单一关注规模,开始更注重按照国内产业政策,引导外资助力我国产业结构的优化。南方谈话正式回答了特区姓“社”姓“资”的问题,为利用外资注入了强有力的“定心剂”。于是,我国 FDI 流量在 1992—1997 年间急剧增长,5 年上了 4 个台阶,1992 年当年 FDI 流量突破 100 亿美元,达到了 110.08 亿美元,是 1991 年的 2.52 倍;接着 1993 年突破 200 亿美元,1994 年突破 300 亿美元,1996 年突破 400 亿美元。从规模上看,我国 FDI 流量于 1992 年首次超越 G20 国家平均水平,说明我国在 FDI 上已经开始步入大国行列,自此,其与 G20 国家平均水平逐年拉开差距。1997 年后,受亚洲金融危机的影响,FDI 流量的增速减慢,甚至在 1999 年下降了 11.31%,因此其与 G20 国家平均水平的差距也有所减小。值得一提的是,1992 年也是我国 FDI 首次超越对外借款,自此,FDI 成为我国利用外资最主要的方式。[①] 与此同时,不同于 20 世纪 80 年代以来中国港澳地区和东南亚各国以中小型投资者为主的特点,此阶段发达工业化国家大型跨国公司的投资显著增加,“财富 500 强”已有超过 400 户在华投资。[②] 从产业投向上看,结合产业政策的积极引导,不仅资本、技术密集型项目日增,第三产业也开始利用外资的试点,结构越来越趋向理性。[③]

相较 1992 年以前,1992 年及其以后的 ODI 流量在量上实现了第一次飞跃,从 20 世纪 80 年代少于 10 亿美元,剧增至 1992 年的 40 亿美元,中间没有明显的过渡区间,并且在 20 世纪 90 年代基本保持每年 20 亿美元以上

① 裴长洪:《共和国对外贸易 60 年》,人民出版社 2009 年版。

② 江小涓:《新中国对外开放 70 年》,人民出版社 2019 年版。

③ 裴长洪:《共和国对外贸易 60 年》,人民出版社 2009 年版。

的流量水平,说明我国对外直接投资进入了一个新的发展阶段。然而,与上一阶段相比,我国ODI流量与G20国家平均水平的差距并没有得到明显改善,ODI规模一直居于G20国家平均水平以下,且差距依旧保持逐年增大的态势,2000年的差距甚至达到了333.71亿美元,相当于当年ODI流量的36.44倍左右。这一时期,中国在战略思路上依旧鼓励对外投资的发展。伴随南方谈话,1992年中共十四大进一步提出了改革开放新思路,强调以更积极的态度走向世界,在对外直接投资上,“鼓励能够发挥我国比较优势的企业参与国际投资”,赋予了民营企业“走出去”的资格,对外直接投资主体走向多元化。① 其后在1997年召开的中共十五大又明确提出“更好地利用国际、国内两种资源、两个市场”,标志着我国已经开始重视国际市场的资源优化配置功能。然而,由于受到国内外经济环境的影响,我国ODI流量增长放缓,甚至分别在1994年、1999年、2000年下降了54.55%、32.63%和48.39%。一方面,1993年中国经济由于总供需失衡引发“经济过热”,政府为抑制通货膨胀采取“收紧银根”的措施,即压缩、控制投资与信贷规模的政策②,导致对外投资审批也变得更加严格;另一方面,1994年我国进行了重大汇率制度改革,开始实行以市场供求为基础、单一的、有管理的浮动汇率制,中美汇率从1993年1美元兑换5.76元人民币迅速贬值至1994年1美元兑换8.62元人民币,人民币大幅贬值,冲击了对外直接投资的市场。此后,1997年亚洲爆发金融危机,也在一定程度上冲击了中国经济。

与此同时,由于部分国企开始显现出盲目投资导致的亏损,以及看似对外投资实为资本外逃的现象,我国政府在1993年年初至1996年上半年开

① 姜亚鹏:《中国对外直接投资研究:制度影响与主体结构分析》,西南财经大学博士学位论文,2011年。

② 高鹏飞等:《新中国70年对外直接投资:发展历程、理论逻辑与政策体系》,《财经理论与实践》2019年第5期。

始对境外投资企业全面清理整顿,责成外经贸部发出关于加强境外企业管理事项的通知并起草《境外企业管理条例》,以强化审批政策与外汇管制。随后,1993 年 11 月,国务院印发《关于暂停收购海外企业和进一步加强海外投资管理的通知》;1996 年 1 月,印发《中华人民共和国外汇管理条例》;同年 7 月,财政部又发布了《境外投资财务管理暂行办法》,对外直接投资也进入了梳理和调整期。

总的来说,在 1992—2000 年这一阶段,中国利用外资工作蓬勃发展,规模大幅度增加,并且在发展过程中具有了新的侧重点,产业结构的调整成为外资引流的重要方向。对外直接投资也实现了量上的飞跃,并且,在这一阶段,我国政府明确了对外投资的当期弊端,随之立即采取相关措施调整了境外投资企业和外汇的管理,将对外投资的发展引回到了正确的道路上。

(四)2001 至今:全面发展期

2001 年 12 月,中国正式加入世贸组织(WTO),成为第 143 个成员国,融入国际社会的步伐加快,对外经济实现实质性的突破。此阶段我国利用外资和对外投资齐头并进,全面发展,外商直接投资扭转 20 世纪 90 年代末期停滞不前的态势,发展到一个新高度,利用外资的重点转向提高外资质量上来;对外直接投资"阔步向前",在规模上慢慢逼近甚至超越了外商直接投资,中国首次实现对外投资的净输出。可以发现,此阶段我国 FDI 流量大幅超越 G20 国家平均水平,ODI 规模的进步也非常明显,2007 年后,我国 ODI 流量稳定大于 G20 国家平均水平,且差距逐年拉大,2016 年我国 ODI 流量与 G20 国家平均水平的差距达到顶峰,为 1671. 25 亿美元。

入世之后,中国积极履行了对 WTO 的承诺,逐渐降低关税、放宽市场准入的门槛,取消与 WTO 精神相悖的法规条款,为外商投资创造了良好的投资环境,外商直接投资的规模开始突飞猛进。20 世纪 90 年代后期,由于亚洲金融危机的影响，我国 FDI 流量一直保持 400 亿美元左右的水平，增长乏力，但是，在入世后的第二年，FDI 流量就又登上了一个新台阶，达到了 527.43 亿美元，随后的 7 年间，每年大致保持两位数的增长速度，在 2008 年达到了 1083.12 亿美元，是入世当年 FDI 流量水平的 2.31 倍。与此同时，我国的引资全球排名也逐渐攀升，在 2003 年首次达到全球第一，并在其他年份稳定保持在全球前 5 位。2008 年后，由于 2008 年美国次贷危机以及 2009 年欧洲主权债务危机引发了全球性的金融危机，造成世界各国不同程度地出现债务危机、银行挤兑、流动性紧张、借贷成本增加的现象，导致发达国家对外直接投资锐减，直接影响了我国利用外资的工作。在 2008—2020 年间，我国 FDI 流量增速平平，但总体依旧呈现逆势上扬的态势，年均增长率为 3%，利用外资表现明显优于全球整体水平。

2006 年，党的十届人大四次会议通过了《中华人民共和国国民经济和社会发展第十一个五年规划纲要》，在利用外资的指导方针上，除了延续“九五”期间“合理有效利用外资”，更加强调“提高利用外资质量”，注重外资结构优化和效率提升，随后“十三五”规划又再次确定了“提升利用外资和对外投资水平”的方针。该阶段，中央政府通过引导外资参与老工业基地的改革改制和调整改造，服务东北老工业基地振兴；通过结合“西部大开发战略”，引导外资加大对西部地区的投资力度以协调区域经济发展，中西部的外商投资企业数量和使用外资金额连年增加。① 2018 年，中国中部地区新设外商投资企业 2126 家，实际利用外资 98 亿美元，同比增长 17.9%，增速远远超过全国 3.0%的平均水平；西部地区新设立外商投资企业 1883 个，实际利用外资 97.9 亿美元，同比增长 20.4%，实际利用外资增幅最高，

① 王园园：《外商直接投资与中国制造业全球价值链升级》，对外经济贸易大学博士学位论文，2019 年。

领跑全国。[①] 在外资产业结构方面，入世之后，《外商投资产业指导目录》先后修订7次，逐渐放宽了服务业、制造业的市场准入门槛，执行负面清单管理模式，让外资在华有了更大的施展空间。外资投向研发中心、集成电路等高技术项目明显增加，投资重点从一般制造业发展到高新技术产业、基础产业和基础设施建设。2018年，高技术制造业利用外资增势强劲，新设外商投资企业1478家，同比增长43.2%，实际利用外资达137.9亿美元，同比增长39.4%，成为促进外资增长、优化外资结构的亮点。另外，自贸试验区成为开放最前沿，典型自贸试验区的引领示范作用显著，2018年广东自贸试验区实际利用外资57.2亿美元，占全省的27%；累计入驻金融企业约5.9万家，是全国最大的创新金融和类金融企业集聚地。

进入21世纪，我国改革开放初期"奖入限出"的对外经贸思想发生了新的转变，经过20世纪90年代外汇储备的迅速增加过程，2001年我国外汇储备规模达到2121.65亿美元，位居世界第二，仅次于日本3983亿美元，为国内企业"走出去"提供了有力的支撑，对外直接投资"阔步向前"。入世同年，"走出去"战略被写入《国民经济和社会发展第十个五年规划纲要》，成为我国开放型经济发展的三大支柱之一，我国对外直接投资规模由此飞速扩张。[②] 我国ODI流量从2001年的68.85亿美元剧增到2018年的1298.3亿美元，每年基本保持两位数的增长，超越了外商直接投资的增长速度，年均增长率达到27.78%。2015年，ODI流量达到1456.67亿美元，首次超越FDI，中国实现对外投资的净输出，并在2016年、2017年连续保持。在全球排名上，我国对外直接投资也实现了对发达国家的超越，2015年、2016年、2018年ODI流量均位列世界第二。截至2020年年底，中国已

---

① 商务部：《中国外商投资报告》，2019。

② 姜亚鹏：《中国对外直接投资研究：制度影响与主体结构分析》，西南财经大学博士学位论文，2011年。

经有4.5万家对外直接投资企业,分布在全球189个国家(地区),对外投资产业覆盖了国民经济的所有行业类别,流向制造业和服务业的对外直接投资再创新高。2013年提出的"一带一路"建设对沿线对外投资发展也起到了明显的带动作用。2013—2020年中国对沿线国家累计直接投资达1398.5亿美元,2020年当年实现直接投资225.4亿美元,占同期中国整体ODI流量的14.7%,表明"一带一路"沿线国家已经成为中国重要的投资区域。①

对外直接投资的欣欣向荣离不开这一时期我国对外直接投资审批管理制度的不断改革与优化。伴随2001年"走出去"正式成为国家战略,我国政府推动了对外直接投资体系的改革,实现了"审批制—核准制—备案制"的变迁。② 2003年,依据《关于做好境外投资审批试点工作有关问题的通知》,北京、天津和上海等12个省市区率先开展下放审批权限的改革试点工作,紧接着,2004年国务院、国家发展和改革委员会先后发布了《关于投资体制改革的决定》和《境外投资项目核准暂行管理办法》,将以往对外投资管理的审批制改为核准制,随后,2009年商务部颁布《境外投资管理办法》,进一步下放了核准权限,简化了核准程序。随着我国对外直接投资规模的不断扩大,各投资者对境外投资便利化的要求越来越高,相关管理部门在实际操作中不断缩小核准范围。2014年,国家发改委发布《境外投资项目核准和备案管理办法》,将我国对外直接投资管理政策的便利化程度推到一个新的高度,自此,一般境外投资项目普遍施行备案制管理,核准范围及程序大幅缩小和简化。2017年年底,发改委又发布了《企业境外投资管理办法》;2018年年初商务部联合多个部门发布《对外投资备案(核准)报告暂行办法》,在原有的管

---

① 商务部:《中国对外直接投资统计公报》,2020。

② 郭凌威等:《改革开放四十年中国对外直接投资回顾与展望》,《亚太经济》2018年第4期。

理体制基础上进一步提高和加大了便利程度和监管力度。① 结合上述调整政策和同期对信息服务平台的建设，辅以逐渐放宽的外汇管理政策、更优惠的财政和金融支持政策等管理政策措施，我国对外直接投资的效率和管理水平得到了全方面的提高，对我国 ODI 规模的增加起到了很强的促进作用。

自 2020 年年初新冠疫情全球暴发以来，我国政府高度重视、迅速行动，全国上下积极响应，取得了重大战略成果，有效地控制和防范了疫情外溢扩散，经济复苏进行得有条不紊。和 G20 国家均值相比，我国在 2020 年的对外投资和利用外资并未受到非常严重的冲击。2020 年，我国 FDI 流量达到 1493. 42 亿美元，较 2019 年增加了 5. 75%；ODI 虽然呈现减少的态势，但微不足道（39. 65 亿美元），总体规模依旧可以达到 1329. 4 亿美元；而 G20 国家的对外投资和外资工作明显比较惨淡，平均 FDI 和 ODI 流量相比 2019 年均下降了一半左右，平均 FDI 流量降至 156. 86 亿美元，平均 ODI 流量降至 119. 16 亿美元，受疫情影响颇为严重。

总的来说，2001—2020 年我国 FDI 和 ODI 在数量和质量上全面发展，增势强劲，规模大增，质量不断提升。我国利用外资工作越来越契合国内产业政策和区域经济发展政策，政府有意识的引流措施使得外商直接投资利用效率不断提高。对外投资工作在“一带一路”的带领下奔向新的高潮，境外投资的审批管理制度持续便利化，投资规模不断飞跃，但是在产业分布和区域结构上依旧有完善的空间。新冠疫情虽然在一定程度上影响了我国的经济运行和全球合作，但在我国政府一系列强有力的举措下，利用外资和对外投资工作仍然稳中有进地发展。

---

①　高鹏飞等：《新中国 70 年对外直接投资：发展历程、理论逻辑与政策体系》，《财经理论与实践》2019 年第 5 期。

二、跨境直接投资的产业与区域分布

（一）FDI、ODI 的产业分布

从发展历程和发展现状看，服务业和制造业都是中国对外经济联系发生的主要产业，占据我国投资总额的比例超过 90%。2020 年，中国吸引的 FDI 主要流向制造业、租赁和商务服务业、房地产业、科学研究和技术服务业以及信息传输、软件和信息技术服务业，合计投资总额为 1122.61 亿美元，占流量总额的 77.76%。（见表 9-1）服务业引资达 1072 亿美元，较 2019 年增加 12.52%，其中，高技术产业吸收外资增长 11.4%，高技术服务业增长 28.5%，说明我国的引资结构进一步优化。对外投资方面，我国对外直接投资流向传统租赁和商务服务业、制造业、批发和零售业、金融业的投资均超过了百亿美元，合计投资为 1072.25 亿美元，占流量总额的 69.75%。租赁和商务服务业保持第一位，制造业位列第二，然后是批发和零售业以及金融业。流向境外制造业的投资为 258.38 亿美元，占流量总额的 16.81%，主要流向汽车制造、医药制造、计算机/通信及其他电子设备制造、专用设备制造、金属制品、食品加工等 16 类制造业，其中，流向装备制造业的投资额为 119 亿美元，占制造业投资的 46.1%。流向境外金融业的投资有 83.2%来自于我国境内金融业的投资者，16.8%来自非金融业投资者。①

① 商务部:《中国对外直接投资统计公报》，2020。

表 9-1　2020 年中国 FDI、ODI 流量前 10 位的产业

名次	产业	FDI（亿美元）	占比（%）	产业	ODI（亿美元）	占比（%）
1	制造业	309. 97	21. 47	租赁和商务服务业	387. 26	25. 19
2	租赁和商务服务业	265. 62	18. 40	制造业	258. 38	16. 81
3	房地产业	203. 31	14. 08	批发和零售业	229. 98	14. 96
4	科学研究和技术服务业	179. 40	12. 43	金融业	196. 63	12. 79
5	信息传输、软件和信息技术服务业	164. 31	11. 38	信息传输、软件和信息技术服务业	91. 87	5. 98
6	批发和零售业	118. 45	8. 20	建筑业	80. 95	5. 27
7	金融业	64. 82	4. 49	交通运输、仓储和邮政业	62. 33	4. 06
8	交通运输、仓储和邮政业	49. 99	3. 46	采矿业	61. 31	3. 99
9	电力、热力、燃气及水生产和供应业	31. 14	2. 16	电力、热力、燃气及水生产和供应业	57. 70	3. 75
10	建筑业	18. 19	1. 26	房地产业	51. 86	3. 37

数据来源：CEIC 数据库、中经网数据库。

（二）FDI、ODI 的区域分布

由于历史数据的缺失，我国 FDI、ODI 流量区域分布的公开年度数据最早始于 20 世纪末 21 世纪初，其中 ODI 流量的区域分布从 2003 年才开始统计。

亚洲地区始终是中国大陆吸引 FDI 的主要来源区，其次分别是拉丁美洲、欧洲、北美洲、大洋洲和非洲。2020 年，来自亚洲地区的外商对华直接投资占总体的比重高达 86. 02%，欧洲地区、拉丁美洲地区、北美洲地区、大洋洲地区和非洲地区对华实际投资占比分别是 5. 18%、5. 59%、1. 86%、0. 87%和 0. 49%。2000—2020 年，亚洲地区对华投资占比一直保持增长的趋势，2020 年的比重比 2000 年增加了 37. 16%，说明中国大陆与亚洲地区国家的经济联系越来越紧密。其中，中国香港对大陆的投资占据亚洲对华总投资的最大部分，21 年间中国香港对大陆的直接投资占亚洲总额的比例从 60. 83%上涨到了 85. 30%，这一比例在近 5 年维持稳定。拉丁美洲地区在 2000—2016 年对华实际投资仅次于亚洲，是 FDI 第二大主要来源区，特别是 2005—2008 年 3 年间，每年拉丁美洲对华投资都占到了中国大陆整体 FDI 流量的 1/5 左右。但是，2008 年以后，拉丁美洲受到美国金融危机的冲击，经济环境不景气，自此，拉丁美洲对华投资额连年下降，投资额占总体的比例从顶峰阶段的 27. 11%下降到 5%左右。2017 年，欧洲地区超越拉丁美洲成为中国大陆吸引 FDI 的第二来源地区，对华实际投资达 88. 36 亿美元。2018 年，欧洲对华直接投资首次突破 100 亿美元，达到了 111. 94 亿美元，但之后有所回落。

同时，亚洲地区也是中国大陆对外直接投资的最主要地区，其次分别是拉丁美洲、欧洲、北美洲、非洲和大洋洲。2020 年，中国对亚洲地区的直接投资额占总投资额的 73. 09%，拉丁美洲地区、欧洲地区、北美洲地区、非洲地区和大洋洲地区则分别占 10. 84%、8. 26%、4. 13%、2. 75% 和 0. 94%。2003—2020 年，中国大陆对亚洲地区的直接投资占比常年维持在 70% 以上，说明地理相近、文化和消费习惯相似的地区通常是对外经济交流发生的主要地区。其中，中国大陆对中国香港的投资又占据中国大陆总投资的一大部分，17 年间中国大陆对香港的平均直接投资占中国大陆对亚洲总投资的比例为 83. 13%。中国大陆对拉丁美洲的投资在波动中保持上涨的趋势，除 2019 年外，近 8 年投资额均超过 100 亿美元，在 2016 年达到顶峰，为 272. 27 亿美元。观察拉丁美洲与中国大陆的双向投资额，可以发现,中国大陆对拉丁美洲已经是对外直接投资的净流出国。另外,中国大陆对非洲国家的投资额也大致保持上涨的态势,投资额平均占到总额的3%左右。

分国家看(见表9-2),中国大陆吸引FDI的来源国和ODI流向国表现出明显的区位特征,除了中国香港和国际避税港以外,呈现出向新加坡、韩国、日本等发达国家集中的态势。来自中国香港、英属维尔京群岛和开曼群岛的对华投资占据整体的比例接近80%,同时,中国大陆投向这三地的直接投资占比也接近70%。这是因为流向中国香港的投资可以充分发挥地缘和文化相通的优势,而利用避税地开放自由的经营环境和极其优惠的税收政策,则可以为企业在全球调配资金和资源服务。另外,在三地投资后再以外商投资者的身份向中国大陆投资,可以享受大陆对外资企业的优惠待遇,但是近年来对外资的超国民待遇已逐步取消,这种"返程投资"的收益已越来越小。[①] 除这三地之外,剩余的流量大部分发生在与发达国家的往来当中。中国大陆对发达国家的投资主要是"技术寻求",希望通过逆向技术溢出,学习发达国家先进的技术、经营管理和人才安排等经验;而对东南亚发展中国家的投资则很大部分是来自于转移落后产能等的需求,流向印度尼西亚和泰国的投资主要投向了制造业。发达国家对中国大陆的投资则主要是出于转移低端产业链的需要,中国作为"世界工厂",劳动力价格比较低廉,且拥有较大的国内市场。但是近些年,随着中国产业结构调整的需要和劳动力价格的上涨,发达国家的投资表现出向东南亚劳动力更为低廉的国家转移的趋势。

---

① 张述存:《"一带一路"战略下优化中国对外直接投资布局的思路与对策》,《管理世界》2017年第4期。

表 9-2 2020 年中国大陆 FDI、ODI 流量前 10 位的国家(地区)

名次	国家或地区	FDI(亿美元)	占比(%)	国家或地区	ODI(亿美元)	占比(%)
1	中国香港	1057.93	73.38	中国香港	891.46	58.00
2	新加坡	76.81	5.33	开曼群岛	85.62	5.57
3	英属维尔京群岛	52.00	3.61	英属维尔京群岛	69.76	4.54
4	韩国	36.14	2.51	美国	60.19	3.92
5	日本	33.74	2.34	新加坡	59.23	3.85
6	开曼群岛	27.74	1.92	荷兰	49.38	3.21
7	荷兰	25.55	1.77	印度尼西亚	21.98	1.43
8	美国	23.05	1.60	瑞典	19.30	1.26
9	中国澳门	22.02	1.53	泰国	18.83	1.22
10	德国	13.55	0.94	越南	18.76	1.22

数据来源:CEIC 数据库。

(三)从全球视角看我国跨境直接投资

依据各国(地区)历年 FDI、ODI 占世界总额的比例,美国、荷兰、中国大陆、中国香港、英国、日本、德国和新加坡是全球 FDI、ODI 排名最靠前的 8 个国家(地区)。1979—2020 年,八国(地区)FDI 流量平均约占世界总量的一半,ODI 流量平均占世界总量的 60.33%,FDI 存量平均占世界总量的 54.09%,ODI 存量平均占世界总量的 65.33%。

从流量上看,改革开放初期,中国大陆 FDI、ODI 对世界的贡献微不足道,FDI、ODI 流量占世界的比例不超过 1%,经过 40 多年的发展,我国 FDI、ODI 占比均增长到了 15%左右。2020 年,中国大陆吸引的 FDI 占世界总量的 14.95%,位居世界第二位,仅次于美国的 15.65%;ODI 占世界总量的 17.97%,位列世界第一。总体上中国大陆与世界其他发达国家的 FDI、ODI

流量并不存在太大的差距。部分发达国家在某些年份的 FDI、ODI 流量甚至出现了负值，例如，英国在 2014 年、2015 年、2016 年、2019 年、2020 年的 ODI 均为负值，分别为-1512.86 亿美元、-668.22 亿美元、-376.06 亿美元、-60.81 亿美元和-334.09 亿美元。

从存量上看，发达国家 FDI、ODI 存量依旧占据绝对优势，其中美国一骑绝尘，FDI 存量占到全球的 1/4，ODI 存量占到全球的 1/5。全球排名前 10 的国家或地区中除了中国大陆和中国香港以外，全为发达国家。作为最大的发展中国家，中国近些年 FDI、ODI 增势强劲，全球排名靠前，存量占比水平已经达到除美国外其余发达国家的平均水平（5%左右）。但是，与美国相比仍有比较大的鸿沟。从数额上看，2020 年，中国大陆 FDI 存量与美国共相差 88838.19 亿美元，差额相当于中国当年 FDI 存量的 4.63 倍；ODI 存量与美国相差 57766.94 亿美元，差额相当于中国当年 ODI 存量的 2.46 倍。从引资与投资的全球排名看来，2020 年，中国大陆 FDI 存量占世界总量的 4.64%，位居世界第四，仅次于美国（26.12）、荷兰（6.99%）和英国（5.33%）；中国大陆 ODI 存量占世界总量的 5.99%，位居世界第三，仅次于美国（20.71%）和荷兰（9.68%）。

三、跨境直接投资对中国经济发展的影响

跨境直接投资的发展是我国经济国际化的重要标志之一。随着经济全球化和区域经济一体化的深化，“引进来”和“走出去”并重越来越成为中国参与国际分工和全球合作与竞争的不二选择，也是中国经济从数量扩张转型到高质量发展的重要途径。“引进来”拓展了中国融入世界经济的广度，

发展了中国经济外延;“走出去”拓展了中国融入世界经济的深度,发展了中国经济内涵。① 本节主要对 FDI 和 ODI 为中国经济社会发展带来的影响进行讨论。

(一)FDI 对我国经济社会发展的影响和机制讨论

近 10 年,中国吸引的 FDI 每年都已经超过 1000 亿美元,流量规模持续居于发展中国家 FDI 流入首位和全球所有经济体 FDI 年度流入前 3 位,牢固地奠定了国际直接投资流入的世界大国地位。目前,这些外资正在中国的全产业和全区域展开,产业分布从改革开放初期以传统制造业为主逐渐发展到现代服务业与现代制造业并重,区域分布从东部沿海地区逐渐蔓延到东部、中部、西部各个地区,进入方式从以合资合作为主发展到合资、独资并重再到以独资方式为主,正通过影响经济增长、产业结构、城镇化率、收入差距、环境污染等指标不断影响着中国经济社会发展的效率和公平。

在影响机理方面,已有研究表明:FDI 一方面可以通过增加东道国的资本存量、缓解东道国的就业压力等方式直接影响经济发展;另一方面还可以通过技术溢出加速技术进步,提升企业创新能力和吸收能力,推动东道国产业升级,间接促进东道国经济增长,从而对东道国城镇化水平和环境等社会方面的指标产生影响。此外,FDI 对于东道国经济社会的影响也与东道国自身的经济、科技和社会发展水平有着密切关系。

在直接影响方面,从生产函数的角度来看,FDI 能够通过影响资本积累来影响经济增长,且对发展中国家经济增长中资本积累的影响高于发达国家;同时,其也能够带来新的产业和就业岗位,具有正的就业效应,这种效应与劳动力市场弹性、劳动技能复杂度、区位等因素有关,劳动力市场灵活性

---

① 田素华等:《双向直接投资与中国经济高质量发展》,《上海经济研究》2019 年第 8 期。

高的地区,劳动技能更复杂的职业就业效应更大。

在间接影响方面,FDI 作为技术扩散的主要渠道之一,影响着各国,尤其是小国及广大发展中国家的经济持续增长。FDI 可以通过技术外溢效应,使东道国的技术水平、组织效率不断提高,增加东道国的专利申请数量,提高国民经济的综合要素生产率。这种对于技术进步的促进作用要求东道国及相关企业具有一定的吸收能力,故经济、科技和金融市场发展水平较高的地区、位于领域前沿的企业受到的技术溢出效应会更显著。此外,这种效应的大小还与东道国可获得的人力资本存量有关,人力资本水平非常低的国家往往以提供廉价劳动力为主,缺乏吸收技术进步的能力,导致 FDI 对其经济增长反倒可能存在负面影响。FDI 还可以通过城市内产业间资源的再配置效应,将生产资源从中低技术产业向高技术产业转移,提高城市总体技术水平,促进城市产业结构升级,这种促进作用对高行政等级城市更加显著。

(二)ODI 对我国经济社会发展的影响和机制讨论

改革开放以来,中国的对外直接投资政策经历了严格限制、谨慎鼓励、适度放宽、分类审批的变化过程,2013 年“一带一路”倡议的提出使得中国对外直接投资发展空间更加广阔,2017 年中共十九大强调“坚持引进来与走出去并重”,使得中国对外直接投资发展步伐更加坚定。目前,中国对外投资企业已经近 4 万家,投资地区遍及五大洲近 200 个经济体,投资行业覆盖服务业、制造业、采矿业、农业等几乎所有行业门类,民营企业、国有企业等多种企业类型共同发挥着重要作用。

已有文献表明,ODI 主要通过影响经济增长、产业结构升级、人力资本与企业员工结构、环境污染来影响中国的经济社会发展。在影响机理方面,ODI 一方面可以通过资源获得、产业转移、人力资本素质提升等方式直接影响中国的经济社会发展;另一方面可以通过逆向技术溢出,增强企业间竞争性来促进母国创新能力的提升,以此提升母国的全球价值链位置,从而间接影响母国的经济社会发展。此外,ODI 对于母国经济社会的影响也与母国的制度环境和吸收能力等多种因素有关。

在直接影响方面,对外投资企业可通过资源寻求型 ODI,更加便利地获取东道国的自然资源、无形资产、高端劳动要素等,服务于母国经济增长质量提升;也可以通过效率寻求型 ODI 将母国低竞争优势的企业向土地和劳动力等生产要素价格更为低廉的国家进行转移,将这些产业从本国产业结构中逐渐抽离出去,使得国内有限的生产要素得到重新配置,为母国国内新兴产业和具有潜在比较优势的产业提供额外的发展资源,推动产业结构升级。市场化程度高的国家或地区的企业,自我适应和调整的能力比较强,因此 ODI 对其产业升级的促进作用更强。另外,ODI 需要母公司提供监管、营销等辅助性活动,从而能够提升销售人员、技术人员和管理人员的全球经营素质,战略资产寻求型企业对外投资还能够对员工结构的改善起到积极作用。

在逆向技术溢出方面,并非只有在技术上具有优势的国家才能够通过 ODI 获益,技术落后的企业也可以选择以直接投资的方式进入国外市场以获得技术溢出。相较于 FDI 以"市场换技术"的被动地位,通过 ODI"走出去"的企业可以更加主动地选择那些创新资源更为丰富、溢出效应更为显著的发达国家进行直接投资。ODI 可以通过研发互动、成果传递、内部吸收三个机制帮助母国企业获取东道国逆向技术溢出。同时,参与全球市场会带来更多的竞争,这会迫使对外投资企业加强研发与创新,进而有助于提升母国技术实力,促进母国经济高质量增长。但是,这种逆向技术溢出要求母公司技术达到吸收门槛,且在各区域制度环境(包括法制化水平、知识产权保护力度和政府治理水平等)和异质吸收能力(包括经济发展、技术创新能力、人力资本和对外开放程度等）影响下呈现出地区差异。

在可预见的未来，在贸易保护主义抬头、逆全球化趋势加强的不利形势下，双边贸易与若干国自由贸易区的设立可能会给我国外商直接投资注入新的活力。我国将通过深化外资“放管服”改革，提升营商环境水平，增强创新能力来有效提升利用外资的质量，利用外商投资规模将继续稳步增长，质量将继续提升，投资区域布局也将进一步优化。对外直接投资的产业和区域结构也将不断优化，逐渐转回理性发展的轨道，中国与“一带一路”沿线国家的对外投资合作将扩大并加深，对外投资将继续为缓解我国资源短缺压力、推动出口发展、推动产业升级作贡献。

（中国人民大学应用经济学院研究生陈沛霖、陆怡雅也参与了本文的撰写）

第十讲　中国对外贸易发展与经验

苏立

中国人民大学应用经济学院副教授

新中国成立70多年来，我国的对外贸易发展迅猛，在贸易规模总量和贸易结构优化，以及国际市场开拓等方面均取得了辉煌的成就。据商务部网端披露我国对外贸易总额从新中国成立初期1950年的不足11.3亿美元，到2018年超过4.5万亿美元。我国在全球贸易体系中所占比例也从1950年的不到1%，增加到2019年的8%，全球排名也从1950年的第27，到2018年成为全球排名第1。与此同时，我国对外贸易的产品结构也在发生深刻的变化，从新中国成立初期以初级产品为主，到当前机电设备和高科技产品成为主要出口产品；此外，我国不断拓展贸易伙伴，从新中国成立初期的苏联等少数东欧国家，到现在与全球200多个国家和地区均有贸易往来，开辟了崭新的局面。

当前，国际形势复杂多变，贸易保护主义抬头，双边经贸摩擦不断，我国对外贸易的发展面临深刻的挑战。本讲通过系统的分阶段回顾新中国成立70多年来我国对外贸易的发展历史，总结不同阶段我国对外贸易的特征，着重分析我国对外贸易政策的演变，并在此基础上总结我国对外开放的基本经验和教训。

一、改革开放前中国对外贸易发展与经验

回顾我国对外贸易的发展，伴随着全球生产体系的演变，党和政府针对国内外经济形势的变化，制定了对外贸易体制的一系列政策，尤其是1978年改革开放以来的外贸体制改革，是我国对外贸易取得辉煌成就的关键。接下来，我们将结合新中国成立以来不同历史阶段的对外贸易政策，并参照盛斌和魏方[①]的历史阶段划分，来梳理回顾我国70多年来的对外贸易发展。

（一）1949—1957年

在1949年新中国成立前召开的党的七届二中全会上，我党确定了“统制贸易”的基本对外贸易政策。毛泽东明确提出，新中国经济的恢复“没有对外贸易的统制政策是不可能的”[②]。进一步地，1949年9月召开的政治协商会议制定的《共同纲领》明确了新中国的贸易政策包括“对外贸易的管制”和“保护贸易政策”。在这一精神的指导下，新中国成立了由中央贸易部牵头的一批外贸管理部门和行政机构，并设立若干进出口公司及其地方

① 盛斌、魏方：《新中国对外贸易发展70年：回顾与展望》，《财贸经济》2019年第10期。

② 《毛泽东选集》第4卷，人民出版社1991年版，第1433页。

分公司,采用多种方式在私营对外贸易领域进行社会主义改造,至 1956 年基本建立起了政企结合、高度集中的对外贸易体制。

这一外贸体制的建立,是在新中国成立初期,我国面对西方国家的贸易封锁和经济制裁、在政治上向苏联"一边倒"的背景下所做出的现实选择。在这一时期,我国通过国家统一的计划经济体制来出口创汇,对消费品设置较高的关税,同时对国民经济急需的设备、原材料等设置较低的关税。① 这是一种典型的进口替代的贸易战略②,从而快速地扭转了新中国成立初期百废待兴的困难局面,尽快实现了国民经济的复苏。

我国在这一时期对外贸易得到迅速的恢复,进出口总额从 1950 年的不到 12 亿美元,到 1957 年超过了 30 亿美元,年均增速超过 15%,高于同时期全球进出口贸易不到 10%的平均增速。尤其是"一五"计划(1953—1957 年)的实施,我国自 1956 年起,扭转了之前平均每年 8. 5 亿美元的贸易逆差,进出口基本平衡并有小额贸易顺差。

从进出口产品的结构来看,由于新中国成立初期我国工业生产能力低下,我国出口产品以初级产品尤其是农副产品为主,占比超过 40%,而进口产品则主要是工业生产设备和原材料,占比超过 90%。同时,随着对资本主义工商业的社会主义改造完成,我国贸易主体中私营企业的比重逐渐下降,直至完全退出。到 1957 年,我国的对外贸易完全由国有贸易公司垄断。

1950 年 2 月,我国与苏联签订了《中苏友好同盟互助条约》,并且自 1953 年起,苏联开始对我国进行大量的经济援助。因此,苏联等东欧社会主义国家是这一时期我国最主要的贸易伙伴,占我国每年贸易总额的 70%以上,其中苏联更是占到 50%(国家统计局)。我国通过与苏联等国家的贸

---

① 根据 1951 年我国海关的进出口税则,我国当时对制成品的关税税率高达 47. 7%。

② 盛斌、魏方:《新中国对外贸易发展 70 年:回顾与展望》,《财贸经济》2019 年第 10 期。

易往来，引进了成套的设备和技术，为我国的初步工业化奠定了基础。

在此时期内，人民币对美元的汇率基本稳定，没有巨大的波动，在 0.40 美元上下略微波动。1949 年 1 月 18 日，中国人民银行首次正式公布人民币汇率，由于外汇资源紧缺，为此实施外汇集中管理制度，人民币整体币值企稳，此汇率一直维持到布雷顿森林体系瓦解之后。

（二）1958—1977 年

一方面，从 20 世纪 50 年代末到改革开放初期，我国在外贸领域仍然坚持原有的计划经济体制。同时，受国内“以阶级斗争为纲”的思想影响，“大跃进”“文化大革命”等政治运动的干扰，以及中苏关系恶化的影响，相关的贸易政策也出现反复的调整，导致我国进出口事业的发展受到较大影响，突出体现在外贸经营权的下放与收回、贸易伙伴的变化等方面。例如，“大跃进”期间，外贸领域为配合“二五”计划和中央精神，提出“大进大出”的指导方针，即出口要“大出、快运、多收汇”，而进口要“快买、快运、快交货”，从而在外贸领域对地方放权，而随后外贸领域出现了一些市场乱象后，又迅速收回。另一方面，20 世纪 60 年代初，中苏关系恶化以后，苏联撤走专家，我国与苏联的贸易往来迅速下降，随后我国的进口计划开始向西方国家转移；而“文化大革命”期间，外贸领域受极左思想的影响，我国与西方国家的经贸往来也出现波折。到 20 世纪 70 年代中美关系正常化以后，我国的进出口贸易才重新恢复增长。

这一时期我国进出口贸易的曲折发展。在 1972 年中美关系正常化之前，我国的贸易总额一直在较低的水平徘徊。尽管在国民经济调整时期（1962—1965 年），对外贸易有小幅的上涨，但是 1958—1970 年年均增长率仅略高于 1%，远低于同时期全球接近 10% 的年均增长率。之后，随着 1972 年《中美联合公报》和《中日联合声明》的发表，我国与美国、日本实现了邦交正常化，我国的进出口贸易出现了相对较快的增长，1971—1977 年贸易总额的年均增长率超过 20%。尽管如此，由于对外政策的反复，我国在全球的贸易地位持续下降，至 1977 年仅占全球出口份额的 0.7%，远低于 1958 年的 1.8%。

贸易结构方面，初级产品仍然是这一时期我国主要的出口产品，其中农副产品的比重逐渐下降至 30%左右，而工业制成品的出口比重逐渐上升，其中轻纺产品到 20 世纪 70 年代后期达到 35%。我国这一时期的进口也仍以成套设备和工业原料为主，并且由于 20 世纪 60 年代初的严重自然灾害，我国大量进口了粮食、棉花等生活物资来保障人民的生活供给，其比重维持在 20%左右。同时，进出口业务继续由国有贸易公司所垄断。值得指出的是，我国贸易伙伴相比 20 世纪 50 年代有重大的调整：从以苏联等东欧社会主义国家为主，逐步转向以日本等亚洲国家和英法等西欧国家为主。

从人民币兑换美元的汇率来看，可以 1973 年为节点分为两个阶段。1953—1972 年，尽管布雷顿森林体系逐渐瓦解，但由于我国实行计划经济体制，这一时期人民币汇率处于基本稳定状态。1973 年至 1978 年，人民币实行"钉住一篮子货币"的"钉住汇率制"，但汇率调整较为频繁，人民币上涨趋势明显，国内外汇储备面临大量紧缺，为改革开放初期实行"双轨制"作了铺垫。

综上，改革开放之前，我国对外贸易的发展尽管经历了一些曲折，但总的来说，取得了阶段性的成就，改变了旧中国积贫积弱的经济状况。正如邓小平同志在 1979 年指出，"我们尽管犯过一些错误，但我们还是在三十年间取得了旧中国几百年、几千年所没有取得过的进步"①。

---

① 《邓小平文选》第 2 卷，人民出版社 1994 年版，第 167 页。

二、改革开放以来至20世纪90年代末中国对外贸易发展与经验

(一)1978—1991年

1978年年底召开的党的十一届三中全会,拉开了我国改革开放的序幕,也是我国对外贸易领域重大的历史转折点,具有深远的历史意义。邓小平同志明确指出:“任何一个国家要发展,孤立起来,闭关自守是不可能的”“要实现四个现代化,就要善于学习,大量取得国际上的帮助,要引进国际上的先进技术,先进设备,作为我们发展的起点”①。

在改革开放初期,我国对外贸易政策开始改变原有的计划经济体制下的对外贸易体系,打破国有贸易公司的垄断地位,逐步将对外贸易经营权下放到地方和企业,减少简化行政指令,推行类似农业生产的承包经营责任制,实行外汇“双轨制”,激发外贸企业的经营积极性。同时,从1980年开始,建立经济特区,并从1984年开始,开放沿海城市和地区,通过税收、土地、外资等一系列配套的优惠政策,吸引外资企业和国外先进技术和管理经验。这些举措有效地促进了我国,尤其是东部沿海地区的对外贸易的增长。

改革开放初期我国货物进出口贸易的增长趋势。一方面,进出口总额从1978年的206亿美元增长到1991年的1356亿美元,平均年增长率超过15%,高于同时期全球贸易平均8.3%的年增长率。另一方面,我国的国际贸易地位有所提高:进出口全球占比分别从1978年的0.85%和0.75%,提

① 《邓小平文选》第2卷,人民出版社1994年版,第33页。

高至 1991 年的 1.74%和 2%。与此同时,我国的贸易结构也发生了明显的变化,出口产品中的工业制成品逐渐超过初级产品,到 1991 年已占出口产品总额的 3/4 以上,体现了我国出口比较优势的转变。外贸经营主体也从改革开放前的国有贸易公司垄断到多元化发展,其中外资企业对我国进出口贸易的发展贡献日益显著。到 1991 年,外资企业的进出口总额占比已超过 21%。对外贸易的市场分布也进一步地扩展到全球,其中,美国、韩国、新加坡和中国台湾地区是这一时期我国最主要的贸易伙伴。

这一时期我国对外贸易的一个突出特点是确立了以“三来一补”为特点的加工贸易模式,即“来料加工”“来件装配”“来样加工”“补偿贸易”。这也是顺应全球产业转移的大趋势。加工贸易在我国贸易总额中的占比,从 1981 年的 5%左右迅速增长到 1991 年的 42%以上。这一模式充分利用了我国当时劳动力成本低廉的禀赋优势,为纺织、服装、机械制造、电子产品、家用电器等诸多行业创造了大批的就业岗位。同时,我国也相继出台了一系列保障加工贸易发展的政策措施和出口退税、人民币贬值等出口鼓励措施,增加了企业出口创汇,也推动了市场的多元化发展。

但是,与货物贸易形成鲜明对比的是,我国的服务贸易发展较为缓慢:这段时期服务贸易的出口额一般大于进口额,处于顺差状态。服务贸易进出口总额的年均增长率较货物贸易相比,低 5 个百分点,占全球服务贸易的比重不到 1%,但 1985 年我国贸易服务进口为 292 亿美元,同比增长 942.86%,出现较为突出的增长,但很快下降至 1986 年的 36 亿美元,再到 1991 年贸易服务进口增长至 69 亿美元,服务贸易进出口总额首次超过印度。

而就汇率方面,为了扭转美元大幅贬值带来的冲击,1978 年 12 月,我国实行了人民币汇率双轨制度,人民币只能在境内使用,外国人必须使用外汇兑换券。双轨制又可以分为两个阶段,一是贸易内部结算价与官方牌价的双轨制(1981—1984 年),二是官方汇率与外汇调节市场汇率的双轨制

(1985—1994年)。“双轨”时期,官方汇率一直处于相对高估的水平,与外汇调剂市场汇率之间存在差额,存在利用两者的差额进行套利的行为,因此导致3次大幅贬值,分别是1986年7月5日,从3.2到3.7,贬值幅度15.6%;1989年12月16日,从3.7到4.7,贬值幅度2.7%;1990年11月17日,从4.7到5.2,贬值幅度为10.6%。

这一时期是我国改革开放的探索时期,解放思想,实事求是,在对外贸易、财政等许多领域推行了经济体制改革,扩大了企业的自主权,并在20世纪80年代末的“价格闯关”和政治风波中经受住了考验,是一个承上启下的重要的历史阶段。对此,邓小平同志指出:“改革开放越前进,承担和抵挡风险的能力就越强。”①

(二)1992—1999年

1992年10月,党的十四大确立了邓小平建设有中国特色社会主义理论在全党的指导地位,明确了改革的目标是建立社会主义市场经济体制。随后党的十四届三中全会审议并通过了《关于建立社会主义市场经济体制若干问题的决定》,确立了我国经济体制的总体规划和行动纲要。

按照这一重大决策部署,国务院于1994年年初作出了《关于进一步深化对外贸易体制改革的决定》,采用进出口指导性计划取代原有的指令性计划,推行公开配额管理,扩大企业的自主权,建立与国际接轨的对外贸易运行机制,特别是进出口税则,不断大幅削减关税;颁布了《对外贸易法》,对我国的进出口贸易进行系统的法制建设;从财政金融等多方面扶持中小企业走向国际市场并进一步完善出口退税和加工贸易政策。尤其是在1994年,我国实现人民币汇率并轨,结束了官方汇率和外汇调节市场汇率

① 《邓小平文选》第3卷,人民出版社1993年版。

并存的汇率双轨制，建立起单一的、有管理的浮动汇率制度。这一系列的贸易自由化改革，为日后我国加入世界贸易组织（WTO）创造了良好的条件。

这一时期我国的货物贸易进出口总额以年均 14% 的速度持续增长，2000 年进出口总额超过 4700 亿美元，占全球贸易总额的 3.6%，位居世界第 7。同时，自 1994 年之后，我国贸易逆差的局面得到改观，1995 年我国的贸易顺差首次突破百亿美元，此后始终保持较大规模的贸易顺差，这也带来了我国外汇储备的大幅增长。另外，我国的进出口贸易结构继续改善，工业品占出口产品的比重接近 90%，尤其是机电类产品增速最快。其中 1998 年，我国机电类产品出口额超过 110 亿美元，占出口总额的 18%，成为我国第一大类出口产品；同年，机电类产品进口 639 亿美元，占进口总额的 46%，有效地促进了我国企业的技术升级和产业结构转型。

从贸易方式的角度来看，这一时期加工贸易的比重持续上升，至 1998 年达到 53%的最高值，此后开始缓慢下降，但仍然保持较高的比重。贸易伙伴方面，我国的出口市场已遍布全球，其中美国在 20 世纪 90 年代末成为我国的第一大出口目的国。

这时期的一个突出特点是贸易主体的深刻变化。得益于我国对外商投资企业的超国民优惠政策，中外合资企业、中外合作企业和外商独资企业（即“三资企业”）快速增长，1998 年，外资企业超过国有企业，成为我国进出口贸易的最主要参与者。这主要缘于我国加工贸易的比重较高，外资企业通过资金、技术和原材料的投入，利用我国劳动力禀赋优势，将我国打造成为“世界工厂”。

与货物贸易相对的服务贸易在这一时期得到了迅速的发展，保持 17% 的年均增速，1995 年进口结构中服务业比重为 16%，1999 年服务贸易进出口量排名世界前 10，至 2000 年服务贸易进出口总额达到 660 亿美元，以旅游业和运输业为主。这一时期，中国在全球服务贸易进出口中的比重迅速提升，分别从1990年的0.48%和0.68%增至1998年的2.15%和1.57%。但由于国外服务业提供者积极开拓中国国内市场，因此，这段时期内我国保持较大的贸易逆差。

对于汇率而言，这是一个至关重要的时期。1993年，国务院副总理朱镕基为了促进出口创汇和对外开放，人民银行发布了《关于进一步改革外汇管理体制的公告》，宣布实现汇率并轨，实行以市场供求为基础的、单一的、有管理的浮动汇率制，中美实现非正式脱钩。1993年年底，中国实施汇率并轨制改革，1994年汇率并轨后，原来的官方汇率从5.8到8.7，表面上看汇率并轨一定程度上有助于解决人民币汇率高估的难题。1994年以后经常账户顺差扩大，外汇储备不断积累，促进出口和制造业部门的快速发展。

这一时期是我国对外开放的突破时期，我国逐渐与国际市场接轨，并且贸易依存度在不断上升，至2000年超过40%。作为引领经济增长的"三驾马车"之一，我国对外贸易的发展有效地促进了国民经济的增长，根据林毅夫和李永军①的测算，这一时期，我国出口额对GDP增长的贡献率接近10%。但与此同时，经济特区等对外开放政策的实施，在一定程度上也导致了我国区域发展的不平衡。

三、21世纪以来中国对外贸易发展与经验

（一）2000—2007年

2002年党的十六大将"三个代表"重要思想写入党章，这标志着我国完

① 林毅夫、李永军：《比较优势、竞争优势与发展中国家的经济发展》，《管理世界》2003年第7期。

成了经济转轨，进入全面转型的阶段，肯定了江泽民同志提出的“二十一世纪头一二十年”是我国的“重要战略机遇期”的重大判断。

2001 年年底，我国正式加入世界贸易组织（WTO），成为全球贸易体系的重要一员。我国进一步推进贸易自由化来履行入世承诺，主要措施包括修改贸易法规，通过登记备案制将外贸经营权下放至所有企业和个人，并清理修改了大量进出口相关的法律法规，加大了知识产权的保护力度。同时，我国大幅降低关税税率，平均进口最惠国关税水平下降幅度为 40%，至 2007 年约为 9. 9%，而加权平均的关税水平下降幅度则更大。到 2007 年，我国的进口关税水平已低于巴西、墨西哥等发展中大国。

这一期间我国也按照国际规则取消了进口配额等非关税措施，并大力推进服务贸易自由化进程，降低境外服务业企业的准入门槛。在服务贸易领域，我国的开放程度已经高于不少发展中国家。

入世以来，我国在履行世贸成员国义务的同时，享受了巨大的对外贸易的成果。这一时期我国进出口总额翻了两番，增速高达 27%，超过以往任何时期，也超过同期全球的年平均贸易总额 20% 的增速，进出口全球分别名列第 3 和第 2，真正成为“世界工厂”。我国的贸易顺差在这一时期也突飞猛进，分别于 2005 年和 2007 年突破 1000 亿美元和 2000 亿美元。这也为我国积累了巨额的外汇储备。

同时，进出口产品结构也进一步升级，机电类产品仍然占主要地位，同时高新技术产品所占比重开始快速上升，尤其是其出口平均增速达到 37%，高于全部贸易总额的增速，并且高新技术产品的进出口也分别达到近 1/3 的比重。对外贸易主体仍以三资企业为主，同时民营企业的进出口份额不断上升；主要贸易伙伴位于亚洲和北美，其他地区如拉丁美洲和非洲的贸易额也在快速增长。

由于前述的我国服务贸易的开放政策，我国这一时期的服务贸易增长迅速,进出口年均复合增速分别高达35.93%和30.99%。进出口总额分别升至全球第5和第7,咨询类和金融类的服务贸易占比加大。按国际收支口径统计,2007年中国服务贸易(不含政府服务)进出口总额首次突破2000亿美元,达2509.1亿美元,比2006年增长30.9%,增幅提升8.8个百分点,但总体上仍然保持较大的贸易逆差。

入世后,中国很快演变为"世界工厂",出口迅速成长,外汇储备成倍增加,从1993年到2005年,中国外汇储备迅速由200亿美元增加到8200亿美元,成为当时全球第一大外汇储备国。由于我国外汇储备积累越来越多,国际社会要求人民币升值的诉求越来越强烈。在此压力之下,2005年7月中国正式宣布实行浮动汇率制度,人民币汇率制度由原来钉住美元,转变为"以市场供求为基础、参考一篮子货币进行调节、有管理的浮动汇率制度",但在此期间人民币兑美元的比值基本稳定在8.27—8.28之间。

总之,这一时期得益于加入世贸组织,我国的进出口贸易得到了爆发式的增长,深度加强了与世界的联系,但同时我国"世界工厂"的地位带来的资源、环境问题;长期巨额贸易顺差带来的外汇储备管理问题;以及我国出口产品质量问题,都是在推动我国对外贸易的长期可持续健康发展的战略中所不可忽视的。

(二)2008—2012年

2008年,由美国次贷危机引发的全球范围的金融危机,对我国的进出口贸易造成了严重影响。我国政府在对外贸易领域迅速出台了一系列的政策,以应对这一冲击,主要体现在扩大出口信贷、降低出口税、提高出口退税比率等促进贸易便利化措施,以及一些临时性的进口保护措施。在稳定外需的基础上,进一步调整贸易结构。根据"十二五"的总体规划,商务部于2012年在《对外贸易发展"十二五"规划》中明确指出,我国对外贸易的发展重点是"稳增长,调结构,促平衡",不断提高我国对外贸易的质量,实现贸易强国。另外,国务院也出台了相关的指导意见——《关于扩大进口促进对外贸易平衡的指导意见》《关于促进外贸稳定增长的若干意见》,指出我国应在先进技术设备、关键零部件和能源原材料等产品上扩大进口。

全球金融危机对世界各国经济造成了不同程度的破坏,我国所面对的国际市场需求也大幅下降。在2009年,我国的进出口贸易总额出现了自1978年以来的首次下滑,下降幅度为14%。其中尤其出口额下降幅度更大,出现了16%的负增长,反映出以往我国出口产品结构中质量较低、仅仅靠价格优势和数量扩张的严重问题。

随后,由于我国一系列应对危机的举措出台,我国进出口贸易得以迅速恢复。从2010年开始,我国连续3年保持全球第一大出口国和第二大进口国的地位。但是,这一时期我国的货物进出口贸易增速分别维持在年均9%和13%,虽然高于同期全球平均增速,但是已经远低于我国在21世纪初均超过25%的高增长率。另外需要指出的是,这一时期我国的服务贸易增速很快,超过了货物贸易,但是服务贸易的逆差在扩大,这些都体现出我国对外贸易结构调整的必要性和紧迫性。

尽管进出口增速有所放缓,我国对外贸易的产品结构在这一时期得到进一步的优化,体现在进出口产品仍然以机电产品和高科技产品为主,同时贸易主体中民营企业占比继续扩大。另外,贸易方式发生明显的转变,我国产品贸易的出口总额中,加工贸易占比继续下降,并在2011年首次低于一般贸易出口总额;同时,我国对全球中间产品的出口比重也在加大,在全球价值链中的地位越来越重要。

在全球经济低迷,市场需求不旺的背景下,这期间中国的服务贸易以"稳中求进"为目标,以管理、服务和促进为核心,采取积极的措施推动服务贸易发展,取得显著成效,进出口的年复合增长率分别为74.03%和

85.94%。在此期间,高附加值服务出口增长较快,服务贸易结构逐步优化。2012年,金融、计算机和信息服务、咨询和广告等服务贸易的出口额增长迅速,分别较上年增长75%、18.8%、18%和17.5%。

2008年7月,美国金融海啸导致全球金融危机爆发,我国重新实行人民币钉住美元制度,汇率定为6.83左右。但由于我国的出口规模巨大,与我国贸易有关的新兴国家(例如巴西、印度、俄罗斯等)也开始大声呼吁人民币升值。于是2010年6月我国放弃钉住美元6.83的固定汇率制度,进一步推进人民币汇率形成机制改革,增强人民币汇率弹性,坚持以市场供求为基础参考"一篮子"货币政策进行调节,再次施行有管理的浮动汇率制度。2012年4月人民币兑美元的汇率波动幅度进一步扩大至±1%。

这一时期我国对外贸易的发展,从政策和实践层面都反映出我国经济增长方式的转变和经济结构的优化,更加强调进出口贸易的效益而非数量,强调协调发展和可持续发展。

(三)2013年至今

2013年党中央出台的《中共中央关于全面深化改革若干重大问题的决定》提出新一轮高水平的对外开放举措。与此同时,习近平主席提出"一带一路"倡议;国务院也在当年通过了上海自贸区总体方案,拉开了我国创建自贸区的序幕。这些举措标志着我国在已有的对外开放的基础上,开始构建全方位的对外开放新格局。2017年党的十九大报告中明确提出"全面开放"的战略,为我国的对外贸易和国民经济发展确立了指导方针,即注重贸易质量的提升,"从贸易大国向贸易强国转变"。

具体而言,2013年以来,我国进一步降低关税,扩大货物进口,积极推动进出口平衡发展,至2018年,我国的简单平均关税已降至7.5%。通过进口优质低价的中间投入品,我国企业能够更好地推动产品创新,提高产品质量。同时,自贸区实施负面清单管理办法,简化办事流程,改善营商环境,并且将自贸区的对外政策向全国复制、推广;此外,自贸区建设近年来也在快速推广,我国于2016年的“十三五”规划中提出建设“粤港澳大湾区”,并于2018年提出建设海南自贸区,并探索相应的自贸港政策和制度体系建设,表明我国正在加快探索和推动高质量的对外开放。正如习近平总书记所言:“中国开放的大门不会关上,只会越开越大。”

值得指出的是,“一带一路”倡议标志着我国开始逐步主导国际区域的经贸合作,通过积极发展与沿线各国和地区的经贸合作伙伴关系,在共商、共享、共建的原则下,共同打造政治互信、经济融合、文化包容的人类命运共同体。目前,已有65个国家和地区参与“一带一路”建设,主要以发展中国家和新兴经济体为主,具有较高的经济活力,也和我国经济有一定的互补,在一定程度上缓解了我国产能过剩、产业结构不合理和资源类产品进口依赖度较高的问题。

伴随着我国一系列推动高质量对外开放的政策,我国的对外贸易进入了高质量发展的新阶段。我国继续保持着全球第一大出口国和第二大进口国的地位。由于受到全球整体经济放缓的影响,近年来我国的进出口贸易保持较低的增速,年平均进出口增速均维持在2%左右,在2015年和2016年,我国进出口贸易总额甚至出现了负增长,但是依然高于全球同期不足1%的平均水平。同时,我国的贸易结构进一步优化。一般贸易占比超过50%,而加工贸易已下降至不足1/3。更重要的是,我国出口产品的附加值在逐渐提升,并且在2017年超越日本,成为东亚价值链中心,这体现出我国已经从传统的依赖低成本劳动力和对资源环境的破坏获取出口份额,转为依靠产品综合竞争力,逐步向产业链上游迈进。

2013年至今,人民币经历了冲高回落然后趋于平稳的过程,为对外贸易提供了价格优势。到2013年年底,人民币兑美元汇率已经升至6.25左右,成为人民币自1994年汇改以来的最高点。随之,2014年中国外汇储备也达到历史顶点3.99万亿美元。但2013年年底,美国开启量化宽松的货币政策正常化进程,使得市场对人民币汇率的预期由升值转向贬值。2015年8月11日,中国人民银行优化了人民币对美元汇率中间价报价机制,使得人民币中间价格开始贬值。2017年,央行宣布将"逆周期因子"引入汇率中间价定价机制中。逆周期因子反映市场供需情况的汇率变动,经过逆周期系数调整后得到,至此形成了现行的"上一交易日收盘价+一篮子货币汇率变化+逆周期因子"三个因素共同决定的汇率中间价形成机制。这逐步化解并逆转了人民币汇率的单边贬值预期,人民币汇率升值一直持续到2018年4月,此后由于美联储的加息预期和中美贸易战等原因,美元升值预期持续走强,人民币再次进入贬值周期并持续迄今。

在此期间,中国服务贸易出口数量不断攀升,截至2018年中国服务贸易进出口额连续5年位居世界第2,其间年复合增长率为8.5%,服务贸易占外贸比重从2012年的11.1%提高到2018年的14.7%。2019年,尽管遭受新冠肺炎疫情的冲击,但中国服务出口总额在服务进出口总额中的占比达36.1%,同比提升2个百分点。服务出口增速高于进口增速9.3个百分点,推动服务贸易逆差同比减少1760亿元。

除此之外,我国近年来与"一带一路"沿线国家的贸易快速增长,超过了我国与发达国家之间的贸易增速;而且,我国的服务贸易仍保持着较大的逆差,但其增速开始超过货物贸易的增速,保持着仅次于美国的全球第二大服务贸易国;从贸易经营主体来看,外资企业的贸易占比继续下降,而民营企业的占比不断上升,并在2018年超过50%,成为最主要的对外贸易主体。

这一阶段,我国的对外贸易已经逐步从强调数量的规模扩张,转为强调质量和结构,不断激发对外贸易主体的活力,贸易伙伴也更加多元化,贸易中心地位持续提升,走向了高质量全面发展的新阶段。

四、我国对外贸易发展的基本经验

通过以上对新中国成立以来我国各个历史时期对外贸易发展的政策和实践的梳理,我们可以看到,我国的对外贸易经历了循序渐进、持续发展的过程。尽管历史上曾经历过一些曲折发展,但是在积累了丰富的社会主义经济建设的经验基础上,我国将对外开放作为基本国策,走上了全面开放的道路。

这一基本国策,与我国社会主义道路的内涵是一致的,同样是马克思列宁主义的基本原则。事实上,我国历史上曾有过闭关锁国失败的深刻教训,这也导致了我国在很长一段历史时期内,长期断绝了与国际间的经济往来,也无法利用全球分工实现我国的比较优势,从而使我国远远落后于世界经济发展。在国际经济交流日益频繁的今天,我国的社会主义市场经济建设不应该也无法孤立于国际市场,只有通过不断扩大的对外贸易,吸纳国内外优秀的科学技术和管理经验,开展形式多样的国际经济合作,才能提升我国国民经济建设的水平,在国际交往中具备更大的影响力。同时,我们也看到,对外贸易的发展也能够倒逼国内的经济体制改革。发达国家积累了成熟丰富的市场经济建设的经验,而我国通过对外贸易发展可以更好地总结这些成功经验,并同我国的具体国情相结合,推动社会主义市场经济体制的进一步完善。同时,对外贸易的发展也使世界能够更好地了解我国,树立我国良好的国际形象。接下来,本节总结归纳了我国对外贸易领域建设的若干经验。

（一）坚持党的领导

党的正确领导是我国对外贸易，尤其是在改革开放后，经济健康发展的根本保证。从党的十一届三中全会开始，我们党的基本道路和指导理念就是以国家经济建设为中心，并且正确处理了经济建设和党的全部工作的关系，在政策制定过程中能够充分发挥民主集中制的优势，减少经济工作的失误。

首先，按照党的基本道路和指导理念确保我国经济建设工作处于首要地位。党的十一届三中全会以后，党中央将经济工作提升至基本路线和指导思想。经历了诸多历史事件的考验，我党把经济建设和发展提升到重要地位。2020 年 5 月，李克强总理提出，要坚定不移地继续扩大对外开放，稳定产业链和供应链，以促进国民经济健康快速的发展。由此凸显了经济工作在党中央任务中的突出地位。

其次，我党在处理经济工作和其他工作关系上积累了丰富的经验和方法。从设立经济特区到开放沿海城市，从创建深圳特区到建成上海自由贸易区，从加入 WTO 到提出并打造“一带一路”，中国共产党在对外开放的进程中积累了丰富的工作经验。同时，对于经济工作受到的党内其他工作的影响，能够较为迅速地妥当处理，使得经济工作不受其他外界因素干扰。在入世、金融危机等摩擦冲突不断时，我们党可以正确且迅速地处理危机，确保经济工作有序进行，使得社会主义经济建设成为我党执政兴国的第一要务，是执政党的发展根基。

最后，中国共产党充分发挥民主集中制，坚持走实事求是的路线。我们党坚持走民主集中制的发展路线，在经济决策过程中，充分听取不同观点，形成正确的理论，提高决策的科学化水平，减少工作中的失误。同时，民主集中制路线以客观事实为依据，在分歧问题上不搞争论，都以争取机遇为主要目的，着眼于抓住发展机遇，着眼于努力实践创新，正确处理面对重大问题的分歧，不走偏离实际的轨道。

（二）激发人民群众的主动性和创造力

1. 明确人民群众在对外开放发展中的主体地位

我国对外开放事业的发展和人民群众的关系密切相关。首先，“发展为了人民”，对外开放的经济格局离不开人民群众主体的核心思想，党始终坚持以人民为中心的执政理念。其次，经济发展必须依靠劳动人民。人民群众的劳动和智慧结晶是对外开放的坚固基石。最后，人民共享发展成果，人民群众是社会财富的拥有者，对外开放的成果由人民群众共享。

人民群众是对外开放事业的中流砥柱。中国共产党一贯强调人民在社会主义经济发展中的地位。在我国不断推进社会主义经济建设的过程中，党始终坚持以人民为主体的执政理念。在不断扩大对外发展事业时，更需要贯彻“人民是历史创造者，是我们力量之源”的发展理念，依靠广大人民群众提高对外开放格局，提升对外开放的质量。①

对外开放的经济格局依靠广大人民群众的劳动和智慧结晶。“劳动是生产真正的灵魂”，人民群众作为社会生产的主体部分，通过广泛多样的经济实践发展生产力，提供了源源不断的物质基础，为我国对外贸易创造了丰富的社会财富，确立了我国对外贸易中的比较优势。同时在这个过程中，人民群众充分发挥主观能动性，积极参与建设和完善具有中国特色的社会主义市场经济体制，为对外开放格局建言献策提供了宝贵的精神和智慧财富。

对外开放成果属于人民群众。从“曲折发展”到“深化转型”再到“高质量发展”的对外开放格局的发展，正是人民群众生活从“解决温饱”到“总体小康”再到“决胜阶段”的改变。作为劳动的提供者，人民群众有理由成为

---

① 《习近平谈治国理政》，外文出版社2014年版，第97页。

生产资料的所有者，是对外开放成果的共享者和主人。

2. 激发人民群众在对外开放格局中的创造性和主动性

在对外开放格局中，需要正确处理经济制度和分配制度的关系，才可以让广大人民群众参与其中，发挥每个人的创造性和主观能动性。

对中国特色社会主义经济体系来说，中国应该继续坚持市场经济体制，发展与社会体制相适应的中国特色社会主义经济体制。一方面，发展市场经济具有历史的必然性。随着社会分工不断明确，计划经济体制在部分领域分配资源缺乏效率，为此需要市场在资源配置中起到基础性的作用。在市场经济为主体的高效生产下，既可以为对外开放提供更多的产品，降低产品生产成本，又可以在国内和国外贸易中从制度到产品更好地接轨，降低非制造成本，提高贸易效率。邓小平曾明确指出“市场经济不等于资本主义，社会主义也有市场。计划和市场都是经济手段”①。为此，我们需要大力支持中国特色社会主义市场经济的发展。另一方面，需要明确私有制和公有制的关系。在社会主义市场经济制度下，公有制与私有制不是绝对对立的，两种所有制是相通的，都反映了一定组织形式及劳动主体和物质的结合方式。2014 年，李克强就曾提出“大众创业，万众创新”的号召，在社会主义市场经济中保留适当的私有制经济既可以发展人民的主观能动性，增强微观经济主体的活力，又能够加速新兴产业的发展，提高产品技术含量，增加对外贸易竞争力。为此，社会主义经济建设不仅需要大力发展公有制经济，将公有制经济作为主体，同时需要适当发展非公有制经济，并且应当大力发展混合所有制经济，创建多层次、多主体的社会主义市场经济制度，为对外开放提供高质量产品，增强中国在对外贸易中的核心竞争力。

对于分配制度，作为经济主体的人民群众，理应成为对外开放成果的享

① 《邓小平文选》第三卷，人民出版社 1993 年版，第 373 页。

受者。只有创造财富的人充分享有财富创造的成功，才能充分调动创造者的积极性，营造社会整体的创新创造氛围。一方面，允许创造财富者享有财富，是社会主义市场经济体系在现阶段的一个基本原则。财富创造者在经济生产过程中进行的投入越多，创造的财富越多，得到的回报越多，从而进一步激励财富创造者提高生产积极性。另一方面，公平的分配方式本身也是对财富创造者的肯定。财富创造者为社会创造财富，从而产生相对应的上层基础，任何享有这一体系的人，都理应对财富创造者予以充分的尊重和肯定。并且，财富创造者生产财富消耗了自身的生产资料，为此，在分配过程中应当得到相应的回报和尊重。

（三）立足国情，发挥比较优势

我国的对外贸易以比较优势产业为主导。回顾改革开放以来，我国经济快速发展这一历史过程，不难看出这是依靠发展比较优势产业实现的。改革开放初期，我国劳动力人口基数庞大，劳动力资源丰富，适合劳动力密集产业的发展，通过引进外资的方式使得纺织、服装、皮革等轻工业实现发展，并成为出口创汇的重要部分。20 世纪 80 年代，这种基于比较优势的产业发展延伸到了钢铁、有色金属、建材行业，并且这些与基础建设、人民日常生活密切相关的产业因为彼时国内需求的增强，其比较优势被进一步扩大。20 世纪 80 年代中期，出口产品的特征完成了由初级产品到劳动密集型产品的转变，比较优势转变为劳动密集型产业。

20 世纪 90 年代以后，我国的电子设备和计算机等产业得到了较好的发展，在国民经济生产总值中占据较大的比重，其中简单零部件的组装、加工等成为支撑中国产业发展的重要支柱。由此可见，中国的比较优势已经初步实现从能源密集型产业和资源密集型产业向部分劳动密集型产业、技术密集型产业、资本密集型产业转移。

从出口贸易的关系上来看，从改革开放到整个20世纪前10年我国的贸易对象都以欧美国家为主。主要出口一些轻工业制品，并且从欧美国家进口一些技术型产品，进出口产品结构上存在不对等关系。如果不能打破这一格局，中国的出口优势和比较优势就会局限在低技术领域。必须充分意识到产业结构和技术创新的重要性，尽快实现产业结构的升级与调整。

（四）走渐进式开放的路线

渐进式开放本质是一条制度变迁路径。所谓渐进式改革，是指不同于《华盛顿共识》所推崇的"激进式改革"的制度变迁路线，中国的渐进式改革，具有不同于传统渐进式改革的独特的推进与反馈机制。具体到国家政策的表现上，即我国从1990年设立保税区，到2000年推出出口加工区，再到2006年设立综合保税区，最后再到2016年设立自由贸易区，实现增量和存量共同发展，实现体制平稳转换，保证我国对外贸易开放路径的有序性和可持续性。

走渐进式开放道路，总体来说有三个方面：

第一个方面是用开放促进改革。目前的国际形势呈现出由全球机制向RCEP等跨区域自贸协定的转变。而与国际形势相对比，我国贸易规则、投资规则缺乏标准，竞争、权益保护亟须完善。渐进引入制度竞争，可以使我国适应新的国际规则，建立健全相关法律制度，进一步推动转型发展。进一步深化改革，从而使各种类型的所有制企业能够更好地发挥市场经济的主体作用。

第二个方面是以制度奠定基石。"开放最后留下的，不是一片楼、一座城，而是一种体制的力量。"伴随全球跨国公司投资和生产布局向亚太聚集的趋势，中国政府与时俱进，灵活调整制度，通过建立开放先行区，逐步探索建立完善的要素市场体系，提高要素的配置效率；在企业的社会责任、环境能源的可持续发展、知识产权的保护等方面完善制度政策,更全面地提高开放型经济质量;改变投融资体系,变投资审批为投资监管。

第三个方面是以开放促进社会发展。从供给侧而言,提高资源配置效率,改变产业结构,加大企业中竞争力度,推进国有企业改革,提供高质量的消费产品。同时从需求侧而言,对外渐进开放,缓和拉动经济增长,提高生活质量,真正解决“人民日益增长的美好生活需要和不平衡不充分的发展之间的矛盾”。

(五)促进多种贸易主体的共同发展

“对外开放更要对内开放,特别是对民营企业开放。”我们需要明确我国的基本经济制度,同时重视多种经济在对外贸易发展中至关重要的作用,为此在未来更有效地推进重点领域混合所有制改革。

我国的基本经济制度是以公有制为主体、多种经济共同发展,不同所有制的企业都是我国经济的重要组成。1997 年,党的“十五大”明确指出以公有制为主体、多种所有制经济共同发展的经济发展路线是我国社会主义初级阶段的一项基本制度。从此非公有制经济和公有制经济开始有机结合和共同发展。在国民经济中,非公有制经济在满足人们多样化需要、增加就业、提高产品质量水平上都起到了重要作用。

多种贸易主体地位的确立,为中国对外贸易提供了源源不断的财富。多重贸易主体带来了股份制改革,将所有权和经营权分离,建立起产权明确、权责清晰、政企分离、管理高效的现代企业制度,提高了企业的运作效率。同时,多重贸易主体促进市场经济的发展,在各类行业中盘活无效资产,提高行业的竞争程度,推动垄断行业改革,使得市场按照效率进行资源分配,打破原有的垄断利润。多重所有制提高了我国企业在对外贸易中的竞争力:混合所有制企业和民营企业一方面扩大了中国企业的经营范围,在外贸市场中提供多样化的产品，满足不同国家差异化的需求；另一方面，各类民营企业等专精于所在行业，成为“隐形冠军”，增强了中国产品在世界市场上的竞争力。

在未来对外贸易发展的过程中，一是大力发展和积极引导非公有制经济，制定和完善非公有制经济发展的法律法规和政策，消除体制障碍，给予公有制经济和非公有制经济相同的政策扶持，把它们都当作社会主义经济来看待；二是破除对非公有制企业的贷款融资歧视，定向精准措施扶持民营小微企业发展；三是非公有制经济和中小企业已是中国经济的重要部分，地方政府应当扶持民营企业和小微企业孵化，使多种经济主体共同发展，在国际贸易舞台上共同竞争。

五、结　语

本讲对中国对外贸易发展历史进行了详细的分析探讨，总结了中国对外贸易发展过程中积累的宝贵经验。

在新中国成立初期，我国在面对西方国家的贸易封锁和经济制裁、在政治上向苏联“一边倒”的背景下，通过“统制贸易”的基本贸易政策，快速地扭转了新中国成立初期“百废待兴”的困难局面，实现了国民经济的复苏。改革开放以来，我国对外贸易实现了历史性跨越，贸易规模迅猛扩大，不断推进对外贸易的高质量发展，提升了我国在国际贸易中的地位，加快实现了从“贸易大国”向“贸易强国”的转变。尤其从2013年我国正式提出“一带一路”倡议开始，很多国家已经和我国签订了合作协议。当今，中国的贸易对象已得到了全面的扩展，范围覆盖到全球。

我国的对外贸易经历了循序渐进、持续发展的过程。尽管历史上曾经历过一些曲折发展,但是在积累了丰富的社会主义经济建设经验基础上,我国将对外开放作为基本国策,走上了全面开放的道路。我国对外贸易领域的发展经验集中体现在:坚持党的领导,激发人民群众的主动性和创造力,立足我国基本国情,走渐进式开放路线,促进多种贸易主体共同发展。当前,我国对外贸易的自主性得到了进一步的提升,合作渠道更为多样,合作方式更为多元,我国在国际贸易领域的话语权将越来越强。

责任编辑:侯俊智
助理编辑:程　露　赵　越　潘　萍
封面设计:王春峥
责任校对:秦　婵

图书在版编目(CIP)数据

经济"青椒"课程思政十讲/中国人民大学应用经济学院党委 编;
　谢伦裕 主编. —北京:人民出版社,2023.7
ISBN 978－7－01－024734－2

Ⅰ.①经…　Ⅱ.①中…②谢…　Ⅲ.①中国经济-研究　Ⅳ.①F12

中国版本图书馆 CIP 数据核字(2022)第 070913 号

经济"青椒"课程思政十讲
JINGJI QINGJIAO KECHENGSIZHENG SHIJIANG

中国人民大学应用经济学院党委 编　谢伦裕 主编

人民出版社 出版发行
(100706　北京市东城区隆福寺街 99 号)

涿州旭峰德源印刷有限公司印刷　新华书店经销

2023 年 7 月第 1 版　2023 年 7 月北京第 1 次印刷
开本:710 毫米×1000 毫米 1/16　印张:16.5
字数:210 千字

ISBN 978－7－01－024734－2　定价:60.00 元

邮购地址 100706　北京市东城区隆福寺街 99 号
人民东方图书销售中心　电话 (010)65250042　65289539